中国人事科学研究院
·学术文库·

海外及港澳台人才引进政策新动向分析

孙　锐　范青青　等著

中国财经出版传媒集团
经济科学出版社
Economic Science Press
·北京·

图书在版编目（CIP）数据

海外及港澳台人才引进政策新动向分析/孙锐等著
. －－北京：经济科学出版社，2023.11
（中国人事科学研究院学术文库）
ISBN 978 - 7 - 5218 - 2825 - 2

Ⅰ.①海…　Ⅱ.①孙…　Ⅲ.①人才引进 - 人才政策 -
研究 - 中国　Ⅳ.①C964.2

中国版本图书馆 CIP 数据核字（2021）第 174211 号

责任编辑：李　雪　袁　澂
责任校对：齐　杰
责任印制：邱　天

海外及港澳台人才引进政策新动向分析

HAIWAI JI GANGAOTAI RENCAI YINJIN ZHENGCE XIN DONGXIANG FENXI

孙　锐　范青青　等著

经济科学出版社出版、发行　新华书店经销
社址：北京市海淀区阜成路甲 28 号　邮编：100142
总编部电话：010 - 88191217　发行部电话：010 - 88191522
网址：www. esp. com. cn
电子邮箱：esp@ esp. com. cn
天猫网店：经济科学出版社旗舰店
网址：http://jjkxcbs. tmall. com
固安华明印业有限公司印装
710×1000　16 开　23.5 印张　390000 字
2023 年 11 月第 1 版　2023 年 11 月第 1 次印刷
ISBN 978 - 7 - 5218 - 2825 - 2　定价：116.00 元
（图书出现印装问题，本社负责调换。电话：010 - 88191545）
（版权所有　侵权必究　打击盗版　举报热线：010 - 88191661
QQ：2242791300　营销中心电话：010 - 88191537
电子邮箱：dbts@ esp. com. cn）

前　言

　　人才是创新的根基，创新驱动实质是人才驱动。当前国家之间的竞争已经超越了单纯的技术和市场竞争，日益演变成全球化背景下对核心人才资源的竞争，人才越来越成为经济社会发展的战略性资源和决定性要素。国际人才，特别是高层次国际人才自身配置能力强，可以有更大自由选择有利于自身成长发展的区域和环境。在创新驱动发展的大背景下，各国都加大了对海外人才尤其是高层次人才的争夺。

　　党的十八大以来，习近平总书记提出了"聚天下英才而用之"的总体要求和工作部署，我国人才工作推动和人才队伍建设也进入了一个改革创新高峰期。其中，海外人才及港澳台人才引进、使用和激励工作在国家顶层设计和政策创新方面上取得了突破性进展。随着我国经济社会发展水平不断提升，我国对海外及港澳台人才的吸引力也将进一步增强，相关人才引进和配套工作亟待迈上一个新的历史台阶。在此背景下，笔者聚焦近年来不同国家和地区人才引进相关工作开展追踪、分析和探讨，以期对推动我国相关工作有所借鉴和帮助。

本书是国家社科基金重大课题"实施新时代人才强国战略关键问题研究"（22ZDA037）的阶段性成果。本书基于相关课题研究，笔者对相关学术成果、国家及地方政策文件开展了文献研究，并实地调研了北京市、上海市、重庆市、广州市、深圳市、南京市、苏州市、济南市等中心城市以及北京中关村、深圳前海自贸区、广州南沙自贸区、珠海横琴自贸区等典型区域，在此基础上形成本书研究成果。

本书在追踪总结我国海外及港澳台人才引进政策的发展脉络、主要工作进展以及北京、上海、广东、福建、海南等地区海外及港澳台人才引进先行先试经验的基础上，深入分析了我国目前在海外及港澳台人才引进工作中存在的主要问题，并结合美国、德国、新加坡、欧盟、英国、澳大利亚等发达国家和地区的有益制度经验，有针对性地提出我国下一步海外及港澳台人才引进工作的对策思路和工作建议，为我国各级组织、人社、外专、科技等部门提供工作参考。

在内容和结构安排上，本书强调知识性与思辨性相结合、理论性与实践性相结合、阐述性与启发性相结合。全书共4章，第一章梳理总结了当前我国海外及港澳台人才引进政策发展的总体经验；第二章是对我国地区海外及港澳台人才引进政策的探索和经验，其中分别介绍了北京、上海、广东、福建、海南等地区海外及港澳台人才引进政策的主要进展、基本成效和有益经验；第三章是对发达国家和地区海外人才引进政策的探索和经验，其中分别介绍了美国、德国、新加坡、欧盟、英国、澳大利亚的海外人才引进政策的主要进展、基本成效和有益经验，并在此基础上总结分析了国际海外人才引进战略的发展趋势和经验借鉴；第四章是探讨分析当前我国海外及港澳台人才引进存在的问题、成因及建议。

　　本书的目标读者包括人力资源管理、人才学领域的研究者，各地方、各系统政府人才工作部门的实践者，引才单位负责人及相关企业事业单位人力资源工作者等。由于知识、能力和时间所限，本书对于海外及港澳台人才引进工作的研究还是初步的，许多内容的研究还不深入、不完善，缺乏理论和实证方面的进一步论证，希望有关专家学者给予批评指正，以促进我们不断深化和健全相关研究。

孙　锐

2023 年 11 月

目　录

第三章

发达国家和地区海外人才引进政策的探索和经验 …… 134

第四章

当前我国海外及港澳台人才引进存在的问题、成因及建议 ……………………………… 255

第一章

当前我国海外及港澳台人才引进
政策发展的总体经验

　　一个国家的对外开放，必须推进人的对外开放，特别是人才的对外开放。当前，一场解放思想、解放和发展生产力，解放和增强社会活力的改革正在中国全面推进，新一轮高水平对外开放正在中国实施。引进用好海外及港澳台人才，是全面扩大开放的重要内容，也是形成全面开放新格局的重要标志。党的十八大以来，面对国际人才竞争加剧的形势，面对创新型国家建设对高层次人才需求激增的形势，以习近平同志为主要代表的中国共产党人，从深化改革开放及实施创新驱动发展战略的高度对海外人才引进工作提出了新的思路和要求，海外人才引进工作正发生着历史性变革。

　　《中共中央关于制定国民经济和社会发展第十四个五年规划和二〇三五年远景目标的建议》中提出，坚持创新在我国现代化建设全局中的核心地位，把科技自立自强作为国家发展的战略支撑，面向世界科技前沿、面向经济主战场、面向国家重大需求、面向人民生命健康，深入实施科教兴国战略、人才强国战略、创新驱动发展战略，完善国家创新体系，加快建设科技强国。要强化国家战略科技力量，提升企业技术创新能力，激发人才创新活力，完善科技创新体制机制。

第一节 我国海外及港澳台人才引进体制机制改革及政策创新

党的十八大发出"广开进贤之路,广纳天下英才"的号召,强调要"充分开发利用国内国际人才资源,积极引进和用好海外人才"。2013 年 11 月,党的十八届三中全会提出:"增强人才开放度,广泛吸引境外优秀人才回国或者来华创业发展。"2014 年 5 月 22 日,习近平同志在上海召开外国专家座谈会,并从整个对外开放和文明交流的广阔视角,强调对外开放首先是人才的对外开放,中国要永远做个学习大国①。这一重要论断,明确了我国对外开放中的人才优先战略选择,将引进国外人才和智力提升到了前所未有的高度②。2016 年 3 月,中共中央出台《关于深化人才体制机制改革的意见》,提出要树立全球视野和战略眼光,充分开发利用国内国际人才资源,主动参与国际人才竞争,完善更加开放、更加灵活的人才培养、吸引和使用机制,不唯地域引进人才,不求所有开发人才,不拘一格用好人才,确保人才引得进、留得住、流得动、用得好。2017 年 10 月,党的十九大报告指出,人才是实现民族振兴、赢得国际竞争主动的战略资源。要坚持党管人才的原则,要聚天下英才而用之,加快建设人才强国,实行更加积极、更加开放、更加有效的人才政策。这些思想是在中国同世界关系发生深刻变化、中国特色社会主义进入新时代的历史背景下提出的,是我们党

---

① 习近平. 不拒众流方为江海中国水做学习大国_新华网 [EB/OL]. [2014 – 05 – 23]. http://news.xinhuanet.com/2014 – 05/23/c1110837550.htm.

② 尹蔚民. 广开进贤之路广纳天下英才——认真学习贯彻习近平总书记关于引进国外人才和智力重要讲话精神 [N]. 人民日报, 2014 – 07 – 10.

人才观的重大创新，也是做好新时代引进海外及港澳台人才工作的行动指南。制度建设是具有根本性、全局性、稳定性和长期性的工作，在习近平总书记"聚天下英才而用之"战略思想的指引下，党的十八大以来，我国海外及港澳台人才引进工作在制度顶层设计上取得了突破性进展，海外及港澳台人才引进政策不断创新。

2012 年 6 月 30 日，《中华人民共和国出境入境管理法》出台，并于 2013 年 7 月 1 日起施行。2012 年 10 月，《外国人在中国永久居留享有相关待遇的办法》发布，提出对持有中国永久居留证的外籍人员扩展权利、义务。同年，《关于为外籍高层次人才来华提供签证及居留便利有关问题的通知》实施，明确中央、部门和地方各类重点引才计划引进的外籍高层次人才均可享受签证和居留特惠政策。与当时的出入境政策相比，该政策具有以下几大特点：一是降门槛，规定各类重点引才计划的入选者可享受签证及居留特惠政策，并降低了申办"中国绿卡"① 的门槛。二是扩范围，该政策首次规定中国籍高层次留学回国人才的外籍配偶和子女也可办理长期签证、居留许可和"绿卡"。三是延期限，该政策将长期签证和居留时限从以往的 2 年以下延长到 2 ~ 5 年。四是简程序，对于国家备案的引才计划入选者，由外交或公安部门快速审发签证、长期居留和"绿卡"②。

2015 年 3 月，《关于深化体制机制改革 加快实施创新驱动发展战略的若干意见》发布，在"实行更具竞争力的人才吸引制度"方面又有了突破性政策，包括以法制化手段规范和放宽技术人才取得外国人永久居留证的条件，同时探索技术移民制度；为创办科技

---

① "中国绿卡"是《外国人永久居留证》的俗称，是获得永久居留资格的外国人在中国境内居留的合法身份证件，在中国居留期限不受限制，可凭护照和绿卡出入中国国境，不需再行办理签证。

② 冯凌 . 我国海外人才引进工作发展状况 ［C］//中国人力资源发展报告 2017. 北京：社会科学文献出版社，2017：131.

型企业的外籍高层次"绿卡"持有者提供中国公民待遇；为符合条件的外国人提供工作许可便利，对随行家属给予签证和居留等便利；取消符合条件的高层次科技创新人才的来华工作许可年龄限制等。2015 年 9 月，《关于加强外国人永久居留服务管理的意见》发布，对外国人永久居留服务管理制度进行全面改革和创新。

2015 年，《关于进一步完善外国专家短期来华相关办理程序的通知》实施，规定来华停留不超过 90 天的外国专家，免办工作许可，凭设区市以上外国专家主管部门邀请函可办理多次往返 F 字签证，最大限度地为用人主体引进短期专家提供便利。此外，有关部门还组织开展了外国人在中国境内工作指导目录、计点积分制度研究和试点工作，以及具有中国特色的技术移民法律制度前期研究工作等。

2016 年，中共中央委员会办公厅（以下简称中办）和国务院办公厅（以下简称国办）下发了《关于加强外国人永久居留服务管理的意见》，提出探索建立以市场为导向的外国人永居申请标准；结合收入、纳税和信用等相关要素，探索形成计点积分制评价体系①。同年，《关于加强新形势下引进外国人才工作的意见》出台，这在我国外籍人才引进工作发展中具有里程碑意义。

2020 年 2 月，司法部就《外国人永久居留管理条例（征求意见稿）》再次征求意见，通过听取各方的意见和声音，开展社会互动，有利于后期政策的执行，也为政策的宣传以及增加政策的透明度，创造更加有利的条件②。

---

① 孙锐. 我国人才规划纲要实施以外的主要进展评述——聚焦人才体制机制创新和人才政策实施［C］//中国人力资源发展报告 2017. 北京：社会科学文献出版社，2017：101.

② 董庆前. 开放的中国，需要更多全球人才的参与——评《中华人民共和国外国人永久居留管理条例（征求意见稿）》中国与全球化智［EB/OL］.［2020 - 03 - 07］. https：//mp. weixin. qq. com/s/qOSMgIBfODXfms7xxLFw1A.

一、组织建立国家移民管理局

经济全球化背景下，移民人才是一个国家创新创业的重要力量。随着经济社会的快速发展及改革开放的不断推进，我国对海外人才的磁吸效应逐步增强，越来越多的海外人才选择来华工作生活。海外人才总量的增加既为我国的经济社会发展输入了新鲜血液，又对我国做好移民管理服务提出了更高要求。

2015 年 3 月发布的《中共中央　国务院关于深化体制机制改革加快实施创新驱动发展战略的若干意见》和 2016 年 2 月发布的《关于加强外国人永久居留服务管理的意见》对海外高层次人才的引进管理、外国人永久居留服务制度的改革深化、技术移民制度的探索建立、移民管理机构设置及职责配备等工作提出了明确要求①。2016 年 6 月，中国正式加入国际移民组织，加大参与移民问题的全球治理力度，推动移民领域的国际合作。

2018 年 3 月 17 日，全国人民代表大会通过国务院机构改革方案，在公安部下组建国家移民管理局，整合公安部的边防检查和出入境管理职责，建立健全签证管理协调机制，更好地形成了移民管理工作合力。国家移民管理局在 2018 年 4 月 2 日挂牌成立，并在此后的两个月内共审批 1 881 名符合条件的外籍人士在华永久居留。其中，606 张外国人永久居留身份证已由北京公安出入境部门送至在京外籍人员手中，这些人中既包括国家"千人计划"引进人才、中关村外籍高层次人才、北京市服务业领域高层次人才、外籍华人，又有重点产业领域优秀企业家、高级管理和技术人才以及其配偶子女②。

---

① 胡芸. 成立国家移民局时机已成熟 [N]. 北京青年报，2016 – 03 – 12.
② 资料由国家移民管理局官网整理所得。

二、逐步启动外国人才签证制度

2012 年 6 月,《中华人民共和国出境入境管理法》在普通签证中增设了"人才引进"类别,即人才签证,为进一步推动海外人才引进扩展了通道。2013 年 7 月,国务院第 15 次常务会议通过《中华人民共和国外国人入境出境管理条例》,自 2013 年 9 月 1 日起施行。2017 年相继出台的《国务院关于强化实施创新驱动发展战略进一步推进大众创业万众创新深入发展的意见》《国务院关于促进外资增长若干措施的通知》等文件对《外国人才签证制度实施办法》的制定提出了明确要求,进一步扩大人才签证发放范围,完善外国人才评价标准,放宽人才签证有效期限,并对符合条件的外国人才签发 5~10 年的长期多次往返签证。

2017 年 11 月 28 日,国家外国专家局、外交部和公安部联合印发《外国人才签证制度实施办法》。2018 年 1 月 1 日,外国人才签证制度开始在北京、河北、四川、安徽、上海、广东等 9 个试点省市实施。2018 年 1 月 2 日,全国首张《外国高端人才确认函》由北京市外国专家局签发。截至 2018 年 2 月 24 日,外专部门共签发 135 份《外国高端人才确认函》。自 2018 年 3 月 1 日起,人才签证制度在全国范围内实施。当前,外国人才来华签证的突出特点是"最长有效期""最长停留期""最短审发期""最优惠待遇",主要体现在:签证的有效期可达 10 年,每次停留期可达 180 天,申请次日即可颁发签证,且享受"零费用"办理,外国人才及其家属免交签证费和急件费①。

制定实施《外国人才签证制度实施办法》是实施更加积极、更

---

① 提供绿色通道 吸引国际人才 [EB/OL]. https://www.sohu.com/a/226287497_120000.

加开放、更加有效的人才政策的必然选择，也是吸引更多高精尖缺人才加入我国现代化建设中的重要制度安排。2018年2月5日，国务院总理李克强与在华外国专家座谈时，再次强调，要落实好5～10年多次往返签证、"一证"许可、放宽永久居留条件、扩大"绿卡"发放等便利措施。人才签证制度建立了更加科学合理的标准条件、更加优化便捷的办理程序，这标志着我们向构建具有国际竞争力的人才制度优势迈出了坚实的步伐。

三、全面实施外国人来华工作许可制度

外国人来华工作许可制度是中国政府对外国人申请到中国工作实行的统一准入标准和审批监管制度。2015年12月，国务院决定将"外国人入境就业许可"和"外国专家来华工作许可"整合为"外国人来华工作许可"。2016年，"外国人入境就业许可"和"外国专家来华工作许可"的"两证整合"试点开始，同时运用互联网思维优化审批流程，建立"二窗接件、网上预审、内部流转、限时办结、一窗出证"机制[①]。2016年10月至2017年3月，北京、天津、河北、上海、安徽、山东、广东、四川、云南、宁夏10个省（区、市）开展了外国人来华工作许可制度试点工作并取得积极进展。截至2017年3月28日，10个试点地区累计办理业务20 188笔，核发《外国人工作许可通知》4 375份，核发《外国人工作许可证》9 638份，用人单位注册数达到21 866家[②]。

2017年4月1日，外国人来华工作许可制度在全国范围内正式实施。外国人来华工作许可制度遵循"鼓励高端、控制一般、限制

---

① 孙锐. 以更加开放的视野集聚海外人才［N］. 学习时报，2017－08－14.
② 资料由国家外国专家局整理所得。

低端"的思路，对来华工作外国人开展分类管理①。现行外国人来华工作许可制度实现五个统一，即统一管理职能，实行权责一致；统一评价标准，实行分类管理；统一申请条件，规范精简材料；统一审批流程，实行一网办理；统一证件名称，实行一号管理②。未来，在华长期工作的外国人持有的新版"外国人工作许可证"将实现一人一码、终身不变，动态管理记录其工作管理、服务、信用等情况③。

四、加快改进外国人永久居留证件工作

2004 年 8 月，《外国人在中国永久居留审批管理办法》的印发标志着外国人永久居留管理制度在我国正式建立。该办法规定，有四类人士可申请外国人永久居留证，除了"对中国有重大突出贡献或国家特别需要的外国籍人员""对中国经济、科技发展和社会进步有重要推动作用的、在有关单位任职的外国籍高层次人才""在中国有较高数额直接投资的外国籍投资者个人"，还包括"夫妻团聚、未成年人投靠父母、老年人投靠亲属等家庭团聚人员"④。

此前，中国的外国人永久居留证办理手续复杂，为解决这一问题，公安部于 2017 年 4 月印发了《外国人永久居留证件便利化改革方案》，在我国正式启动外国人永久居留证件便利化改革。自 2017 年 6 月 16 日起，经批准取得在华永久居留资格的外国人开始

①　孙锐. 以更加开放的视野集聚海外人才 ［N］. 学习时报，2017 – 08 – 14.
②　四川人社. 外国人来华工作需要注意哪些？政策解读告诉你 ［EB/OL］. http：// dy. 163. com/v2/article/detail/D539FJEK0514CMD2. html.
③　国家外国专家局. 扎实推进外国人来华工作许可制度 ［EB/OL］. http：//www. safea. gov. cn/content. shtml？id = 12749708.
④　新版中国"绿卡"含金量大增 ［EB/OL］. http：//www. 1000plan. org/qrjh/article/67590.

获得公安部签发的 2017 版外国人永久居留身份证。2017 版外国人永久居留身份证在设计制作时参照了中国第二代居民身份证的标准，内嵌非接触式集成电路芯片用于记录持证人个人资料和证件签发管理信息，并可以通过第二代居民身份证阅读机读取证件信息。该证件是持证人在中国境内居留的身份证件，覆盖工作、金融、税收、住宿、通信、交通、教育、医疗、社保等服务领域，证件的含金程度大幅度提高①。

五、逐步完善海外及港澳台人才引进政策体系

在人才战略被高度重视的大背景下，我国的引才政策层出不穷，涵括人才引进各个环节，不仅包括海外及港澳台人才的出入境、居留、就业、参保、医疗、旅行、探亲、税收、待遇、奖励、培训、购买外汇，还包括政府引才部门职责、引才引智项目和经费管理、引才中介机构管理、外国专家工作许可和外国专家证管理、外国专家聘用合同管理、外国专家的用人单位的资格和管理、专家退出制度、外国专家宣传工作、突发事件应急、引进国外智力工作国家秘密范围等。

在中央和部委层面，中组部、人社部、教育部、文化部、国家外国专家局、中国科学技术协会、中国气象局纷纷制定引才计划，截至 2017 年尚在实施的主要引才计划共计 26 项，如表 1 - 1 所示。这些引才计划形成了长期引进与短期引智相结合，长期支持与短期资助相结合，资深专家与青年英才相结合，创新与创业人才相结合，华裔与外裔人才相结合的项目体系，为我国根据不同需要引进各类人才提供了关键支撑。

---

① 公安部公告：2017 新版外国人永久居留身份证启用［EB/OL］. http://www.cngold.com.cn/20170617d1970n156679783.html.

表 1-1 国家级引才计划一览（截至 2017 年）

主要实施部门	引才计划名称
中组部	海外高层次人才引进计划（"千人计划"）
人社部	高层次留学人才回国资助计划 中国留学人员回国创业启动支持计划 海外赤子为国服务行动计划 回国（来华）定居工作专家项目 博士后国际交流计划引进项目
教育部	长江学者奖励计划 春晖计划 高等学校学科创新引智计划 中美富布赖特项目
文化部	海外高层次文化人才引进计划
国家外国专家局	高端外国专家项目 引进海外高层次文教专家重点支持项目 海外名师引进计划 高校国际化示范学院推进计划 高等学校学科创新引智计划 "一带一路"教科文卫引智计划 国家科研平台外国专家支持计划 与大师对话——诺贝尔奖获得者校园行项目 文教类外国青年人才引进项目 部属高校学校特色项目 首席外国专家项目 经技类青年外国专家项目 经技类重点外国专家项目
中国科学技术协会	海外智力为国服务行动计划
中国气象局	中国气象局双百计划

资料来源：课题组根据公开资料整理所得。

在地方层面，各地政府对海外及港澳台人才引进工作高度重视，纷纷推出人才引进计划，截至 2017 年，经中共中央组织部、人力资源和社会保障部、国家外国专家局批准或备案同意的副省级以上人才主管部门认定的人才引进计划共计 160 项①。

---

① 冯凌. 我国海外人才引进工作发展状况［C］//中国人力资源发展报告 2017. 北京：社会科学文献出版社，2017：131.

　　同时，逐渐形成海外高层次人才引进配套政策体系。近年来，围绕海外高层次人才担任领导职务、承担重大项目、享受特聘专家待遇，并在其税收、保险、住房、子女上学、配偶安置等优惠保障方面，国家出台了一系列配套政策①。配合国家"千人计划"项目有效实施，允许国家"千人计划"专家担任国家级项目负责人，申请政府相关资金，同时在居留和出入境、落户、医疗、保险、住房、税收、配偶安置、子女就学等多个方面的支持政策陆续出台。2012年，中组部、人社部下发了《国家特聘专家服务与管理办法》，形成了"千人计划"人才"国家特聘专家"制度。2012年10月，《关于为外籍高层次人才来华提供签证及居留便利有关问题的通知》提出，国家主要部门和地方的重点人才引进计划可比照国家"千人计划"享受签证及居留特惠政策。2015年，中组部、人社部、国家外专局下发《关于为外籍高层次人才来华提供签证及居留便利备案工作有关问题的通知》，将"回国（来华）定居工作专家项目""北京市海外人才聚集工程"等50余项省部级海外人才引进计划，纳入第一批全国重点海外高层次人才引进计划备案，从而解决了全国各地主要海外人才引进计划政策不一、待遇不同、办理人才签证居留困难等突出现实难题②。2017年，中央出台了《国家海外高层次人才引进计划管理办法》，对"千人计划"的项目体系、资格条件、遴选程序、服务管理、组织实施等内容做出进一步规范。

　　在国家"千人计划"实施过程中，相关部门制定出台了一系列配套政策文件，加强了对海外人才回国（来华）工作生活的服务保障。一方面，在居留和出入境、落户、医疗、保险、住房、税收、配偶安置、子女就学等9个方面对"千人计划"入选者予以优待。

---

①②　孙锐. 以更加开放的视野集聚海外人才［N］. 学习时报，2017－08－14.

另一方面，设立国家"千人计划"专家服务窗口，实行一站式服务，保证政策落实；在欧美同学会设立国家"千人计划"专家联谊会，为入选专家联谊交流、协同合作、建言献策、服务社会搭建平台。为解决国家"千人计划"专家以外的更多海外人才子女入学的后顾之忧，2014 年，教育部启动义务教育免试就近入学改革，此次改革的内容之一是，规定留学人员和外国专家子女在我国义务教育学校入学同样适用免试就近入学原则①。

2011 年 4 月，人社部下发《关于加强留学人员回国服务体系建设的意见》，提出要着力在留学人员出入境、居留、户籍管理、社会保险、计划生育、配偶就业、子女上学等生活待遇，以及职业资格、项目申请、经费资助、收入分配、税收、表彰奖励、知识产权保护、创办企业、投融资等工作条件方面完善相关政策，建立"回国工作、回国创业、为国服务"三位一体的留学人员回国服务工作政策体系。2011 年，人社部下发《关于支持留学人员回国创业意见》，提出实施留学人员回国创业启动支持计划，对创新能力强、发展潜力大、市场前景好的留学人员企业，在创办初始启动阶段予以重点支持。2015 年，人社部下发《关于做好留学回国人员自主创业工作有关问题的通知》，明确"在国外接受高等教育并获得本科以上学历的留学回国人员比照国内高校毕业生"，享受高校毕业生自主创业优惠政策。此外，国家进一步加大留学人员创业园建设，截至 2017 年，全国已建成各级各类留学人员创业园 31 家，北京、上海、天津、杭州等国家级留学人员创业园孵化出一批具有全球竞争力的科技企业，海外留学人员回国创业政策体系正在持续优化②。

---

① 冯凌. 我国海外人才引进工作发展状况［C］//中国人力资源发展报告 2017. 北京：社会科学文献出版社，2017：131.
② 孙锐. 以更加开放的视野集聚海外人才［N］. 学习时报，2017 – 08 – 14.

六、复制推广自贸区出入境便利政策

自 2015 年以来，公安部、国家移民管理局先后在上海、北京、福建、广东、海南等 16 个省市国家批准的自由贸易试验区、全面创新改革示范区、国家自主创新示范区、国家级新区实施一大批服务外国人出入境、海外人才在华停居留便利政策措施，取得良好经济社会效果，进一步推动了开放发展、创新发展、高质量发展。迄今为止，各地公安机关出入境管理部门为外籍企业家、投资者、技术管理人员等外国人签发签证、居留许可 13.3 万人次①。

2019 年 7 月，国家移民管理局对目前仅适用于国家重点发展区域的移民与出入境便利政策措施进行了全面评估和调研论证，将其中政策实施效果好、可适用范围广、有利于促进推动各地经济社会发展、有利于形成更加开放新格局的政策措施进行了创新改进、优化整合，将其中鼓励、支持、便利海外人才、外国优秀青年和外籍华人来华在华创新创业、投资兴业、学习工作的 12 条移民与出入境政策推广复制。

新政策主要涵盖以下四个方面：

一是扩大外国人才申请永久居留对象范围。对海外高层次人才、有博士学历或长期在国家重点发展区域工作的外籍华人、有重大突出贡献以及国家特别需要的外国人才、符合工资性年收入标准和纳税标准的长期在华工作的外国人，提供申请办理在华永久居留便利，上述人员的外籍配偶和未成年子女可随同申请。

二是放宽签发长期签证和居留许可的对象范围。优化营商环

---

① 移民与出入境便利政策出台　鼓励外籍人才来华"双创"_海外网［EB/OL］. http：//www.360kuai.com/pc/93b513f3cc8e2da08？cota＝3&kuai_so＝1&sign＝360_57c3bbd1&refer_scene＝so_1.

境，为来华经商、工作、研学的外国人签发长期有效的签证和居留许可。对国内重点高等院校、科研院所、知名企业邀请来华从事技术合作、经贸活动以及在华工作的外籍人才，对外籍高层次人才工作团队及辅助人员，签发 2～5 年有效的签证或居留许可。

三是拓宽外国人才引进对象范围。为外国优秀青年在华创新创业提供服务，对在国内重点高等院校、国际知名高校毕业的外国优秀学生在华创新创业、国内知名企事业单位邀请来华实习的外国学生，提供办理签证和居留许可政策支持和便利服务。

四是提高外国人服务管理水平。探索在外国人较集中地区建立移民事务服务中心（站点），为常住外国人提供政策咨询、居留旅行、法律援助、语言文化等工作学习生活便利服务①。

七、加强建设外国人永久居留政策体系

为了更好地聚集全球智慧、引进对华友好、遵守中国法律、为中国经济社会发展作出贡献的高素质人才、降低乃至扭转长期人才赤字，2016 年 2 月，中办、国办发布《关于加强外国人永久居留服务管理的意见》（以下简称《意见》）。《意见》认为关于外国人永久居留服务方面还存在申请条件设置不够合理、签发对象偏窄、待遇落实不到位等问题，要求加快制定外国人永久居留管理条例。2016 年 6 月公安部就《外国人永久居留管理条例（草案）》公开征求意见。当年，共有 1 576 名外国人获得永久居留权，较去年增长 163%。依据人口普查及相关公开资料统计，截至 2019 年底，在华外国人约 100 万人，其中留学生近 50 万人，持有永久居留资

① 移民与出入境便利政策出台 鼓励外籍人才来华"双创"_海外网［EB/OL］. http：//www.360kuai.com/pc/93b513f3cc8e2da08？cota = 3&kuai _ so = 1&sign = 360 _ 57c3bbd1&refer_scene = so_1.

格的外国人不到 2%①。

为了扩大对外开放、规范外国人在华居留管理并保障其合法权益，2020 年 2 月，司法部出台《外国人永久居留管理条例（征求意见稿)》（以下简称《条例》），再次征求社会公众意见。2020 年 3 月 7 日，司法部和移民管理局对公众围绕 2020 年《条例》产生的"有关资格、条件设计是否合理，会不会出现大量境外人员挤占国内就业岗位和社会公共福利资源，相关规定是否过于原则、不够细化，实施后是否出现管理漏洞"等问题作出了官方回应，由于《条例》目前尚处于向社会征求意见阶段，"在充分吸纳公众意见、进一步修改完善之前不会仓促出台"，此后将会"进一步评估论证，完善优化相关制度设计，使申请永久居留的资格、条件和程序更周延、更严密"。

八、大力支持海外高校毕业生在华就业

2017 年 1 月，人社部会同外交部、教育部印发《关于允许优秀外籍高校毕业生在华就业有关事项的通知》（以下简称《通知》），《通知》规定符合条件的外国留学生和境外高校外籍毕业生可申办外国人就业许可证书和外国人就业证。根据规定，可以在华就业的外籍高校毕业生包括在中国境内高校取得硕士及以上学位且毕业一年以内的外国留学生，以及在境外知名高校取得硕士及以上学位且毕业一年以内的外籍毕业生。

《通知》指出，人社部门或外国专家归口管理部门按规定进行审批，对符合条件的外国留学生发放外国人就业许可证书和外国人就业证；对符合条件的境外高校外籍毕业生发放外国人就业许可证书，取得外国人就业许可证书的海外高校外籍毕业生，应按规定办

---

① 任泽平. 为何降低外国人永居门槛也不放开生育？［EB/OL］.［2020 - 03 - 07］. https：//finance. sina. com. cn/stock/stocktalk/2020 - 03 - 04/doc - iimxxstf6269993. shtml.

理 Z 字签证，入境后办理外国人就业证，而外国人就业证首次有效期限为 1 年。聘用外籍高校毕业生就业期满，用人单位打算继续聘用的，按规定履行审批手续后可以继续聘用，期限不超过 5 年。外籍高校毕业生所缴纳个人所得税低于意向薪酬应付税额或用人单位拟给予的薪酬低于规定标准的，就业证不予延期。

此外，《通知》明确外籍高校毕业生在华就业实行配额管理，各省级人社部门要根据本省企业对外籍高校毕业生的需求数量、本地区高校毕业生就业形势等因素，提出本省配额需求数量，并于每年 12 月 1 日前报送人社部。人社部将综合研究确定下一年度全国及各省（区、市）的配额数量，以适当方式公开公示，并抄送外交、教育、公安配合实施。

九、持续加强外籍教师聘任和管理

2020 年 7 月，为健全外籍教师管理法律制度，加强外籍教师管理，教育部会同科技部、公安部、外交部在深入研究和广泛征求意见的基础上，制定了《外籍教师聘任和管理办法（征求意见稿）》（以下简称《意见稿》），面向社会公开征求意见。《意见稿》明确指出，外籍教师是指由教育机构聘任、取得外国人来华工作许可和工作类居留证件、在中国境内从事教育教学工作的外籍人员；教育机构是指依法设立并实施学历教育的各级各类学校和幼儿园、自考助学机构、校外培训机构。

在外籍教师管理体制方面，《意见稿》规定国务院教育行政部门负责教育机构聘用外籍教师的统筹监管；国务院外交、科技、公安、移民等行政部门按照职责分工，负责外籍教师的签证、来华工作许可、入境和居留许可等管理工作。

在外籍教师资质条件方面，《意见稿》明确规定外籍教师应当具备从事教育工作所必需的教育资质和教学技能。其中，在各级各类学校担任学科专业（含外国语言文学专业）教师的，应当具备学士以上学位和相关教育机构相关学科 2 年以上的教育教学工作经历或者相关领域工作经历；担任外国语言培训教师的，应当具备学士以上学位并受过相应的语言教学专门训练，取得相应的语言培训资质且一般从事母语教学；用中文教授相关课程的，普通话水平应达到《普通话水平测试等级标准》三级乙等及以上标准或者通过汉语水平考试获得相应等级证书。外籍人员已获得博士学位，或者取得国籍国教师资格证书，或者拥有教师教育类学士以上学位的，可以免除相应教育工作经历要求。

在外籍教师从业禁止方面，《意见稿》指出外籍教师有损害中国国家主权、安全、荣誉和社会公共利益言行的；被追究刑事责任的；妨碍教育方针贯彻落实的；有吸食毒品等违反治安管理行为的；有性侵害、虐待未成年人行为的；非法从事邪教活动的；有性骚扰学生或者其他严重违反中国的公序良俗和教师职业道德、行为准则的；在申请来华任教过程中提供虚假证明信息的；《意见稿》第三十条规定的失信记录累计超过 3 条的，教育机构应当予以解聘，并报告主管教育行政部门记入信用记录。

第二节　我国海外及港澳台人才引进工作基本成效

一、引才计划海外入选者贡献突出

截至 2018 年 7 月，国家"千人计划"共分三个层次 8 个项目，分 14 批引进近 8 000 名海外高层次人才。其中，有 6 名诺贝尔奖获得者、75 名欧美发达国家的科学院院士、20 多位当选两院院士；2017 年第十四批国家"千人计划"青年项目、创业人才项目入选人员分别为 609 人和 41 人①。

教育部"长江学者奖励计划"在 2017 年共有 53 位海外人才入选，其中，特聘教授 2 人、讲座教授 51 人，同比 2016 年增加了 13 人②。人社部"赤子计划"在 2017 年共组织实施了 31 项资助项目，全年共吸引了 2 000 多人次的各类海外人才为国服务，1.6 万余个人才技术合作项目参与对接，2 000 余个合作协议签订或合作意向达成③。发展至今，"赤子计划"已经形成一定规模，在海外人才回国创新创业方面发挥了重要的桥梁作用，成为人才工作的一张靓丽"名片"。各地方地部门依托"赤子计划"，根据本地发展需求，积极引进海外高精尖人才。例如，江西省组团赴美开展海外高层次人才招聘活动，3 场招聘会场场爆满；河南"海外英才中原行"活动邀请 39 名海内外专家携带高科技项目与当地对接，现场签约合作项目协议 28 个④。

国家外国专家局实施的外国专家项目的引才规模不断扩大，由 2011 年的 52.9 万人次增加到 2015 年的 62.3 万人次，年均增长 5.2%，5 年来华专家总量近 300 万人次，其中经济技术类专家 174.7 万人次，科教文卫类专家 121.9 万人次；长期在华工作的专家比重超过 50%；高学历专家比重持续提升，取得硕士以上学位专家由 2011 年的 4.9 万人次增加到 2015 年的 8.1 万人次⑤。2017年，全国共组织吸引各类海外人才回国（来华）服务达 4.3 万人

---

① 资料由"千人计划"官网整理所得。
② 资料由中国教育部官网整理所得。
③ 资料由人力资源和社会保障部整理所得。
④ 赵兵. 服务归国人才"赤子计划"成名片［N］. 人民日报，2018 - 04 - 17.
⑤ 资料由国家外国专家局提供。

次，3.3万个项目与人才、资金实现对接①。

近年来，通过引才计划回国（来华）的高层次海外人才在我国现代化建设事业各领域发挥了重要作用。一些人才潜心基础研究，在物质科学、生命科学、信息科学等领域前沿取得一批原创性的理论成果和实验发现；一些人才在能源技术、信息技术等核心技术上，打破国外封锁和垄断，使我国实现"弯道超车"，跃入世界前列；一些人才在食品药品安全、生态环境保护等领域创新创业，取得一批关乎民生的重大成果；一些人才积极参与国际交流合作和国际标准创制，增强我国在相关领域的国际影响力和话语权②。

二、"中国绿卡"持有者井喷式增长

2004～2013年10年间，获批"中国绿卡"的总人数为7 356人。2016年新增"中国绿卡"持有者1 576名，较上一年度增长163%，呈井喷式增长③。据央视2014年报道，韩国是"中国绿卡"持有者最多来源国，其次是菲律宾、巴西、印度尼西亚、美国。申请人员主要集中在上海、北京、江苏、广东④。

三、国际人才竞争优势正在形成

当今经济全球化快速发展，全球人才竞争越来越激烈，中国作

---

① 资料由人力资源和社会保障部整理所得。
② 资料由中组部提供。
③ 蔡长春．出入境新政有力服务国家发展大局：去年1 576名外国人获准在中国永久居留［EB/OL］．［2017－02－05］．http：//www.legaldaily.com.cn/index_article/content/2017－02/05/content_7000878.htm？node＝5955.
④ 冯凌．我国海外人才引进工作发展状况［C］//中国人力资源发展报告2017.北京：社会科学文献出版社，2017：131.

为国际人才争夺战的后来者，相对于其他国家起步晚，但是发展迅速。近年来我国进入了由人才全球流动向人才回流的竞争新时期，2019年9月18日，汇丰银行发布的"全球移居人士年度调查"显示，多数受访者认可自己在中国的生活和工作体验，认为有益于职业发展和学习新技能。除了适合事业发展，中国在家庭生活方面同样对国际人才具有相当吸引力①。

2019年1月，德科集团、欧洲工商管理学院和塔塔通信公司联合发布了《2019年全球人才竞争力指数》。该年度报告聚焦创业人才对不同经济体竞争力的影响，通过68项指标来衡量125个国家和114个城市的全球人才竞争力水平。报告显示，瑞士、新加坡和美国在人才竞争力方面继续领先于世界，而亚洲、拉丁美洲和非洲国家的人才基础正在逐步流失。中国排在"2019全球人才竞争力指数排行榜"的第45位，在金砖国家中，领先于其他4个国家——俄罗斯（第49位）、南非（第71位）、巴西（第72位）、印度（第80位）。研究表明，中国在全球知识技能方面表现突出，尤其体现在高校学生优异的阅读、数学、科研能力，不断攀升的高校国际影响力，新产品创新能力等方面。在"全球城市人才竞争力指数排行榜"中，中国共有12座城市上榜，其中前5名分别是台北（第15位），香港（第27位），北京（第58位），上海（第72位），杭州（第82位）②。

2017年，全球化智库（CCG）与西南财经大学发展研究院建立了中国区域国际人才竞争力指标体系，从国际人才规模、结构、创新、政策、发展和生活六方面对中国区域国际人才竞争力进行了

---

① 汇丰调查：国际人才移居中国内地晋升更快［EB/OL］. https：//www. sohu. com/a/342417910_727300.

② 2019年全球人才竞争力指数报告［EB/OL］. https：//www. sohu. com/a/383042203_120026444.

单位指标和省域指标描述，最终形成了中国区域国际人才竞争力的排名。研究结果显示，当前，中国的"国际人才竞争力"总体水平不高，中国国际人才比例远低于世界平均水平。此项指标中，上海、北京、广东和江苏位列前四位，其共性是区域经济发展水平相对较高。在国际人才规模上，各省市"国际人才规模指数"差距相对明显，最后一名山西与第一名上海差距悬殊，北京紧随上海位居第二，广东和江苏分列第三、第四位，但与上海、北京差距明显，其次为天津、浙江、辽宁、山东、福建等。广东成为引进外国专家最多的省份，并在国际人才创新方面表现最佳。江苏、广东、上海等国际人才集聚区域的国际人才职业结构相对较好。与此同时，上海拥有国内最好的国际人才发展环境，其依托港口经济和良好的国际化发展背景，成为外资企业落地和国际贸易往来的最重要门户。广东、北京是城市化发展与生活舒适度结合程度相对较好的区域，其国际人才生活保障和居住环境指数较高①。

① 王辉耀. 区域人才蓝皮书：中国区域国际人才竞争力报告（2017）［M］. 北京：社会科学文献出版社，2017.

第二章

我国各地区海外及港澳台人才引进政策的探索和经验

中国需要国际人才，国际人才也需要中国舞台。在国际人才争夺战中，中国有巨大的优势：中国经济发展迅速，近年来成为世界第二大经济体、全球最大市场之一，是世界上最具发展潜力的国家之一。随着人口红利逐渐递减，国内各地区都在争夺人才红利，中国人才的缺口越来越大，对人才的重视程度越来越高。国内的就业创业环境不断改善，"放管服"改革、"大众创业、万众创新"等，都为国内人才和外籍人才提供了良好的机会。

近年来，面向海外高层次人才开发的人才管理改革试验区取得突破性进展，一定程度上为人才营造了"类海外"创新创业环境。本书选取北京、上海、广东、福建、海南五个地区，总结分析其关于海外及港澳台人才引进政策方面先行先试的做法及突破，基本成效和可供借鉴的有益经验，并分析了我国香港地区的人才引进政策经验。

第一节　北京市海外及港澳台人才引进政策的探索和经验

一、北京市海外及港澳台人才引进政策的主要进展

（一）公安部推出支持北京创新发展 20 项出入境政策措施

公安部于 2015 年 12 月出台了 20 条支持北京创新发展的政策措施，于 2016 年 3 月 1 日起实施，其中 10 条政策措施根据中关村创新发展定位、特点和实际需求量身打造，并在中关村先行先试。这 10 条政策措施着力针对外籍高层次人才、创业团队外籍成员和企业选聘的外籍技术人才、外籍华人、外籍青年学生四类人才，提供永久居留、口岸签证、长期居留许可等出入境便利。主要内容包括：为符合认定标准的外籍高层次人才设立申请永久居留"直通车"；公安部在中关村设立外国人永久居留服务窗口，并缩短审批期限；对中关村市场化外籍人才申请永久居留实施积分评估制度；对中关村创业团队外籍成员和企业选聘的外籍技术人才提供办理口岸签证和长期居留许可的便利；对具有博士以上学历或在中关村长期创业的外籍华人提供申请永久居留的便捷通道；允许境外高校外国学生在中关村短期实习；允许在京高校外国留学生在中关村进行兼职创业等。这些出入境政策聚焦重点人群和关键环节，有效解决制约海外人才集聚的政策瓶颈，使国际创新人才成为中关村连接全球创新有机网络的纽带。

根据中关村 10 条出入境新政中第 6 条政策，即"中关村创业

团队外籍成员和中关村企业选聘的外籍技术人才，根据中关村外籍人才积分评估标准进行评分，达到一定分值的，可以申请在华永久居留"，中关村管委会发布了《关于开展 2016 年度中关村外籍人才申请在华永久居留积分评估申报工作的通知》，明确了受理对象、评估标准和申报材料。

2017 年 5 月 2 日，朝阳区、顺义区两个外国人出入境服务大厅正式揭牌，标志着公安部批复北京市服务业扩大开放综合试点示范区（朝阳区、顺义区）10 项出入境政策措施正式启动实施。至此，北京市初步形成了中关村科技服务人才、朝阳区商务服务人才、顺义区临空经济服务人才三位一体的海外人才引智布局。这些政策的受益者占到全市外籍人口总人数的 80% 以上，进一步促进了海外人才要素流动，形成适应首都服务业国际化发展的高端人才集聚新优势①。

（二）出台中关村国际人才新政 20 条

面对科技创新中心建设带来的国际化人才需求，面对全球开放创新大背景下日趋激烈的国际人才竞争，中关村需要探索实施更多与国际接轨的政策举措，加快人才国际化进程，增强在全球开发和配置人才智力资源的能力，推动科技优势和人才优势紧密结合，从而更好地融入全球科技创新网络，在国际人才竞争中赢得战略主动。中关村深入贯彻落实中央《关于深化人才发展体制机制改革的意见》以及北京市委市政府工作部署，针对人才国际化程度有待提升的问题，开展了新一轮深化人才管理体制机制改革的探索，联合中国人事科学研究院开展相关政策的研究和起草工作。

2018 年 2 月 10 日，中组部等 5 部委联合北京市委市政府发布

---

① 佚名. 北京市外籍人才出入境改革"新十条"启动［EB/OL］. ［2017 – 05 – 02］. http：//finance. qianlong. com/2017/0502/1651393. shtml.

《关于深化中关村人才管理改革构建具有国际竞争力的引才用才机制的若干措施》，即"中关村国际人才新政 20 条"，其中多项为全国首创，主要包括四个方面：便利人才出入境、开放国际人才引进使用、支持国际人才兴业发展和加强国际人才服务保障。"中关村国际引才用才 20 条"是对先前出台政策的深化和发展，进一步健全了海外人才供需精准对接机制。例如，在申请永久居留方面，将中国籍高层次人才的外籍家属纳入"直通车"范畴、外籍人才子女可在北京口岸办理学习签证入境、外籍科研辅助人员办理工作类居留许可等政策，进一步解决了高层次人才的后顾之忧。截至 2018 年 6 月底，已为中关村海外高层次人才及家属办理永久居留 468 人①。

新政旨在加快构建具有国际竞争力的引才用才机制，力争将中关村示范区打造成发展环境国际接轨、国际精英便捷迁移、高端智力有效集聚、创新创业活跃繁荣的国际人才发展"软口岸"。此次新政是继续发挥中关村"试验田""排头兵"作用的一次重要举措，进一步健全了海外人才供需精准对接机制，推动了"国际人才社区"和"类海外"环境的建设，为北京市提升国际人才竞争比较优势、加快建设具有全球影响力的科技创新中心提供了有力支撑。

（三）启动中关村人才管理改革

2020 年 7 月，北京市启动对中关村人才管理第五轮改革。北京市政府与国家移民管理局签署合作备忘录，双方将围绕人才引进使用、中外人员交流交往等方面，进一步加强出入境管理服务制度创新。在国家移民管理局大力支持下，北京市推出 5 条出入境新政并制定了 10 条具体细则，出台了一批含金量高、突破性强的政策措施，包括外籍人才申请"中国绿卡"便利、在职攻读学位、办理停

---

① 资料由国家移民管理局整理所得。

居留证件、京津冀三地互认工作类居留证件、配偶和未成年子女随同申请永久居留、工作许可和工作类居留许可整合等事项。

在一系列改革措施和人才政策的推动下，中关村成为全球人才创新的强磁力场、创业的梦想家园、集散的国际港口。中关村集聚了各类高新技术企业3万余家，是全球独角兽企业集聚中心，2020年上榜79家（北京市共93家），占全球13.5%。中关村也是全球风险投资的"热土"，2018年活跃在中关村的股权投资机构达1800余家，每家初创企业获得早期融资户均超300万美元，高于伦敦、东京。此外，中关村近3年申请国际专利年均达到4300件，平均增速为12.6%；累计主导创制国际标准380余项。企业从业人员已超过270万人，40%是30岁以下青年人才。高层次人才众多，集聚了3万名博士，30万名硕士，100万名本科，4万名海外归国人才。

（四）实施融智北京计划

近年来，北京市以引进和服务高层次外国专家队伍为目标，通过深入实施"融智北京"计划，搭建了"一库、一图、一网"的"三平台"引才体系，收效显著。"一库"即以"融智北京"计划专家为核心的高端外国专家数据库；"一图"即以海外人才联络站点设置为抓手，拓宽海外高层次人才引进渠道，绘制高端人才分布地图；"一网"即以外专系统信息化建设为契机，全面优化外专业务的审批流程和服务方式，提升外专工作效率；"三平台"是指"北京跨国技术转移大会""中美工程技术研讨会""中德合作交流咨询平台"①。

---

① 陈蓓. 北京市人才体制机制改革研究 [C]//北京人才发展报告（2017），社会科学文献出版社，2017.

（五）推进高层次海外人才工程

实施"全球顶尖科学家及其创新团队引进计划"和"北京高校高精尖创新中心建设计划"，引进了诺贝尔奖获得者斐里德·穆拉德、詹姆斯·马歇尔、康斯坦丁·诺沃肖洛夫等顶尖科学家。在先期实施北京市"海聚工程"基础上，出台《"海聚工程"战略科学家项目实施细则》，进一步完善"海聚工程"评审工作。设立"海聚工程"科技事业、战略性新兴产业发展服务专窗，建设海聚人才创新创业基地，强化对"海聚工程"入选人员的后续支持。

（六）打造立体式海外人才交流载体

近年来，北京市人才工作领导小组组建访问团，先后赴美国、芬兰等国开展海外人才交流合作，通过举办"北京市硅谷高端人才峰会"，向海外人才及机构集中展示北京的资源叠加优势和良好创新环境，密切了同海外人才的广泛联系，构筑起北京"海外人才圈"。同时，赴港澳开展境外人才合作交流活动，与香港城市大学签署战略合作协议，进一步加强了京港人才合作。驻香港联络处赴日本东京开展海外人才合作交流活动，与在日中国科学技术者联盟签订合作协议，通过举办京津冀创新创业及人才政策说明会等系列活动，加强与中日各界专业机构的联络，进一步推动中日人才交流与科技领域合作①。

为了加快中关村示范区国际化发展步伐，更好地服务全市工作大局，中关村陆续在境外不同国家和地区建立了境外联络处。联络处立足"宣传、联络、服务"的功能定位，广泛开发和聚集国际创新要素，特别是在引进人才和技术方面发挥了积极作用。2000年，中关村管委会在北京市政府的支持下，在美国硅谷设立了中国科技

---

① 北京市人力资源研究中心课题组.聚天下英才而用之：打造世界高端人才聚集之都［C］//北京人才发展报告（2017），社会科学文献出版社，2017.

园区第一个境外联络机构，以招才引智和宣传推介为主要职责。截至 2018 年底，该联络工作开展了近 20 年，通过不断拓展，先后设立过 12 个科技人才资源高度聚集的重点区域联络处，如加拿大多伦多、美国华盛顿、英国伦敦、德国慕尼黑、澳大利亚悉尼、芬兰赫尔辛基、日本东京、中国香港、中国台湾台北、比利时布鲁塞尔、以色列特拉维夫和南非约翰内斯堡等。截至 2018 年底，正在开展工作的联络处有 10 个（其中中国台湾台北和比利时布鲁塞尔联络处暂停委托），主要是以政府购买服务的形式，采用招投招标方式委托第三方管理，市财政每年给予中关村境外联络工作支持资金为 1 700 万元，基本形成了覆盖全球重点国家（地区）的境外人才联系网络。① 这些境外联络处的重要任务之一就是向所在国家（地区）的海外学子、科研人员宣讲中关村的创新创业政策与环境，方便境外高端人才随时咨询，并为其回国创业提供对接服务。截至 2019 年底，中关村聚集了 300 多家跨国企业地区总部和研发中心，设立 14 个境外联络处，留学归国人员和外籍从业人员超过 5 万人，上市公司在境外设立分支机构近千家②。

（七）推进海外人才创业园建设

北京市注重发挥好中关村海外人才创业园吸引与支撑海外人才回国创新创业的主战场作用。2017 年新增中关村海聚博源海创园、中关村智汇柠檬孵化器海创园、中关村腾讯海创园、中关村禾苨海创园、中关村亦庄生物医药海创园 5 家中关村海外人才创业园。截至 2017 年底，共建设中关村海外人才创业园 42 家，为海外人才提

---

① 中关村科技园区管理委员会，中国人事科学研究院课题组. 中关村 2018 年发展报告 [R]. 2018.
② 双创周持续引领 北京中关村打造一流创新创业生态 [EB/OL]. https：//www. sohu. com/a/424041089_355034.

供孵化面积 61.00 万平方米（见图 2 - 1），海外人才创新创业资源不断聚集，累计孵化海外人才企业 6 400 余家，培育上市企业 48 家；在园海外人才 2 277 人，累计入选国家海外人才计划 218 人，北京市海外人才工程 273 人；在园企业获得股权融资达 63.88 亿元，累计创造知识产权 11.34 万项①。而经过多年的发展建设，中关村现有 45 家海创园，孵化面积总计超过 140 万平方米，在园海外人才创业企业有近 1 600 家。

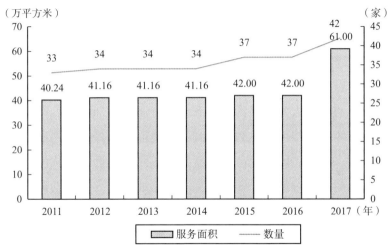

图 2 - 1　2011 ~ 2017 年中关村海创园数量及服务面积数据

　　中关村将全力打造"集中办公区—孵化器—加速器—产业园区"全链条的服务体系，创立了以中关村智造大街为代表的独具特色的硬科技孵化平台，形成了全国首创的全链条垂直领域一站式服务生态。"回 +"双创社区、中关村创客小镇等一批混合功能型创业社区和创新小镇加快建设。截至 2019 年底，中关村示范区拥有

①　中关村科技园区管理委员会，中国人事科学研究院课题组．中关村 2018 年发展报告［R］．2018.

248 家创业孵化机构、近 600 家联盟协会和民非组织，以及上千家法律、会计、知识产权服务机构①。

2021 年 1 月 6 日，为进一步贯彻落实习近平总书记关于科技创新和人才发展的重要论述，深入实施《中关村国家自主创新示范区创新引领高质量发展行动计划（2018—2022 年)》，中关村管委会出台了《关于进一步加强中关村海外人才创业园建设的意见》（以下简称《意见》)。《意见》的适用对象包括中关村示范区现有的 45 家海创园及园区内海外人才创业企业，从完善海创园工作体系、提升海创园服务能力、支持海创企业落地发展、拓宽海创项目融资渠道、支持优秀海外人才留京发展和优化海外人才创业环境 6 个方面提出了 17 项具体举措。

较之以往的支持政策，《意见》主要有五大特色亮点：一是服务前置，与海外人才加强沟通联系。支持海创园加大力度吸引尚在海外的人才，直接面向他们开展服务；提前为海外人才回国创业对接好空间、资金、团队等市场创新要素，同时对近 3 年从海外到示范区创业的人才团队给予资金支持。二是加速融入，帮助海外人才尽快融入创业环境。建立全流程服务体系，对海外人才配备"服务管家"，为海外人才创业提供代办陪办服务，解决落地创业"最后一公里"的问题；推荐海创企业加入中关村特色产业联盟，参加千帆计划等，解决融入产业生态的问题；建设"海创之家"，开展联谊交流活动，解决生活圈、朋友圈的问题。三是要素支撑，全方位支持海外人才在示范区创新创业。从技术研发、科技金融、人才服务等多个角度整合了中关村"1＋4"政策相关支持举措，包括小微企业研发补贴、前沿技术及颠覆性技术支持资金、首创产品保险费补贴、天使创投风险补贴、科技信贷支持资金、高聚和雏鹰人才计

---

① 双创周持续引领 北京中关村打造一流创新创业生态 [EB/OL]. https：//www. sohu. com/a/424041089_355034.

划以及国际交流合作等。四是自主引才，注重发挥海创园引才育才的主体地位。坚持市场化引才机制，在海创园开设留学人员进京落户的征集通道，推荐表现突出的海创园纳入人才引进、工作居住证等人才服务事项计划单列和市级人才计划自主认定目录制单位。五是注重安全，开展法律风险排查服务。为了帮助海外人才到示范区安心创业，首次支持海创园对入园创业的海外人才提供法律风险排查服务，为海外人才提供知识产权预警、做好知识产权布局①。

（八）打造首都国际人才社区

国际人才社区是指以一定地域为基础，社区中海外人士的数量达到一定程度，社区相应的组织制度、服务体系、环境设施趋向国际标准②，包容各类文化和生活方式，不同国家、种族、民族背景的人能够和谐共处的城市社区③。国际人才社区的发展和完善，会为国际化移民提供良好的生活条件，为城市国际化的发展进一步奠定坚实的物质和文化基础，是加大城市国际化程度、提升城市国际化品质的基本方略④。城市国际化、移民国际化与国际化社区之间形成了一种互相影响的互动关系（见图 2 - 2）⑤。

图 2 - 2　城市国际化、城市移民国际化与国际化社区之间的互动

资料来源：作者绘制。

---

① 尚在海外也能申请资金支持! 中关村 17 项举措吸引海外人才［EB/OL］. https：// view. inews. qq. com/a/20210111A048VP00.

②⑤ 华峰. 国际化社区的出现与应对［J］. 学海，2013（1）.

③ 王名，杨丽. 国际化社区治理研究——以北京市朝阳区为例［J］. 北京社会科学，2011（4）.

④ 茅茂春. 上海国际化社区文化构建思维透视［J］. 城市开发，2009（21）.

首都国际人才社区是北京着力打造的优化发展环境、吸引国际人才的创新品牌，也是以人才工作促进城市更新发展、提升广大市民生活品质的探索和尝试。2017 年，北京市人才工作领导小组出台了《关于推进首都国际人才社区建设的指导意见》，首次在全国提出国际人才社区概念，确定了有海外氛围、有多元文化、有创新事业、有宜居生活、有服务保障的建设目标，为国际人才在京发展营造拴心留人的环境、提供美好的生活，着力增强国际人才的认同感和归属感。区级层面已同步出台实施方案，并具体开展建设运营、服务管理等工作。社区建设启动以来，现已形成朝阳望京、中关村科学城、未来科学城、新首钢、通州、顺义、怀柔科学城、经济技术开发区 8 个国际人才社区，并纳入了党中央、国务院批复的《北京城市总体规划（2016—2035 年）》，成为北京推进国际交往中心、全国科技创新中心建设的重点任务①。

2018 年，北京市加快国际化人才社区的建设，进一步优化首都世界高端智力引才用才地方品质②。一是营造"类海外"的人才发展环境。在前期试点发现问题的基础上，针对国际人才社区如何进一步推进，北京市人才工作领导小组开展"'社区合伙人'制度"课题研究，对国际人才社区内部架构、运行模式等进行深入探索；并会同市金融局等部门，探讨股权投资、贷款、发债、融资租赁、保险等金融支持模式，不断推进国际人才社区现实层面落地发展。二是营造"以人才为本"的法治环境。借鉴欧美发达国家以法治环境吸引集聚人才的成功经验，推进首都人才发展制度的国际化，持续开展《北京市人才发展促进条例》的调研工作，从界定部门人才工作职责、规范政策出台与落地、知识产权保护等方面，解决人才

---

① 佚名. 完善顶层设计 营造"类海外"环境 [N]. 北京日报，2020 - 06 - 11.
② 孙锐. 构建"聚天下英才而用之"的支撑体系——十八大以来我国海外人才引进工作取得重要进展 [J]. 人民论坛，2018 - 06 - 29.

工作有法可依、人才权益依法保障等基本问题。《北京市人才发展促进条例》已纳入市人大常委会 2018～2022 年立法规划①。

经过近 3 年的建设，截至 2020 年，社区理念不断强化，海外院士专家工作站、未来论坛、海高大厦等一批发展平台有序落地，国际人才公寓、学校、医院等一批重点项目加速建成，取得了一定成效。在此基础上，为进一步提高社区建设的科学化专业化水平，北京市人才工作领导小组办公室委托北京市建筑设计研究院与清华大学组成课题组，先后深入 8 个国际人才社区开展 3 轮调研，对比研究了美国、日本、德国、新加坡等近 30 个发达国家和地区的建设经验，反复征求了 28 个市级有关部门的意见，编制完成了《首都国际人才社区建设导则（试行版）》（以下简称《导则》）。目前，《导则》已由市规划自然资源委和市人才办联合印发实施，是推进国际人才社区建设的权威标准和主要依据。

《导则》制定了"1＋3＋9"的顶层设计，即"一个中心、三大坐标、九大场景"，国际人才社区已不仅仅是"住"的社区，而是一种全新的"泛生态圈"理念。"一个中心"即以国际人才需求为中心，坚持需求导向，实现类海外生活氛围；"三大坐标"指实现社区建设的国际化，生态化与数字化的建设理念；"九大场景"打造全功能的国际人才社区泛生态圈，明确《导则》引导的路径。"泛生态圈"国际化社区指的是以核心工作区（创新、科技、金融）等为中心，向四周辐射，激发国际人才创新创业活力，满足国际人才生活工作需求的环绕式生态系统。《导则》通过"1＋3＋9"的核心内容体系实现"类海外"环境的建设目标，是全国首个国际人才社区建设导则，实现了国际人才社区建设工作中的重大突破。伴随着《导则》的出台，首都国际人才社区将以更高的建设标准，

---

① 北京市人力资源研究中心课题组．集聚爱国奉献优秀人才：高质量队伍引领首都高质量发展［C］//北京人才发展报告（2018），社会科学文献出版社，2018.

更国际化的氛围迎接来自世界各地的人才，助推北京国际交往中心的建设①。

（九）推动国际职业资格互认

近年来，北京不断提升高端金融人才队伍建设，加大金融人才吸引力度，打造首都金融发展新高地。2020 年 12 月 30 日，中国期货业协会正式发布《关于具有境外期货职业资格的人员申请国家服务业扩大开放综合示范区和中国（北京）自由贸易试验区期货从业资格的公告》。该公告有三大亮点：一是覆盖 61 个境外期货职业资格认可的国家和地区；二是相关人员通过境内期货从业法律法规考试后，填写申请并在协会备案，即获得"期货从业资格考试成绩合格证"，无需参加基础知识考试；三是由拟任职期货或证券公司代为申请境内期货从业资格，该资格仅限在北京上述两区内提供服务。

该公告的发布标志着北京"两区"建设又一重要成果落地，境外期货职业资格认可机制率先在京取得重大突破，有利于进一步提升境外期货职业资格人员在京发展便利，吸引更多国际高端期货从业人才齐聚北京，推动期货市场扩大对外开放水平。

（十）加强北京营商环境建设

近年来，北京大力加强营商环境建设，得分与排名大幅跃升，始终处于全国前列，企业满意度持续提高。世界银行《2020 营商环境报告》显示，中国排名跃居全球 31 位。北京作为样本城市之一，得分为 78.2 分。世界银行向全球介绍北京营商改革的成功经验，为北京营商环境点赞。

---

① 佚名. 完善顶层设计 营造"类海外"环境［N］. 北京日报，2020 – 06 – 11.

北京教育开放的政策越来越完备，先后出台《教育领域开放改革三年行动计划》《外国学生就读北京市幼儿园、普通中小学、中等职业学校的意见》《北京地区高等学校招收和培养国际学生管理办法》等政策文件，进一步加强顶层设计，完善质量标准，下放管理权限，优化管理服务，扩大开放力度。截至 2020 年，在北京市教育系统任教的外籍教师达到 5 000 余人，进一步提升了北京教育国际交流水平。北京市将进一步加强中小学国际学校建设，不断完善国际学校布局，在引进人才密集地区等重点区域，新建一批国际学校，服务国际人才和引进人才子女就读需求，让更多的国际学校在北京落地生根。

二、北京市海外及港澳台人才引进政策的基本成效

（一）高层次海外人才广泛聚集

根据北京市委组织部公布的数据，截至 2017 年底，北京地区的人才资源总量达到 713 万人，人才资源对经济社会贡献率达到 53%，"千人计划"专家占全国的 1/4[1]。作为第一个国家级人才管理改革试验区，北京市中关村大力集聚国际顶尖人才，截至 2018 年 2 月，北京中关村已有"千人计划"专家 1 343 名，占全国近 20%[2]。

近年来，中关村海外高层次人才数量保持持续增长，是全国海外高层次人才最集中的地区。中关村积极拓展高层次人才引进渠道，汇聚众多海外高端智力资源，初步形成了"高端引领、带动全

---

① 刘敏华. 人才支撑发展 优先发展 引领发展——改革开放 40 年来人才发展理念变革 [R]. 北京市委组织部人才工作处，2018 - 11.

② 资料由创新创业中关村官网整理所得。

局"的人才发展格局①。2017 年,中关村新增"千人计划"入选者155 名,累计 1 343 人,约占全国的 19%。共计 39 人申报第十四批国家海外人才计划,其中,创新长期项目类 10 人,创业类 29 人。中关村新增北京市"海聚工程"入选者 98 人,累计入选北京市海聚工程 688 人(2017 年申报,2018 年获评),约占北京市的 66%。经中关村推荐入选人数为 19 人,包括全职工作类 3 人、创业团队类 11 个、青年项目类 5 人。新增"高聚工程"入选者 44 位,累计336 人(团队)。三类人才近年发展情况见图 2 – 3。

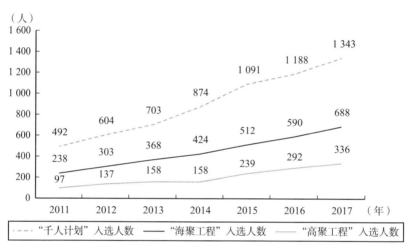

图 2 – 3　2011 ~ 2017 年中关村入选"千人计划"、北京市"海聚工程"、
中关村"高聚工程"人数

(二)系列出入境政策落地实施成效明显

中关村积极落实公安部支持北京创新发展出入境政策措施中关村十条政策。截至 2017 年底,通过中关村渠道办理"绿卡"430

---

① 王金波. 中关村健步在全面改革创新大路上 [N]. 北京日报,2016 – 03 – 05.

张（2016年248张、2017年182张）。中关村共为各类人员出具推荐函和证明函519份。其中，出具外籍高层次人才申请在华永久居留"直通车"类推荐函共计355份，占总数的68.4％，它是中关村外籍人才申请在华永久居留的最主要途径，充分体现了"直通车"制度在中关村吸引海外高层次人才方面不可替代的重要作用；中关村创业团队外籍成员、中关村企业选聘的外籍技术人才申请在华永久居留积分评估入选人才分别为19人、75人；创业团队外籍成员认定标准第2项第1条担任公司总监及以上职务类推荐函34份；中关村企业邀请前来实习的境外高校外国学生类推荐函30份；创业团队外籍成员和中关村企业选聘的外籍技术人才（来不及办理工作许可证明的）在抵达口岸申请人才签证证明函3份；兼职创业意向证明函2份；中关村创新创业证明函（推荐外籍华人凭创业计划申请私人事务类居留许可加注"创业"）1份，见图2-4。

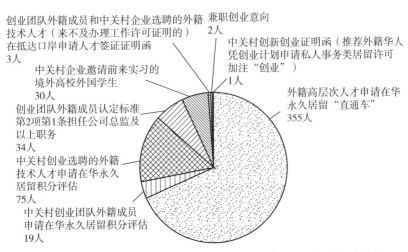

图2-4　截至2017年底获得中关村推荐函、证明函的各类人才数量

（三）人才创业平台建设成效显著

中关村创业大街于 2014 年 6 月 12 日设立，是中国内地第一条以创新创业为主题的特色街区。中关村创业大街定位于建设全球产业创新生态加速平台，以创新创业需求为导向，积极汇聚全球产业资源，广泛与世界范围内大企业、高校院所、投资机构、创业服务机构、创新创业者等展开对接，形成"创新街区运营""产业创新服务""全球创新孵化""创业服务平台""科技投资服务"几大业务板块。自设立以来，中关村创业大街累计孵化创业团队 3 841 家，其中，外籍和海归团队 436 家，累计获得融资团队 1 212 家，总融资额达到 770.32 亿元人民币。同时，中关村依托区内密集的高校、科研院所、顶尖人才以及创新型企业，通过成果转化"火花"活动、概念验证中心、前沿创新中心等平台，让科学家、投资人、企业家在成果形成早期进行碰撞对接，建立科技成果价值和价格早期发现机制，向创新创业创造的源头注入活水清泉，全力推动科技成果与人才、资本等市场各类资源良性互动、深度融合①。

在全球创新孵化方面，中关村创业大街强化与国际创新创业机构交流合作，已与智利出口促进局、巴西圣保罗州经济发展促进局、首尔创业中心、法国欧创慧等 6 家国际机构签订了战略合作协议。仅 2019 年，中关村创业大街就与 25 个国家的国际创新机构建立了合作联系。中关村创业大街为全球国际项目落地北京提供服务，2019 年，来自美国、俄罗斯、韩国、意大利等 11 个国家和地区的 24 个团队成功落地北京，行业涵盖人工智能、工业 4.0、智慧城市等领域。为了促进大企业开放创新，中关村创业大街不断扩展企业朋友圈，快速将产业创新业务延伸到更多垂直领域。与英特

---

① 双创周持续引领 北京中关村打造一流创新创业生态 ［EB/OL］. https：//www. sohu. com/a/424041089_355034.

尔、戴姆勒、大众斯柯达等一批国际行业龙头企业形成全方位战略合作。截至 2020 年 6 月，已与 106 家大企业建立了合作关系。在 2020 中关村论坛发布会上，6 个创新平台与集聚区首次发布，横跨人工智能、高级别自动驾驶、空天产业、生命科学等高精尖领域，并打造中德合作、中日合作全球示范意义的国际合作平台。

三、北京市海外及港澳台人才引进政策的有益经验

（一）海外及港澳台人才管理服务政策体系不断完善

近年来，北京市围绕建设具有全球影响力的科技创新中心对人才的战略性需求，不断完善海外及港澳台人才管理服务政策体系，整合利用全球创新要素和人才资源，加快打造世界高端人才聚集之都①。2009 年，北京市颁布实施了《关于实施北京海外人才聚集工程的意见》，随后印发了《北京市鼓励海外高层次人才来京创业和工作的暂行办法》《北京市促进留学人员来京创业和工作暂行办法》《北京市面向海外高层次人才设立政府特聘岗位暂行办法》，构成了首都吸引海外及港澳台人才的基本政策体系。中关村人才管理改革试验区对完善海外及港澳台人才发展体制机制、优化海外及港澳台人才发展环境作出了一系列政策创新。2014 年，北京市制定出台了《关于进一步加强我市留学人员就业创业服务有关工作的通知》，在留学人员就业报到、返京工作、人事档案建立转接及留创企业招才引智等方面实行优惠政策，鼓励和支持留学人员回国返京创新创业。

2015 年 3 月，北京市人才工作领导小组办公室印发了《中关

---

① 中共北京市委组织部. 打造中关村人才"硅谷"［N］. 光明日报，2016 - 05 - 07.

村国际人才创新创业生态系统建设工程》的通知，要求用 3~5 年时间，逐步建成国际人才创新创业生态系统，以集聚高端人才为核心，积极开发以外国专家、海外高级专业技术人才、海外高级经营管理人才、海外创业人才为代表的海外人才资源；提出 10 项主要任务，包括深入实施重大人才工程、拓宽国际人才创新平台、打造国际人才创业平台、支持企业开发国际人才、打造跨境协同创新平台、建设跨境合作创业平台、完善跨境科技金融服务、建设国际人才市场体系、抢占知识产权与技术标准制高点、营造国际人才发展"软环境"。同年 10 月，《关于深化中关村人才管理改革的若干措施》（"人才八条"）出台，从简化外籍高层次人才永久居留证办理程序、简化外籍高层次人才签证及居留办理程序、为海外人才创业就业提供便利、扩大人力资源服务业对外开放、完善人才评价机制、开发国外高端智力要素、完善新型科研机制、强化人才培养与使用衔接这八个方面加大人才管理改革的力度。2017 年，北京市出台《深化改革推进北京市服务业 扩大开放综合试点》，提出要强化人才保障服务，实行"护航式直通车"国际引智机制。

2020 年党中央、国务院作出建立中国（北京）自由贸易试验区的重大决策，发布《中国（北京）自由贸易试验区总体方案》（以下简称《方案》）。其中《方案》提出要优化人才全流程服务体系，探索制定分层分类人才吸引政策。试点开展外籍人才配额管理制度，探索推荐制人才引进模式。优化外国人来华工作许可、居留许可审批流程。采取"线上＋线下"模式，建立全链条一站式服务窗口和服务站点。探索建立过往资历认可机制，允许具有境外职业资格的金融、建筑设计、规划等领域符合条件的专业人才经备案后，依规办理工作居留证件，并在区内提供服务，其境外从业经历可视同境内从业经历。对境外人才发生的医疗费用，开展区内医院与国际保险实时结算试点。探索优化非标准就业形式下劳动保障服务。

（二）出入境政策创新力度不断加大

北京市以敢为人先的精神，不断加大海外人才出入境政策的创新力度，持续发挥创新引进和先行先试的示范带头作用。作为第一个国家级人才管理改革试验区，中关村目前有"三个直通车，两个20条"。中关村开展外籍人才绿卡直通车试点，截至2018年4月底，有408名外籍人才获得在华永久居留。为不断提升示范区人才国际化水平，2016年3月，在公安部的支持下，中关村推出外籍人才出入境20项政策，其中有10条是中关村独有的，外籍高层次人才申请办理绿卡的时间由过去的180天压缩为50个工作日，被外籍人才誉为"世界上办理速度最快的绿卡"。2018年2月，在中组部等部委支持下，又推出了中关村国际人才新政20条，紧扣人才和用人单位反映强烈的突出问题，统筹考虑人才、科技、产业、服务政策，为国际化人才提供便捷、高效的服务。新政是对先前出台政策的深化、发展和创新，其中多项政策为全国首创。

而在2020年7月已启动对中关村人才管理第五轮改革，在国家移民管理局大力支持下，北京市推出5条出入境"新政"并制定了10条具体细则，出台了一批含金量高、突破性强的政策措施，包括外籍人才申请"中国绿卡"便利、在职攻读学位、办理停居留证件、京津冀三地互认工作类居留证件、配偶和未成年子女随同申请永久居留、工作许可和工作类居留许可整合等事项①。

（三）创新创业生态持续优化

当前，中关村已经形成了一套独具特色的创新创业生态系统，陆续出台了"国际人才20条"《关于优化人才服务促进科技创新

---

① 市人才局局长桂生：中关村第五轮人才管理改革已启动［EB/OL］. https://baijia-hao. baidu. com/s？id=1678074688206689065&wfr=spider&for=pc.

推动高精尖产业发展的若干措施》等政策，深化建设"一站式"外籍人才服务平台、中关村外籍人才服务窗口、中关村海外人才创业园和中关村高端人才创业基地，不断优化有利于人才集聚和发展的创新创业生态系统，集聚了一批国际领先的创新团队①。原中关村管委会主任郭洪对这套创新创业生态系统进行了归纳总结，提炼出六大要素：一是领军企业，中关村成长起来了一大批拥有自主知识产权的高新技术企业；二是高校和科研院所，国家对科教区的布局，使中关村成为全国科教智力资源最密集的地方；三是人才，中关村积极拓展高层次人才引进渠道，汇聚众多海外高端智力资源；四是科技资本，中关村的科技银行、天使投资人、风投公司、创投基金、信用中介机构、知识产权机构、产权交易机构等金融机构和科技中介机构是中关村创业生态系统中的"腐殖层"，为创业提供了广阔而肥沃的土壤；五是包括创业导师、创业服务机构在内的创业服务体系；六是中关村特色的创业文化，即与硅谷类似的"创业—成功—再创业"的良性循环，以及"创业—失败—再创业"的独特文化。

这套创新创业生态系统已经成为中关村的国际人才竞争的核心要素，并逐步显现出吸引海外及港澳台人才来京创新创业的"马太效应"。近年来，北京市依托中关村国家人才管理改革试验区，探索实行更积极、更开放、更有效的海外及港澳台人才管理新机制，努力构建具有国际竞争力的人才制度优势，并在此基础上不断加强城市软实力建设，持续优化创新创业生态，打造国际人才社区，从自然环境、城市文明和生活配套等方面提升区域国际人才竞争力水平，整合利用全球创新要素和人才资源，加快打造世界高端人才聚集之都。

---

① 双创周持续引领 北京中关村打造一流创新创业生态 [EB/OL]. https：//www.sohu.com/a/424041089_355034.

第二节　上海市海外及港澳台人才引进政策的探索和经验

一、上海市海外及港澳台人才引进政策的主要进展

（一）成立全国首个海外人才局

2017 年 6 月 16 日，浦东新区海外人才局揭牌成立，这是全国首个以"海外人才局"命名的政府机构。新区海外人才局设在新区人力资源和社会保障局下，设"一处一中心"，即海外人才工作处和海外人才服务中心。该机构主要负责海外人才政策的拟定和宣传，外国专家管理，外国人来华工作许可的受理、审批和监管，留学人员及港澳台人员来浦东创业就业，认定、推荐符合标准的外籍高层次人才直接申请永久居留，引进国外智力以及高层次人才服务等。

自机构成立以来，主要工作成效为：一是承接外国人来华工作许可审批。制定了《浦东新区外国人来华工作许可审查工作细则》，形成了预审、受理、审查、审批全流程操作路径；建立了海外人才工作处与海外人才服务中心协同受理、审批的工作机制；优化审批流程，缩短了审批期限，外国人 A 类证件由原来的 5 日缩短为 3 日。二是做好自贸区外籍高层次人才直接申请永久居留的认定、推荐工作。制定了自贸区外籍高层次人才的认定标准、认定流程，形成了《上海自贸区推荐外籍高层次人才申请在华永久居留的认定管理办法（试行）》。三是研究制定自贸区顶尖科研团队外籍核心成

员申请在华永久居留的认定细则。牵头制定了顶尖科研团队的认定标准，结合浦东新区鼓励发展产业，将部分国家级、上海市重点项目列为顶尖科研团队，并明确了申请材料和认定流程。四是降低外国留学生直接就业门槛。明确2017年毕业的上海高校应届本科生可办理工作证明函，并细化了办理流程、申请材料等工作。五是成功举办上海自贸区外国留学生专场招聘会。积极做好上海高校本科外国留学生可在自贸区直接就业的政策宣传，首创上海自贸区外国留学生专场招聘会，为自贸区企业和海外人才搭建了交流平台。六是为张江核心园重点企业开设绿色通道。对张江核心园重点服务的企业进行了需求调查，梳理各单位在国内人才公共服务方面的需求，在居住证积分、人才引进和居转户三项业务上，对核心园的26家重点单位开设绿色通道。七是加强人才政策的宣传。积极打造线上、线下宣传平台，用线下手册、宣讲，线上网站、微信相结合的方式，宣传浦东的人才政策和人才服务。加强对企业的走访，2017年走访266家重点企业，建立企业走访电子档案。八是举行"海外华人精英浦东行"活动。吸引了158位海外精英直接到浦东创新创业，30个项目落户浦东，为海外人才与浦东交流搭建了桥梁。

（二）便利海外人才办理出入境和停居留

1. 公安部出台支持上海科创中心建设12项出入境新政

2015年7月，为吸引海内外高层次人才和创新创业人员集聚上海，公安部出台支持上海科创中心建设12项出入境政策措施，并于2015年7月1日起实施。此次12条出入境新政主要有以下几个方面。

一是建立市场认定人才机制，为吸引和留住海外高层次人才创造更具活力的环境。主要有3条政策措施：包括在原有永久居留政策的基础上，新增以挂钩工资和税收为主导的市场化申请渠道；对上海认定的海外高层次人才，以及在科创"职业清单"所属单位工作的高级专业人才，工作满3年后就能申请永久居留；对海外高层次人才和行业高级专业人才未持签证来华或持其他签证来华的，均可为他们提供入境和申办人才签证等便利。

二是降低准入门槛，为创业初期人员孵化发展构建更为开放的环境。主要有3条政策措施，包括支持外国留学生在我国高等院校应届毕业后直接在上海创新创业，对愿意毕业后在上海创新创业的留学生不再要求具有2年工作经历，可直接留在上海创业；进一步简化来上海创新创业外国人的入境和居留手续，对身在海外、有意愿来沪创新创业的海外人才，允许申请口岸签证直接入境；扩大长期居留许可签发范围，对第三次申请工作居留许可且无违法违规等问题的，可签发5年以内工作居留许可，使在上海工作的外国人享有更为稳定的居留预期。

三是提高专业化服务水平，为海内外人才工作生活营造更加便利的环境。主要有4条政策措施，包括对海外高层次人才聘雇的外籍家政服务人员签发居留许可，提供居留便利，满足海外人才工作生活需求；优化完善上海（海、陆、空港口岸）、江苏（南京禄口机场）、浙江（杭州萧山机场）三地任一口岸外国人144小时过境免签政策联动，构建更为便捷宽松的商务旅游环境；探索实施外国旅游团乘坐邮轮经上海入境15天免签政策，全力支持发展邮轮经济；公安部和上海市政府建立部市协作机制，持续推动和支持上海科创中心建设。

2. 公安部出台支持上海科创中心建设出入境政策"新十条"

2016年8月，公安部支持上海科创中心建设出入境政策的十条新措施正式实施。"新十条"显现以下四大亮点。

一是实施不断开放的政策，吸引海外人才创新创业。如第二条政策放宽人才签证的签发范围；第三条政策允许符合条件的外籍人才从就业居留向永久居留资格转换时，其随行外籍配偶和未成年子女可以同时申办永久居留，海外人才雇用的外籍家政服务人员也可在上海口岸申办口岸签证入境。

二是实施积极务实的政策，方便外籍华人安居乐业。例如，按照第六条政策，具有博士学历的外籍华人，不需要政府部门或工作单位推荐，可直接申请永久居留；在"双自"或"双创"区内单位工作满4年的，也可申请永久居留，对其学历、职务或工资方面也不再有要求。

三是实施优化宽松的政策，对外籍投资者申请永久居留给予倾斜。第八条政策对于申请永久居留的外籍投资者，投资额度从200万美元降低至100万美元。同时放宽投资者认定方式，如该人是以自然人身份作为控股股东对公司企业投资的，也可以提出申请。

四是实施灵活便捷的政策，为外国学生就读和创新创业提供便利。如第九条政策覆盖两类外国学生：上海高校在读留学生和境外高校在读外国学生，分别可以按规定加注"创业"和办理实习签证。第十条则为外籍中小学生申请口岸签证和身份转换提供了便利。

3. 推出提高海外人才通行和工作便利度九条措施

2017年6月16日，上海浦东新区出台提高海外人才通行和工作便利度九条措施，涉及外籍人才居留和出入境、工作许可，海外人才机构和服务窗口等内容，都是国家、上海相关部门支持的先行先试政策，包括开设自贸区永久居留推荐"直通车"，实行外籍华人申办永久居留专项政策，放宽人才口岸签证申请范围，支持外国留学生兼职创业，放宽外国留学生直接就业，允许外国高校应届毕业生跨境就业，优化外籍专业技术人才执业资格认证，设立浦东新区海外人才局，试点人才办事窗口"无否决权"改革等①。

在开设自贸区永久居留推荐"直通车"方面，上海自贸试验区是全国第一个获得外国人永久居留推荐权的自贸试验区。经公安部和上海市出入境管理局同意，上海浦东制定了《上海自贸区推荐外籍高层次人才申请在华永久居留的认定管理办法（试行）》，公布了相关人才推荐标准，把更多符合浦东实际需要的外籍人才纳入推荐范围。

4. 推出上海出入境聚英计划（2017—2021）

2018 年 1 月 16 日，公安部、上海市政府在沪召开"公安部、上海市政府推进上海科技创新中心建设合作机制 2017 年度会议"，正式推出"上海出入境聚英计划（2017—2021）"。

根据"上海出入境聚英计划（2017—2021）"，在前期出台的支持上海科创中心建设 22 项出入境政策措施的基础上，2018 年首批推出三项出入境新政：一是为顶尖科研团队中的外籍核心成员申请永久居留提供便利，即授予顶尖人才自主推荐权，为其组建科研团队提供支撑。二是允许"双自"和"双创"外籍人才兼职创新创业。即突破外国人只能在一家单位工作的限制，为外籍人才充分施展才能提供更加广阔的舞台。三是为全球外籍优秀毕业生来沪发展提供长期居留和永久居留便利。即外籍优秀毕业生，凭毕业文凭即可直接申请 2 年期居留许可；连续工作满 3 年并满足一定条件的，即可申请永久居留。

---

① 全国首创 浦东新区海外人才局今日成立——上海浦东［EB/OL］.［2017 - 06 - 16］. http://www. pudong.gov.cn/shpd/public/20170616/007004 _2b964d4d - 6586 - 4687 - 89eb - 46be66240b49.htm.

5. 发布自贸区海外人才出入境新政策

2018 年 3 月，上海浦东新区发布《中国（上海）自由贸易试验区顶尖科研团队外籍核心成员申请在华永久居留的认定细则（2018 年试行）》，率先试点上海自贸区顶尖科研团队外籍核心成员可直接申请在华永久居留，这突破性地将永久居留推荐权下放给承担国家、市重大项目的科研团队负责人。上海自贸区区域内承担国家、上海市重大项目团队的外籍核心成员，经该重大项目首席专家或项目负责人推荐，并经上海自贸试验区管委会认定后，可向上海市出入境管理部门申请在华永久居留。

2019 年 8 月，国务院印发《中国（上海）自由贸易试验区临港新片区总体方案》（以下简称《方案》），在便利出入境管理方面，《方案》提出建立外国人在新片区内工作许可制度和人才签证制度；为到新片区内从事商务、交流、访问等经贸活动的外国人提供更加便利的签证和停居留政策措施；制定和完善海外人才引进政策和管理办法，给予科研创新领军人才及团队等海外高层次人才办理工作许可、永久或长期居留手续"绿色通道"。同时，在新片区试点实行外国人来华工作许可差异化流程，对新片区管理机构认定的信用企业实行"告知承诺""容缺受理"等制度。对拥有重大创新技术的外籍高层次人才以技术入股方式在新片区注册企业的，进一步简化办理程序和申请材料。

6. 健全移民与出入境管理服务机制

2019 年 11 月，公安部与上海市人民政府签署《公安部 上海市人民政府建立健全移民与出入境管理服务机制 推进实现上海高水平开放合作备忘录》，就充分发挥移民管理职能作用、改革创新移民管理制度机制、先行先试出入境政策措施、促进服务经济社会发展建立合作机制。

合作备忘录的内容包含对上海自贸区临港新片区引进的外籍人才提供办理长期居留和永久居留便利，在上海试点办理口岸电子签证。上海引进的国际公认杰出成就的外国人，可直接申请永久居留。上海高新技术企业、创新型企业、重点高校、科研机构和金融领域引进、推荐的外籍高层次人才可申请永久居留，获得永久居留资格高端人才可推荐外籍专业人才申请永久居留①。

7. 实施人才落户突破新举措

2020 年 10 月，上海提出实施人才引领发展战略多项新的具体举措，形成面向"十四五"时期人才政策的升级、突破与拓展。集聚海内外优秀人才，聚焦集成电路、人工智能、生物医药、先进制造、高端服务、在线新经济、新基建、文化创意等重点产业，自贸试验区临港新片区、张江科学城等重点区域，以及数学、物理等基础研究领域，优化留学回国人员、高校应届毕业生、青年人才等三类人员直接落户政策，重点支持自贸试验区临港新片区、张江科学城等重点区域试行更为宽松的居住证转办常住户籍政策，进一步吸引海内外优秀青年人才②。

（三）发挥人才签证政策作用

2017 年 11 月 28 日，国家外国专家局、外交部、公安部联合印发了《外国人才签证制度实施办法》。上海作为首批人才签证政策试点城市之一，于 2018 年 1 月 1 日起开始实施外国人才签证制度。

---

① 先行先试移民管理政策措施 支持上海高水平开放发展_上海公安出入境管理［EB/OL］. https：//mp. weixin. qq. com/s/PVuDyBqdRcswK2rbhRkhow.

② 上海提出新时代人才引领发展新举措 政策升级探新路 不拘一格育人才［EB/OL］. https：//www. zqwdw. com/wenku/renwensheke/2020/1030/898700. html.

上海人才新政"20条""30条"中均提出"充分发挥 R 字签证（人才签证）政策作用，扩大 R 字签证申请范围。扩大外籍高层次人才在口岸和境内申请办理 R 字签证的范围，为其提供入境和停居留便利。对经上海人才主管部门认定的外籍高层次人才、上海科技创新职业清单所属单位聘雇并担保的行业高级人才或者其他邀请单位出具证明属于高层次人才的，允许其在抵达口岸后申请 R 字签证，入境后按照规定办理居留许可；持其他签证来华的，入境后可申请变更为人才签证或者按照规定办理居留许可。"

（四）探索海外留学生毕业后直接留沪就业、创业、实习

在放宽海外留学生直接就业方面，自 2015 年起，上海自贸试验区率先试点在沪高校硕士及以上学历外国留学生到"双自"地区直接就业，截至 2019 年底，已有 25 家自贸区企业通过此政策直接聘雇 28 名硕士学历海外留学生，目前该项政策已经放宽到本科学历。

为贯彻落实上海人才新政"30条"，实施更积极、更开放、更有效的海外人才引进政策，2017 年 6 月，上海市人社局、上海市外国专家局联合下发了《关于外籍高校毕业生来沪工作办理工作许可有关事项的通知》，该通知明确了符合条件的外籍高校毕业生可直接来沪工作。按照通知规定，可直接来沪工作的外籍高校毕业生分为四大类：一是在上海地区高校取得本科及以上学历拟在"双自"地区就业的外国留学生；二是在中国境内高校（非上海地区）取得硕士及以上学历拟在上海就业的优秀外国留学生；三是在国（境）外高水平大学取得本科及以上学位，拟应聘在"双自"地区的跨国公司地区总部、投资性公司和外资研发中心的优秀外籍毕业生；四是在国（境）外高水平大学取得硕士及以上学位拟在上海就业的优秀外籍毕业生。此外，40 岁以下在国（境）外高水平大学或中国

境内高校从事博士后研究的外籍青年人才可直接以外国高端人才
（A 类）申请办理外国人来华工作许可。

公安部支持上海科创中心建设出入境政策"新十条"规定，在
上海高校就读的外国学生，经所在高校同意并出具推荐函，可以申
请在学习类居留许可上加注"创业"后，在"双自"区内或"双
创"示范基地内单位从事兼职创业活动。在境外高校就读的外国学
生，受上海企事业单位邀请前来实习的，可以向上海口岸签证机关
申请短期私人事务类"实习"签证，入境进行实习活动；持其他种
类签证入境进行实习活动的，也可在境内申请变更为私人事务类
"实习"签证。

围绕海外人才权益保障、创业支持、乐业通道等方面上海发布
"4＋1"海外人才系列新政，具体包括《进一步支持留学人员来沪
创业的实施办法》、《上海市海外人才居住证管理办法》及实施细
则、《关于做好优秀外籍高校毕业生来沪工作等有关事项的通知》、
《上海留学人员创业园管理办法》及临港配套出台的《中国（上
海）自由贸易试验区临港新片区支持留学人员创新创业若干措施》
等。结合新时期留学人员创业的特点和上海实际，为留学人员来沪
创业提供从资金支持、社保补贴、知识产权保护，到落户"绿色通
道"、专业服务等在内的立体支持。除此之外，创新"留创贷"融
资服务，加大对拥有专利、科研成果和专有技术的海外留学人员来
沪创办企业的支持力度，以促进科技成果转化、提高自主创新能
力、优化产业结构。数据显示，目前来沪工作和创业的留学人员达
19 万余人，留学人员在沪创办企业 5 300 余家，注册资金超过 8 亿
美元①。

---

① 上海发布"4＋1"海外人才新政［EB/OL］.［2020－09－02］. http：//edu. people.
com. cn/n1/2020/0902/c1053－31846116. html.

（五）完善上海市海外人才居住证（B证）政策

2015 年 7 月，上海市印发《上海市海外人才居住证管理办法》（以下简称《管理办法》），《管理办法》给予海外人才便捷的居住政策，吸引海外人才来沪工作创业。持有该证的人员将享受在居留、就业创业、社会保险、子女教育、外汇兑换、驾照申领等方面的相关待遇，该规定不仅适用于海外人才本人，对于其配偶和子女也同样给予政策性保障。同年，出台《上海市海外人才居住证管理办法实施细则》。

2016 年 9 月，上海市正式发布《关于持有〈外国人永久居留证〉的海外高层次人才直接办理〈上海市海外人才居住证〉的实施办法》，在 B 证持证人现有待遇的基础上，进一步拓展了 B 证持证人在长期居留、简化通关、民生保障等多个方面的待遇，不断完善 B 证政策的覆盖面。例如，持 5 年有效期 B 证的外籍人才，可向市公安局申办 5 年有效期的工作类居留许可（加注"人才"），工作满 3 年后，经工作单位推荐申请《外国人永久居留证》。持有效 B 证的海外高层次人才，可简化手续，由市人力资源社会保障局出具高层次人才证明，以个人随身携带、分离运输、邮递、快递等方式进出境科研、教学和自用物品，海关给予通关便利。对其随身携带的进出境物品，除特殊情况外，海关可以不予开箱查验。持有效 B 证人员在本市就业期间，按规定参加社会保险后，单位和个人缴纳基本养老和医疗保险的缴费年限可累计计算；工作发生变动时，可转移接续。符合条件的，依法享受社会保险待遇。持 B 证人员在与单位协商一致的基础上可按本市现行规定缴存住房公积金，用于购房、自住住房的房租或物业费等住房消费。与本市用人单位解除或终止劳动（聘用）关系的，可按规定办理住房公积金账户的封存、转移等手续。

2020 年 7 月，上海市印发修订后的《上海市海外人才居住证管理办法》。《管理办法》共分为 5 个部分 36 条内容，本次修订在证件一般规定部分新增"在中国（上海）自由贸易试验区临港新片区、张江科学城和虹桥商务区等区域工作的入外籍留学人员可直接办理长期（最长有效期 10 年）海外人才居住证"相关表述。在证件申办部分，本次修订根据"一网通办"要求，进一步提高证件申办便利度，进一步简化申办材料和证明材料，同时加大电子证照应用推广。在持证人待遇部分，本次修订新增了公积金、非营业客车额度拍卖等七项权益。本次修订进一步强化了海外人才居住证作为吸引和延揽海外人才的权益集成载体功能，进一步加强对临港新片区、张江科学城和虹桥商务区等区域改革支持力度，进一步彰显长三角一体化示范区示范引领作用。

（六）推动人员自由执业

近年来，上海浦东不断优化人才综合环境，初步形成具有国际国内重要影响力的人才高地。截至 2018 年初，人才资源增长到 137 万人，其中境外人才 3.6 万人；引进海内外院士 90 人、诺贝尔奖获得者 5 人；入选国家"千人计划"共 13 批 219 人①。

2019 年 8 月，国务院印发《中国（上海）自由贸易试验区临港新片区总体方案》（以下简称《方案》），对于上海自贸区临港新片区的人才引进与管理作出规划。为了打造更具吸引力的人才发展环境，《方案》提出了 12 条人才政策，涉及税收、出入境、落户、购房、执业等多方面，为国内外人才来新片区工作生活创造便利条件。同年 11 月，上海自贸区临港新片区在《方案》基础上提出人才工作 48 条措施，促进新片区人才集聚，推动人员自由执业②。在

---

① 浦东发布人才新政 35 条 顶尖团队核心成员可申请永居_新浪网［EB/OL］.［2020 - 03 - 29］. http：//sh. sina. com. cn/news/m/2018 - 04 - 04/detail - ifysuuya3004704. shtm.

② 上海自贸区新片区发布 48 条支持人才发展措施 - 中国金融信息网［EB/OL］.［2019 - 11 - 20］. http：//news. xinhua08. com/a/20191120/1898726. shtml.

促进海外及港澳台人才引进方面，上海自贸区临港新片区进一步提出实施境外人才可参加职业资格考试、境外人才备案后可在新片区执业、鼓励在读外籍留学生兼职创业等 16 个方面的优惠政策。

本次《方案》的一个重大突破在于推动了"人员自由流动"到"人员自由执业"的转变。《方案》放宽了现代服务业高端人才从业限制，让一定范围的外国专业人才能够在上海自贸区新片区内备案后自由执业、让境外人士参加我国相关职业资格考试①。此前，受到国内外多重因素的影响，我国职业资格特别是职业许可或者执业资格的国际互认进程还比较缓慢，一些持有国际职业资格的海外及港澳台人才在境内执业存在较多限制，人才和用人单位反应比较强烈。此次，上海自贸区"人员自由执业"政策的提出有利于充分发挥和用好海外及港澳台人才才智和本领，也有利于整体提升国内人才在专业领域的竞争力和实力水平，亦有利于丰富和完善从"进"到"用"再到"出"的更加自由便利的全过程管理。

（七）支持海外及港澳台人才在沪创新创业

1. 发布浦东人才发展"35 条"

2018 年 4 月，上海浦东新区公布《浦东新区关于支持人才创新创业促进人才发展的若干意见》（以下简称浦东人才发展"35 条"）。浦东人才发展"35 条"中，在居留和出入境、就业创业、引进落户和分类评价等方面，率先试点 8 项人才制度，通过优化准入标准、审批机制和服务体系，使海外及港澳台人才更好地享受国民待遇、市民待遇。其中包括：一是率先试点允许外籍人才在上海

---

① 专家解读上海自贸区新片区人才政策：要让人才流得动、用得好［EB/OL］.［2019 - 08 - 07］. https：//finance. sina. com. cn/roll/2019 - 08 - 07/doc - ihytcerm9213746. shtml.

自贸试验区兼职创新创业。高校、科研机构和企业等用人单位引进的外籍人才，经工作单位和兼职单位备案担保后，可以允许在多家单位工作。二是率先试点为全球外籍优秀毕业生创新创业提供长期居留、永久居留便利，符合条件的外籍青年人才可先入境再就业，在自贸区工作满 3 年后可申请永久居留。三是率先试点外籍高层次人才技术入股市场协议机制，拥有重大创新技术的外籍高层次人才以技术入股方式在自贸区注册企业的，可简化程序，免于提交第三方评估文件。四是率先试点持永久居留证的外籍高层次人才在上海自贸试验区科技创业开放政策。五是率先试点上海自贸试验区顶尖科研团队外籍核心成员可直接申请在华永久居留等。此外，在税收优惠政策方面，为了吸引海外及港澳台高层次人才，《中国（上海）自由贸易试验区临港新片区总体方案》提出上海自贸区临港新区研究实施境外人才个人所得税税负差额补贴政策，将参照粤港澳大湾区个税优惠政策执行标准实施该政策。

2. 启动 2020 年度上海市浦江人才计划

为进一步支持和鼓励海外优秀留学人员来沪工作和创业，落实"海外人才集聚工程 2.0"行动方案，依据上海市人民政府关于《鼓励留学人员来上海工作和创业的若干规定》《上海市浦江人才计划管理办法》，上海市科学技术委员会、上海市人社局联合启动实施 2020 年度上海市浦江人才计划（以下简称"浦江计划"）项目申报工作。申报对象为来沪工作和创业的海外留学人员及团队（团队申报不少于 3 人），其中包括入外籍留学人员，赴我国港澳台地区学习的留学人员，或者我国港澳台地区居民赴国外学习的留学人员，并分为 A 类（科研开发类）、B 类（企业创新创业类）、C 类（社会科学类）、D 类（特殊急需类）。2020 年度浦江计划采用"不见面，无纸化，承诺制"形式申报，立项后资助金额 15 万或

30 万元/人、50 万元/团队①。

3. 颁布全国首批外籍创业人才工作许可证

近年来，在科技部（国家外国专家局）的大力支持下，上海市科委（市外专局）持续推出一系列外国人才突破性政策，2020 年 9 月 1 日，为支持外籍人才来沪创新创业，上海市科学技术委员会（上海市外国专家局）在全国范围内率先出台了中、英、日三种语言版本的《关于支持外国人才及团队成员在创业期内办理工作许可的通知》，突破了原来外国人才因在创业期内没有聘请单位而无法办理工作许可的问题。根据文件有关规定，园区或孵化载体作为外国创业人才及团队的申请主体，可为其推荐的在创业期内的外国人才及团队成员办理工作许可，园区或孵化载体按照《关于印发外国人来华工作许可服务指南（暂行）的通知》的有关要求办理《外国人工作许可通知》及《外国人工作许可证》。如创业成功，外国人才及其团队成员可以新成立的公司名义重新申办工作许可。目前，该项政策在浦东率先试点，下一步将根据试点实施情况总结经验，在上海全市推广。

2020 年 12 月 24 日，两位日本来沪创业者——黑泽和则（Kurosawa Kazunori）和大坂宏彰（Osaka Hiroaki）作为上海创徒丛林创业孵化器管理有限公司引进的外国创业人才，在上海浦东获得了全国首批外国创业人才的《外国人工作许可证》。首证的发放突破了外籍人才因没有聘请主体无法办理工作许可的限制，为外国人才来上海创新创业提供更加稳定的工作预期。

4. 启动外籍人才薪酬购付汇便利化试点

外籍人才薪酬购付汇便利化试点率先在浦东新区启动。自 2020

---

① @来沪创业工作的海归们，"2020 浦江人才计划"［EB/OL］. https：//www. the-paper. cn/newsDetail_forward_8051410.

年以来，国家外汇管理局上海市分局不断探索研究在沪外籍人才薪酬购付汇便利化试点工作，积极支持上海国际金融中心建设和更高层次开放格局下的人才集聚。截至 2020 年底，在国家外汇管理局上海市分局的努力争取下，总局批复上海建立部门间外籍人才信息共享合作机制，彻底实现薪酬汇兑顺畅。上海市分局与中共上海市委组织部和上海市科委（外专局）共同落实外籍人才薪酬购付汇便利化试点工作。此项试点率先于浦东新区实施，并有序向全市推广，可惠及各类型的外籍人才近 8 万名。

今后，外籍人才或用人单位可自主下载《外籍人才薪酬购汇专用信息表》并至就近人才服务窗口确认。上海地区银行将为持有这份全新 "FAST PASS" 的外籍人才提供可分次、可跨行、零审单的"一件通"薪酬购付汇服务。同时，国家外汇管理局上海市分局还将统一指导辖内银行推出线上试点，开通电子银行线上办理渠道，实现线上线下同步提升上海地区涉外金融服务的效率。

（八）加强海外及港澳台人才创新创业服务体系

一方面，在海外及港澳台人才创新方面，自 2005 年以来，浦江人才计划在自然科学、社会科学各个领域，在基础前沿研究、高新技术攻关、高科技产品开发等各个环节，吸引了来自美、日、德、英等 30 多个发达国家和地区的大批留学人员来沪创新创业。同时，上海还围绕科创中心建设，通过组织实施"千人计划"外专项目、高端外国专家项目、重点外国专家项目、引智示范推广项目、地方高等学校学科创新引智计划、引智常规项目等形式，聚焦大型客机和大型客机发动机验证机研制、软件和集成电路制造、质子重离子尖端医疗设备系统研发等国家和上海重大工程和重点项目，引进先进制造业、高新技术产业、战略性新兴产业和教科文卫等领域内紧缺急需的高层次外国专家。

另一方面，在海外及港澳台人才创业方面，上海推动众创空间快速发展，为海外及港澳台人才创新创业提供良好的空间载体。目前，全市现有各类众创空间孵化机构 500 多家，其中创业苗圃 100 家、孵化器 159 家、加速器 14 家，创客空间等新型创新创业组织 250 余家，在孵科技型中小企业 16 000 多家；培育出分众传媒、华平、微创等为代表的上市企业 142 家。此外，上海积极举办创新创业大赛，其中具有留学经历的参赛人员占比超过 1/5。同时，上海抓住"双自联动"契机，积极推进海外人才离岸创新创业基地建设，面向海外人才，依托低成本、便利化、全要素、开放式、配套成熟完善的空间载体，探索"区内注册、海内外经营"的离岸创新创业模式，有效引进和集聚海外高端人才创新创业①。同时，随着《上海留学人员创业园管理办法》的出台，将进一步推进上海留学人员创业园的规范化发展、科学化运作和系统化提升。而随着临港留学人员创业园正式揭牌成立，上海的留学人员创业园已达 12 家②。

（九）建立中国（上海）自由贸易试验区海外人才离岸创新创业基地

为便于海外人才利用境内市场资源和境外研发资源，更快更成功地创业，2015 年 8 月，中国（上海）自由贸易试验区海外人才离岸创新创业基地（以下简称"基地"）在自贸试验区揭牌，这是国内首个在自贸试验区内试点设立的"基地"。"基地"是中国科学技术协会"海智计划"落地上海自贸试验区的重大举措，由上海

① 汪怿. 上海集聚海外人才的现状与展望［J］.《神州学人》新中国成立 70 周年特刊，2019 – 09 – 26.

② 上海发布"4 + 1"海外人才新政［EB/OL］. http：//edu. people. com. cn/n1/2020/0902/c1053 – 31846116. html.

市科学技术协会、中国（上海）自由贸易试验区管理委员会、浦东新区等协同推进，面向海外人才，通过市场化手段，构建低成本、便利化、全要素、开放式、配套成熟完善的空间载体，探索"区内注册、海内外经营"的离岸模式，打造具有引才引智、创业孵化、专业服务保障等功能的国际化综合性创业平台。

"基地"一方面重点探索离岸创业新模式，另一方面为有意向在自贸试验区创业的海外人才提供政策、知识产权、技术、投资对接等整体前置服务。通过"海外预孵化"，便于创业人才在海外完善团队或项目，提高海外人才落地创业的成功率。"基地"将导入优质服务机构，为海外人才在基地注册的企业提供精准服务，对创业项目进行正式孵化。"基地"现在已然成为服务海外人才、促进创新创业的重要载体①。

（十）深化国际人才试验区建设

上海人才新政"20 条"、上海人才新政"30 条"中均提出"坚持以'双自联动'推进人才制度创新"。2015 年 11 月，上海市出台《关于加快推进中国（上海）自由贸易试验区和上海张江国家自主创新示范区联动发展的实施方案》（以下简称《实施方案》），首次提出要实施首席科学家集聚工程，围绕战略性产业培育、重大科技攻关领域，面向全球引进首席科学家等高层次科技创新人才，为国内外首席科学家提供专业实验室定制服务。同时，上海将支持企业、高校和科研院所等以跨境项目合作方式吸引外国科学家及团队提供智力服务，支持有条件的国内人力资源服务机构与国外机构合作设立境外分支机构，帮助国内企业积极参与国际人才竞争与合作。除此之外，《实施方案》还提出"创新对海外高层次

---

① 杨建荣，冯伟. 中国（上海）自由贸易试验区海外人才离岸创新创业政策指引[M]. 上海：上海科学普及出版社，2016：4.

人才的服务管理模式。在外国人出入境办理工作中，加快搭建政府部门间外国人信息共享平台，试行外国专家证、就业证、居留证等三证一口受理、一口办结证模式。完善外国留学生在我国高等院校应届毕业后，直接在自贸试验区和张江示范区就业或创新创业的服务举措。探索对持有外国人永久居留证的外籍高层次人才在创办科技型企业等创新活动方面，给予中国籍公民同等待遇。规划建设一批配套完善、环境优美的面向海内外高层次人才的国际社区。加快引进国际知名医疗机构和教育机构，鼓励社会资本投资高端和涉外教育医疗机构，实施海外人才在沪就医使用国际商业医疗保险结算制度。充分发挥自由贸易账户作用，简化外汇结汇手续，服务海外高层次人才的金融服务需求。"

除此之外许多政策还发挥了"双自"地区、"双创"基地在评估和认定人才等方面的作用，使"双自"地区、"双创"基地急需的高层次人才在签证、居留、永久居留方面享受到最大的便利。例如，《支持上海科创中心建设出入境"新十条"》提出："双自"区内工作的海外高层次人才可通过单位向"双自"管委会申请推荐，并凭管委会推荐函直接向出入境管理局申请永久居留。具有硕士以上学历的，或由"双自"和"双创"企业、高校和科研院所等单位聘雇或邀请的外籍人才，可申请口岸人才签证或入境后变更为人才签证。在"双自"或"双创"区内单位工作满4年的外籍华人及其外籍配偶和子女，也可以申请永久居留，对其学历、职务或工资方面也不再有要求。

上海市充分发挥中国（上海）自由贸易试验区和张江国家自主创新示范区政策叠加和联动优势，以人才政策突破和体制机制创新为重点，建立最具开放性的人才管理模式，在海外人才认定、评价、签证、居留、永久居留方面等方面率先开展了人才政策突破和体制机制创新，集聚了一批站在行业科技前沿、具有国际视野和产业化能力的领军人才，大力建成了创新人才高度集聚、创新资源深度融合、创新机制开放灵活、创新活力竞相迸发的国家人才改革试验区，打造出具有全球影响力的"国际人才自由港"和"大众创业策源地"，为全市人才工作体制机制创新突破提供了大量可复制、可推广的经验。

（十一）加强海外及港澳台人才公共服务力度

1. 设立境外人员服务站

从 2005 年起，上海出入境管理部门在黄浦区新天地、浦东新区联洋、长宁区古北等高档涉外居住社区推广和建设了 24 家境外人员服务站，就近提供各种涉外服务。境外人员服务站由所属街道派遣精通外语的社工入驻，警察定期巡回。境外人员在此可寻求临时住宿登记、居停留证件预受理、法律法规咨询、纠纷调解，以及家政、子女入学政策咨询等服务①。

2018 年 10 月 27 日，上海建立了首个开设在基层社区的，同样也是首个由社会组织参与运营的海外人才服务窗口——"虹桥海外人才荟"，实现了海外人才服务从高端到基层，从生活服务到政策服务的重要延伸。"虹桥海外人才荟"功能包括涉外事务现场受理、咨询与指引、涉外人才生活服务、涉外人才社区融入等三大类。服务人员分为专业队伍、居民区社工和涉外志愿者，其中专业服务人员来自区人社局、公安出入境部门和其他区级职能部门，涉外志愿者则引入了外籍人士服务的专业社会组织。

2. 完善海外及港澳台人才服务模式

在外国人来华工作许可证办理实施"一次告知、二次办结、三

---

① 佚名. 上海常住境外人员达 17.5 万人 人数居全国之首［N/OL］.（2014 - 12 - 30）［2018 - 11 - 28］. http：//sh. people. com. cn/n/2014/1230/c346709 - 23385901. html.

次上门"办事承诺，即网上预审环节一次性告知清楚；现场受理环节对于符合预审要求的材料予以办理；如经上述两个环节仍未办结，由工作人员上门服务。建立"一口清"预审机制，实行"先批后补"容缺受理，开辟绿色通道服务，开设"12333"新证电话咨询专门通道，打造"线上线下"服务新模式。

2020年10月，上海提出实施人才引领发展战略多项新的具体举措，包括优化才尽其能的创新创业环境，引导鼓励各类市场主体培育发展低成本、便利化、全要素、开放式的众创空间。提升"海聚英才"品牌影响力，优化人才服务体系，推进人才政策"一网查询"、人才办事"一网通办"、人才窗口"一口受理"、人才服务"一码集成"。

3. 营造优质人才发展生态

在人才安居和住房保障方面，通过购房补贴、租房补贴，以及建设国际人才公寓等方式缓解海外及港澳台人才安居的问题。2020年10月，上海提出实施人才引领发展战略多项新的具体举措，推动营造优质人才发展生态。实施人才安居工程，坚持租购并举、以租为主，市区联动、以区为主，政府引导、市场为主，加大市、区人才安居工作统筹力度，拓宽租赁房源筹集渠道，支持符合条件的人才自住购房。

在医疗服务方面，上海人才新政"20条"、上海人才新政"30条"均提出"鼓励本市保险企业开发适应海外人才医疗需求的商业医疗保险产品，探索搭建面向海外高层次人才的本市保险企业国际商业医疗保险信息统一发布平台。鼓励支持具备条件的医院进一步改善海外人才就医环境、提升相关医护人员外语能力，加强与国内外保险公司合作，加入国际医疗保险的直付网络系统。支持市场主体建立第三方国际医疗保险结算平台。"上海人才新政"30条"明确提出"在本市部分三甲医院实施国际医疗保险结算服务。"上海市根据海外及港澳台人才的就医需求，在华山医院涉外医疗服务模式基础上，探索完善涉外医疗服务流程。组织编撰海外及港澳台人才在沪就医指南，第一批确定 18 家各类医疗机构，重点推进健康管理服务、高端医疗服务专线、医院网络建设等方面工作。有关机构还开通咨询热线，为海外及港澳台人才提供 7×24 小时双语电话服务。人才创新创业新政"35 条"提出，未来 3 年外资医疗机构发展到 10 家以上。支持社会力量建立第三方国际医疗保险服务平台，可提供国际医疗保险结算服务医疗机构发展到 25 家以上。

在子女教育方面，上海人才新政"20 条"、上海人才新政"30条"均提出"积极创造条件，更好地满足外籍人员子女的就读需求。在外籍人员和海外人才集中的区域，增设外籍人员子女学校。研究试点社会力量举办外籍人员子女学校。对引进的海外高层次人才，为其子女入读外籍人员子女学校提供便利。鼓励支持本市中小学为外籍人员子女随班就读创造更好条件。"上海市依据外籍人员子女数量和分布情况统筹考虑，加大了外籍人员子女学校建设规划，新增了上海惠灵顿国际学校和上海法德学校两所外籍人员子女学校①。人才创新创业新政"35 条"提出，探索建立海外高层次人才子女实验学校，未来 3 年国际学校和设有国际部或教学点学校发展到 18 家，张江科学城及周边区域学校将发展到 70 所以上。

二、上海市海外及港澳台人才引进政策的基本成效

近年来，上海深入贯彻落实习近平总书记"聚天下英才而用之"的战略思想，实行更加积极、更加开放、更加有效的海外人才

---

① 汪怿. 上海集聚海外人才的现状与展望［J］.《神州学人》新中国成立 70 周年特刊，2019 – 09 – 26.

引进政策，加快构建具有全球竞争力的人才制度体系，先后出台"人才新政'20 条'""人才新政'30 条'""人才高峰工程"行动方案，积极推进外国人来华工作许可制度和外国人才签证制度试点工作，完善海外人才居住证制度，人才发展环境进一步优化，海外高层次人才集聚度不断增强。

2017 年由上海市人社局（外专局）办手续直接引进来沪创新创业的海外及港澳台人才 110 426 人，其中外国人 80 914 人，留学人员 13 744 人，港澳台人员 15 768 人，围绕国家和本市重点项目建设组织实施高端外国专家项目、重点引智项目 100 余项，资助引智经费 1 500 余万元。截至 2019 年 8 月底，上海人才总量超过 488 万人，其中，来沪工作创业的留学人员达 16 万余人；留学人员在沪创办企业 5 200 余家，注册资金超过 8 亿美元；在沪外国人才总量超过 22 万人，居全国首位；有 55 名外国专家荣获中国政府"友谊奖"，3 704 名留学人员入选"上海市浦江人才计划"。2017 年 4 月至 2019 年 4 月，外国人来华工作许可制度实施期间，上海市共核发《外国人工作许可证》12 万余份，其中外国高端人才逾 2 万份，占比超过 18%，引进外国人才的数量和质量均居全国第一。2018 年 3 月至 2019 年 10 月，外国人才签证制度实施期间，上海市办理外国人工作许可证近 8 万份，签发《外国高端人才确认函》500 份，数量居全国第一，上海连续 7 年在"魅力中国——外籍人才眼中最具吸引力的中国城市"评选中拔得头筹①。

2017 年，国家外国专家局、外交部、公安部联合印发《外国人才签证制度实施办法》，进一步健全完善了人才签证制度。作为首批人才签证试点城市之一，上海于 2018 年 1 月 1 日起在全市范围内正式实施外国人才签证制度。截至 2018 年 3 月底，上海共为

---

① 汪怿. 上海集聚海外人才的现状与展望［J］.《神州学人》新中国成立 70 周年特刊，2019 - 09 - 26.

100 位来自高校、科研院所、外资研发中心等单位邀请的外国高端人才签发了《外国高端人才确认函》，办理数量位居全国之首。其中，国际著名奖项获得者 3 名；担任世界著名乐团首席指挥或声部演奏员 1 名；担任境外研究所所长、各国国立研究所或国家实验室主任负责人 12 名；担任过国际标准化组织等国际知名学术机构和科教类国际组织主席 1 名；入选相关人才计划 12 名；曾任境外高水平大学教授或博士后科研人员 20 名；担任国际高水平科技期刊正、副主编或以第一作者发表论文 3 篇 2 名；外资研发中心 4 名；科创单位高层管理人员 45 名[①]。

三、上海市海外及港澳台人才引进政策的有益经验

（一）人才重要作用得到高度重视

改革开放以来，上海始终强调人才是我国现代化建设、城市发展不可或缺的重要人才资源，把引进和支持海外人才以多种方式来华创新创业作为人才工作的重要组成部分，在制定宏观发展战略、完善政策体系、健全工作协调机制、建立服务体系、实施创业支持计划，以及努力营造有利于海外及港澳台人才来华创新创业的良好环境等方面发挥了重要的指导作用。

（二）人才引进独特优势不断凸显

上海对人才的吸引力显示出强大的"人才磁铁"效应，得益于突出事业机遇、制度创新和环境优化三个优势的综合作用。特别是在不同的时代，以独特的上海机遇、广阔的空间和舞台，作为吸

---

① 上海市外国专家局数据。

引、集聚留学人员和海外及港澳台人才的重要条件，人才近悦远来的重要基础。

（三）人才工作国际化特点日益突出

结合我国经济社会发展特别是上海城市发展的需要，统筹开发利用国内国际两种人才资源，在加速国内人才培养的同时，始终把引进高层次国际化人才作为工作的重点。通过海外及港澳台高层次人才的引进集聚，加强自主创新，加快发展高新技术企业和现代服务业，推动产业升级和结构优化，促进经济社会发展。

（四）人才政策创新优势正在形成

近年来，上海格外重视政策创新，聚焦人才发展体制机制中的重点难点问题，密集出台各类海外及港澳台人才引进政策及其配套措施，在改革中释放政策新红利，率先形成具有国际竞争力的人才政策优势。例如，持续放宽外籍人才出入境和居留的申办条件，简化申办程序，扩大申办范围。不断探索从居留向永久居留的转化衔接机制、充分发挥人才签证政策作用、创新外国留学生在沪创新创业政策、实施港澳居民特殊人才及家属来上海定居政策、开创性地推出海外人才居住证（B证）制度等。

（五）人才体制机制创新突破持续加大

加大吸引留学和海外高层次人才工作的顶层设计，围绕"万名海外留学人员集聚工程""千人计划"等人才计划的推进，围绕"人才高峰工程"，不断加大人才工作领域改革开放的力度，不断破解一些长期制约人才发展的陈旧观念和体制机制障碍、难点热点，形成覆盖产学研、中央地方衔接、内容多样的人才引进体系和政策体系，不断加大工作投入和资助力度，不断加大人才载体平台建设,为海外及港澳台人才提供保障,为吸引海外及港澳台人才奠定重要基础。

(六) 人才服务体系与环境建设不断完善

得益于历史的积淀、独特的区位优势、规模经济,以及来自中央政府的大力支持,各地在建设创新创业发展的投资基础环境,与国际接轨的公平、透明的营商环境和宜居、活力、幸福的生活工作环境方面都取得了长足的发展,特别是以北京、上海、深圳等为代表的城市,成为跨国公司研发机构集聚地、创新创业发展的策源地,为海外及港澳台人才施展才华、安居乐业提供了良好的环境基础。改革开放 40 年多来,上海始终把优化环境、完善服务体系建设作为一项重要的工作来抓。针对海外及港澳台人才特点和现实需求,制定特殊的支持政策,建立留学人员创业园和海外人才离岸创新创业基地,完善创业服务功能和网络,妥善解决工作生活中存在的现实困难,为海外及港澳台人才来沪创新创业提供了有力的支撑①。

第三节 广东省海外及港澳台人才引进
政策的探索和经验

一、广东省海外及港澳台人才发展情况

广东经济外向程度高,毗邻港澳,海外华人众多。据国家统计

---

① 汪怿. 上海集聚海外人才的现状与展望 [J].《神州学人》新中国成立 70 周年特刊, 2019 - 09 - 26.

局和国家外国专家局抽样调查统计，每年来粤工作的海外人才 15 万人次，占全国的 1/6，居于前列。据统计，截至 2016 年底，持有效工作证件在粤工作的海外人才约 4.4 万人，主要来自日本、韩国、印度、马来西亚、美国、菲律宾、法国、加拿大、澳大利亚、英国、法国等国家，主要分布在外商投资企业、港澳台商投资企业，第二、第三产业，以及教育、制造业、信息传输、计算机服务和软件业等行业。在粤工作的海外人才 90% 以上集中在经济相对发达的珠三角地区。

近年来，广东外国人才队伍不断发展壮大，呈现出以下特点：

一是总量居全国前列。据统计[①]，2016 年境外来粤工作人员（不含港澳台）达 150 334 人次，占全国的 16.55%，全国排名第二，仅落后上海市 7 个百分点，比北京市高 0.43 个百分点。2015 年以前每年来粤工作的境外专家超过 13 万人次，居于首位；累计引进海外人才 5.8 万人次，其中诺贝尔奖获得者、发达国家院士、终身教授等 129 人，入选中央"外专千人计划"19 人，评审引进六批省领军人才 122 名、科研创新团队 162 个；累计引进留学回国人员 10 万多人，总量居全国前列。

二是专家来源地多元化。近年来，来粤境外专家来源地趋于多样化，其中日本、韩国和美国是外国专家的主要来源地，约占五成；英国、德国、加拿大、澳大利亚、印度和俄罗斯专家呈增长态势。

三是短期柔性引才占半壁江山。2012 年、2013 年来粤工作短期外国专家分别为 11 018 人次、10 880 人次，分别占 15.9% 和

---

① "两整合"工作需要，2016 年国家外国专家局将外国人来华就业情况纳入统计范围，将"境外来中国大陆工作专家（含港澳台专家）"扩展为"境外来中国大陆工作人员（不含港澳台专家）"，港澳台来粤工作人员另作统计。近期，根据外交部、公安部等相关部委提供的签证、出入境等行政记录，国家外国专家局采取多种方案对 2016 年境外来中国大陆工作人员情况进行测算，与以往统计抽样方法相比，数据来源更可靠，统计结果更准确。

14.1%。2014 年同比暴增 5.7 倍，达 61 838 人次，2015 年回落至 55 746 人次，分别占 57.9% 和 54.1%。与此同时，来粤工作长期外国专家在 2013 年达到顶峰 66 082 人次后，2014 年和 2015 年回落，分别为 45 052、47 341 人次。总的来看，从 2014 年起，长期外国专家有所减少，短期外国专家暴增，柔性引才已成为广东省重要的引才方式。

四是国际化学术人才逐年递增。2012~2015 年，科教文卫类外国专家呈现数量和占比双增长的良好态势，数量分别为 13 391、15 743、27 974、34 927 人次，占比分别为 19.3%、20.4%、26.2%、33.7%，高校科研院所招才引才积极性日益高涨，主体作用日益凸显。经济技术类外国专家比重在 2015 年前后虽大幅下降，但仍是广东省外国专家主力军，2012~2015 年分别为 55 967、61 219、78 916、68 700 人次。

五是制造业领域人才占比高。2012~2015 年，制造业外国专家分别为 50 212、55 107、70 963、59 879 人次，分别占 79.4%、78.3%、73.4%、65.4%。同时，经济技术类中制造业外国专家占比近九成，科教文卫类中教育业外国专家占比超过九成。外国专家在制造业的高度集中与广东省坚持制造业立省地位是密不可分的①。

二、广东省海外及港澳台人才引进政策的主要进展

（一）制定实施广东省 16 条出入境政策

广东经济外向程度高，毗邻港澳，海外华人众多，为更好地解决海外及港澳台人才入出境和停居留不便的问题，广东省积极争取

---

① 《广东省加强新形势下引进外国人才工作研究报告》。

公安部的支持，自 2016 年 8 月 1 日起在广东省实施支持广东创新驱动发展和自贸区建设的 16 条入出境政策，为海外高层次人才申请永久居留、延长居留期限、办理签证、过境免签、聘雇外籍家政服务人员等方面提供更多便利。这 16 条政策与以往出入境政策相比有很大突破，其针对性、创新性较强。例如，简化广东自贸区认定人才申请永久居留手续，加快审批进程；为外籍华人申请永久居留实施便利政策，为申请签证和居留证件的外籍华人提供特殊通道；允许工资收入和纳税达到规定标准的外国人申请永久居留；支持外国留学生在我国高等院校（含港澳地区的高等院校）毕业后在广东省创新创业；允许海外高层次人才和港澳台高层次人才聘雇外籍家政服务人员；允许在广东出生或原户籍为广东的外籍华人申请办理 5 年以内签证、居留证件；允许因紧急事由来粤就读的中小学校外国学生，申请口岸签证和居留证件；降低自贸区外国投资者申请"绿卡"的门槛等①。

（二）推动建设粤港澳人才合作示范区

2012 年，中央人才工作协调小组批准粤港澳人才合作示范区列为全国人才管理改革试验区。近年来，粤港澳人才合作示范区按照中央部署，依托毗邻港澳、面向全球的开放优势，抓住广州南沙、深圳前海、珠海横琴三地开发上升为国家战略以及建设中国（广东）自由贸易试验区的战略机遇，深入开展跨国跨境人才交流合作，在境人才来往便利、个税补贴、执业资格认可、创新创业等方面先行先试，取得明显成效。其中，广州南沙重奖高端领军人才和重点发展领域急需人才，实施高端人才卡服务制度；深圳前海对认定的境外高端和紧缺人才个人所得税超过 15% 部分给予财政补贴，

---

① 《广东省贯彻落实国家中长期人才发展规划 人才政策与体制机制创新谈话提纲》。

先后引进香港 10 多类专业人士执业从业；珠海横琴实施港澳居民个税差额补贴办法，出台特殊人才奖励办法，设立初始规模为 100 亿元的产业引导扶持基金，吸引扶持海内外青年人才创新创业，有力促进粤港澳人才深度合作，进一步增强粤港澳世界级城市群的国际竞争力。

（三）持续推进制度改革便利海外及港澳台人才

一是实施外国专家来华邀请函制度，短期来粤外国人可享受来华邀请函政策免办工作许可的便利。从 2015 年 11 月起，外国专家来华邀请函政策实施后，来粤从事管理、技术、科研、教学、指导、咨询等工作不超过 90 天的外国专家，免办工作许可、工作签证和居留许可手续，只需聘请单位向省以及设区的市外专部门提出申请，凭外专部门签发的邀请函，向我国驻外签证机关申请短期来华 F 字签证来华短期工作。具有紧急入境需要但未能在驻外签证机关办理签证的短期来粤外国专家，可以凭《外国专家来华邀请函》到广东省口岸签证机关办理停留时间不超过 30 天的 F 字签证。《外国专家来华邀请函》政策与各类海外专家短期来粤项目计划相结合，打出了柔性引才"组合拳"，极大地方便了外国专家短期来粤工作交流。

二是实施外国人来华工作许可制度，长期在粤工作外国人可享受两证整合后工作许可统一管理的便利。从 2016 年 11 月起，广东省全面实施外国人来华工作许可制度，对来粤工作外国人实行归口管理，并下放至各地级以上市办理。广东省探索推进差异化、精细化、个性化的外国人才分类管理服务模式，进一步优化外国人才管理服务机制，进一步补齐外专机构建设短板，实现了"六个统一"：统一管理职能，由外专部门实施；统一审批流程，使用全国统一的外国人来华工作管理服务系统；统一证件名称，将原《外国人就业证》《外国专家证》整合为《外国人工作许可证》；统一评价标准，对来华工作外国人实行分类管理，即 A 类外国高端人才、B 类外国专业人才、C 类其他外国人员，鼓励引进 A 类人才；统一申请情形，精简申请材料，提交材料数量压缩近一半。符合条件的外国高端人才可在境内直接申请；统一提升服务。采用"承诺制"和"容缺受理"便利措施，为外国高端人才开辟"绿色通道"，其工作资历证明、最高学位（学历）证书及无犯罪记录证明还可采用承诺制。工作许可申办、延期、注销等办理时间由 10 个工作日缩短为 5 个工作日，工作许可期限最长可达 5 年。

三是实施外国人才签证制度，实现签证制度办理的四个"最"：最快办理时限，省外国专家局签发《外国高端人才确认函》时限压缩至 5 个工作日，外国人持《外国高端人才确认函》需要加急办理人才签证的，驻外签证机关可在 2 个工作日内签发。最长签证有效期，人才签证有效期为 5～10 年，最长可达 10 年，并可以多次入境，是我国目前有效期最长的签证类型。最长在华停留期，持人才签证多次入境的外国人，在华停留时间一次最长可达 180 天。最优惠签证待遇，除外国高端人才本人可以申请人才签证外，其配偶及未成年子女也可以申请有效期相同、多次入境的相应种类签证，外国人才及其家属免交签证费和急件费，"零费用"办理。

（四）不断优化海外及港澳台人才管理服务

设置外国专家服务专窗，提供"一站式受理、一次性告知、一条龙服务"，并将所有服务事项纳入网上办事大厅办理，打造"指尖上的人才服务大厅"。延伸窗口服务，在广州大学城设立外国专家服务点。解决海外人才参加医保难题，明确规定用人单位在办理华侨华人就业证后按规定缴费参保，广州、珠海市对外国人才个人自付费用进行"二次报销"，深圳市放开外国人才参保年龄限制。举办领军人才服务"双创"行暨海外高层次人才国情省情研修活动，建立联系走访外国专家、领军人才的长效机制，增强海外人才融入感。

（五）大力拓宽海外及港澳台人才引智渠道

近年来，广东省创新实施"粤海智桥计划"，发挥市场配置人才资源决定作用，鼓励支持本土人力资源中介机构"走出去"主动参与国际人才交流合作，加快吸引国际猎头、人力资源咨询服务公司落户广东。设立硅谷、纽约、巴黎、伦敦等 11 个海外高层次人才工作站，构建起基本覆盖世界主要发达国家的引才网络。充分发挥杰出人才、领军人才、高级专家的学术影响力和号召力，通过为其寻找合作伙伴、配备科研助手、招收在读博士生和硕士生等方式，吸引大量海外及港澳台人才来粤发展。充分发挥"中国国际人才交流大会""深圳高交会""海交会"等国家级交流合作平台作用，广泛吸引海外及港澳台人才来粤创新创业。联合教育、科技等部门举办广东"众创杯"创业创新大赛，设置面向海归人才的科技（海归）人员领航赛，提供政策补贴、优秀项目资助、孵化服务等"10＋N"政策支持，吸引海外及港澳台人才来粤创新创业。

（六）加强建设创新平台载体

加强特色留学人员创业园平台建设，建设海外片区型、高新技术研发创业孵化型、服务区域中心功能型等各具特色的留创园。2017 年初，广东省共有部省市三级留创园 28 家，共吸纳入园创新创业留学人才 1.6 万名，创办企业 2 700 多家，年产值近 400 亿元。积极搭建创新人才孵化对接平台，配合中组部在珠海建设"千人计划"南方创业服务中心，计划 3 年内引进 50 个"千人计划"专家，为高层次人才提供创业培训、技术对接等专业化创业服务。着力开发产业创新平台，建成一批博士后工作站、科技企业孵化器、新型研发机构、行业协会、生产力促进中心、企业研发平台等引进和培养人才的有效载体，深圳市支持华为、中兴等科研机构和企业建成一批中外合作的技术中心、博士后流动站、产学研基地①。

（七）助力搭建离岸创新创业基地

2017 年 9 月 28 日，中国科协（深圳）海外人才离岸创新创业基地由中国科协和深圳市政府共同挂牌成立，组建了深圳市源创力离岸创新中心作为基地的非营利性法人执行机构，在海外渠道建设、团队建设、深圳基地建设、重大项目引进、海外孵化器建设等方面取得了重要进展，已成为深圳科技创新国际化战略重要的公共服务平台。2017 年，该基地成功在波士顿设立了海外创新中心，在荷兰组织了全国"双创"周海外分会场活动，同时在离岸基地跨区域合作及会员制发展、科技股权投资基金募集等方面取得了实质性成果。

2018 年 6 月 8 日，我国首家"国家海外人才（华润）离岸创新创业企业基地"挂牌成立。华润（集团）有限公司从 2011 年起开始筹备华润大学。华润大学现有广东惠州和河北白洋淀两校区，并拥有广东广州和广东珠海、浙江杭州、吉林长春、辽宁沈阳、湖北武汉等多个培训基地。华润集团围绕"粤港澳大湾区"及"雄安新区"建设两大历史机遇，突破原有离岸基地建设属地原则，分别于南北两地华润大学校区、园区、总部基地等同时挂牌。

广东省委省政府、广东省科学技术协会、深圳市科学技术协会等将共同助力海外人才创新创业离岸基地建设，帮助基地获取国家层面和地方层面科协组织在海外网罗的先进技术、科技项目、高层次人才等，不断探索"不是园区，胜似园区"的海外人才离岸创新创业基地的新模式，把工作落到实处②。

---

① 广东省外专局 . 广东省加强新形势下引进外国人才工作研究报告［R］. 2017 – 03.
② 深圳科协 . 首家国家海外人才（华润）离岸创新创业企业基地挂牌成立［EB/OL］.（2018 – 6 – 14）［2018 – 12 – 5］. gd. qq. com/a/20180614/018883. htm.

（八）创新实施粤港澳大湾区税收优惠政策

2019 年 3 月，财政部、税务总局联合下发《关于粤港澳大湾区个人所得税优惠政策的通知》。广东省、深圳市将在 2019 年 1 月 1 日起至 2023 年 12 月 31 日的 5 年时间里，按内地与香港个人所得税的税负差额，对在大湾区工作的境外高端人才和紧缺人才给予免征个人所得税的补贴。考虑到不同地区、不同行业的人才需求和界定差异，该政策赋权广东省、深圳市确定境外高端人才和紧缺人才的认定办法和补贴方法①。这解决了长期困扰在粤境外高端人才的税负问题，将在较大程度上激励境外高端人才进一步在粤集聚。在境外高端人才保障方面，广州、珠海对境外高端人才个人自付医疗费用进行"二次报销"，深圳放宽部分港澳台及海外专家参保缴费年龄限制，在境外高端人才保障工作上迈进了一步。

（九）持续推进职称与职业资格接轨

2019 年 11 月，广东省人社厅等 9 部门联合印发《关于推进粤港澳大湾区职称评价和职业资格认可的实施方案》。该方案将从构建全面开放的粤港澳大湾区职称评价体系、推进粤港澳大湾区各领域职业资格认可，促进港澳人才在大湾区内地便利执业、完善粤港澳大湾区人才评价融合发展机制三方面，推进粤港澳大湾区职称评价和职业资格认可，促进粤港澳大湾区人才自由流动②。2020 年初广东省发布的《关于支持深圳建设中国特色社会主义先行示范区

---

① 人才深圳. 解读! 大湾区境外高端人才和紧缺人才个税优惠［EB/OL］. https：// mp. weixin. qq. com/s/OJdOh2oteDh8PI87H – vRLg.

② 广东省人民政府门户网站. 广东省推进粤港澳大湾区职称评价和职业资格认可先行先试 ［EB/OL］. https：//mp. weixin. qq. com/s？src = 11&timestamp = 1585830102&ver = 2254&signature = 4AmppL01a – ncZW17dBl ＊＊m – S6zJ2jmGzFh – cGMG4fzPWI4IH7NgoBTF4fygp2ECLLrmTUWQqE 13sVyibk6eKZuzAhsVGO ＊6OnV1paL562APzfiir2fq8 ＊WjaUifJ3bLb&new = 1.

推进深圳人力资源社会保障事业优先发展的若干政策措施》中，也明确提出要推进粤港澳职业资格认可先行先试。

三、典型城市海外及港澳台人才引进政策的主要进展

近年来，广东省充分认识落实《国家中长期人才发展规划纲要（2010—2020 年）》（以下简称《纲要》）工作的重要意义，坚持人才资源优先开发、人才结构优先调整、人才投资优先保证、人才制度优先创新，大力推进《纲要》的贯彻落实，并结合本省经济社会发展和人才工作实际，制定实施了《广东省中长期人才发展规划纲要（2010—2020 年）》及任务分工方案，并创造性地开展人才工作。

广东省各市参照中央和省的人才发展规划纲要，结合实际，纷纷编制地方中长期人才发展规划，采取鼓励人才创新创业的创新举措，不断推动人才工作取得新成效，例如，广州市积极通过"中国海外人才交流大会暨中国留学人员广州科技交流会"（以下简称海交会）这一国际化人才交流平台，吸引海外高层次人才。从 1988 年创办起，前身为中国留学人员广州科技交流会的"海交会"已成功举办了 21 届，大批海外人才通过这个平台，踏上回国创新创业的圆梦之旅。据不完全统计，历届海交会共吸引海内外高层次人才近 5 万人，覆盖全球 140 多个国家和地区，向全国各地输送近 5 万个项目①。深圳市加快集聚海内外高层次人才，着力打造"人才高地"，截至 2015 年 12 月 31 日，深圳市的中央"千人计划"人才154 人，约占全省的 40%，比 2010 年底增长 6 倍。海外高层次人才 1 364 人，比 2011 年底（当年开始实施）增长 21.4 倍。先后涌现出了一批行业乃至全球具有影响力的领军人才，如华为公司任正

---

① 方晴. 从留交会到海交会，这场盛会 21 年全球引才近 5 万人［N］. 广州日报，2020 - 12 - 03.

非、腾讯公司马化腾、华大基因研究院王俊、光启高等理工研究院刘若鹏、大疆公司汪滔等。佛山市坚持以企业、产业为载体集聚人才，以人才引领产业转型升级。东莞市实施"人才东莞"战略，特别是该市松山湖管委会积极为高层次人才和团队在科研启动、购房补贴、配偶安置、子女入学等方面提供便利，为东莞新兴产业发展集聚了大批高精尖人才[①]。

（一）广州市海外及港澳台人才引进政策的主要进展

1. 成立广州开发区人才工作集团

2017 年 8 月 7 日，广州开发区人才工作集团注册成立，注册资本 7 亿元，是经黄埔区、广州开发区管委会批准组建的区属一级、准公益性国有独资企业。作为广东省首家人才工作集团，广州开发区人才工作集团的创新性在于首创全链条人才服务模式，为人才提供全链条"一站式"服务，这在全省乃至全国均是首创，再次引领了广东、广州人才工作的改革创新。

人才工作集团坚持党管人才，以"政府引导、市场运作、服务人才"为指导思想，坚持"引进人才、投资人才、服务人才、提升人才"的发展理念，积极探索人才工作产业化、市场化的道路，聚焦"人才引进与服务、人才公寓建设与管理、人才创业载体开发与运营、人才项目孵化与投资、人才教育与培训"五大业务板块，不断整合优质资源，打造全链条人才服务产业，推动集团发展向品质化迈进。集团公司自成立以来，按照广州开发区委区政府"创新人才服务，培育住房租赁市场，打造最具吸引力的营商环境"的要求和部署，不断完善组织架构，按照"国际化、规模化、专业化、产

---

① 《关于广东省实施〈国家中长期人才发展规划纲要（2010—2020 年）〉的中期评估报告》。

业化"的发展思路,积极开展各项业务板块工作,在公寓管理、教育培训、投资金融等领域,与国内一流机构和企业开展合作,着力提升人才服务水平,营造高品质的工作居住环境,打响"上管老,下管小"的人才服务品牌,努力实现"和硅谷一样生活",致力于构筑人才创新创业新生态。

人才工作集团挂牌当天,包括才汇浚源基金、粤才投、广清园综合服务项目、水乡人才创新谷、广州城投、黄埔创业学院、高端人才幼儿园、英国剑桥大学教师证书(CELTA)认证中心、岭南教育学院、海亮教育园等在内的 10 个项目举行了签约仪式,项目涵盖了人才产业园建设、人才创业投资、人才公寓和人才养老公寓、人才教育和培训等多个领域,得到了建设银行、交通银行数百亿元的银行授信额度,支持该人才工作集团发展住房租赁市场,推动广州开发区引智引才工作。其中,广州开发区国际人才幼儿园直接瞄准在该区创新创业的国际高层次人才子女,切实解决国际高层次人才发展的后顾之忧,实现"上管老,下管小"的无缝式服务,展现了人才工作集团在构筑人才创新创业生态,打造全方位服务人才的极高工作效率,初步实现了开好局、起好步的局面。

2. 创新海外高层次人才政策

近年来,广州市先后出台《广州市鼓励留学人员来穗工作规定》《关于鼓励海外高层次人才来穗创业和工作的办法》《关于加快吸引培养高层次人才的意见》及 10 个配套实施办法等政策文件,聚焦海内外高层次创新创业人才及团队,突出引领作用,宽领域、多层次、全方位打造了吸引培养高层次人才政策体系,全市上下高层次人才政策体系进一步完备①。2019 年,广州市委、市政府发布

---

① 《广州市贯彻落实国家、省中长期人才发展规划(2010—2020 年)》中期评估自查报告〔R〕. 中共广州市委组织部,2017.

《关于实施"广聚英才计划"的意见》，提出了 19 项创新举措，全力集聚全球"高精尖缺"人才、全方位优化人才发展环境，标志着广州正加快构筑具有高度竞争力、辐射力、引领力的国际创新人才战略高地。

3. 搭建海外及港澳台人才发展平台

一是加快建设南沙粤港澳人才合作示范区。2012 年 10 月，经中央人才工作协调小组批准，广州市南沙"粤港澳人才合作示范区"列为全国人才管理改革试验区。按照中央和省的统一部署，结合南沙新区和南沙自贸区的发展战略，广州市扎实推进南沙粤港澳人才合作示范区建设。推动制定出台南沙新区"粤港澳人才合作示范区"人才中长期发展规划、集聚高端领军人才和重点领域急需紧缺人才暂行办法；积极推进粤港澳国际人才工作站建设，建立"粤港澳（国际）青年创新工场"，打造"红鸟苗圃""红鸟一起飞""高校创业联盟"等系列人才创新创业平台；探索开展职业资格"一试三证""一试双证"等培养评价工作，引进了美国、英国和中国港澳地区的三个职业资格培养评价体系；积极争取国家、省政策支持，推进外国人出入境便利，在全省自贸区范围内率先获得公安部授权审批，可直接受理签发外国人签证证件。目前，南沙已吸引来自我国港澳地区、"一带一路"沿线国家等 4 200 余名重点发展领域人才落户发展。2012 年 10 月至 2019 年初，南沙共开展各类粤港澳青少年交流活动约 370 场次，覆盖粤港澳青少年 2.1 万人次。

二是积极推进人才创新创业平台基地建设。大力创建"海外高层次人才创新创业基地"，2015 年，全市已有广州开发区、广州汽车集团股份有限公司、广州天河科技园（软件园）、中山大学 4 家单位入选国家级人才基地。截至 2015 年 12 月底，广州开发区"国家海外高层次人才创新创业基地"共柔性引进院士 27 人、中央

"千人计划"创业人才45名、广东省创新科研团队11个、"百名南粤杰出人才培养工程"人才4名，吸引3 000多名外籍留学人员在区内创新创业。出台实施市科技创新"1+9"系列政策文件，加快推动科技孵化器和众创空间发展，截至2015年12月底，广州市共建成科技孵化器119家、众创空间近50家，在孵企业达5 450家，累计引进创办企业的外籍人员超过1 100人。

三是不断扩大中国海外人才交流大会影响力。自1998年起，广州连续举办21届中国留学人员广州科技交流会（后更名为"中国海外人才交流大会"，简称"海交会"）。"面向海内外，服务全中国"，海交会吸引了来自全球140多个国家（地区）近5万多名高级人才，向全国各地输送了近5万个项目，已经成为国内规模最大、开放度最高、覆盖所有海外人才、在海内外最具影响力的海外人才与科技信息交流平台，被誉为"中国海外留学人员交流第一品牌"①。

四是打造"千人计划"南方创业服务中心人才服务高端品牌。经报中央人才工作协调小组批准，2012年在广州组建成立了"千人计划"南方创业服务中心，为三大国家"千人计划"服务平台之一（另两个服务平台分别是设在北京的"千人计划"专家联谊会、设在苏州的"千人计划"创投中心）。该中心是由广州市组织，由科技、人社部门指导，越秀区政府支持，在穗"千人计划"专家等高层次人才参与组建的新型科技人才服务机构，旨在为国家"千人计划"专家等高层次人才来穗来粤创新创业提供政策、科技、人才、信息、市场、融资等全链条、专业化、个性化的综合服务。同时，广州市通过"政府购买服务"模式，充分发挥该中心机制灵活的优势，优先落实公共服务，探索对接市场服务，努力使中心成为创新创业创投资源的汇聚点，融合引才育才用才各项服务的新平

---

① 建大湾区人才港 筑创新战略高地［EB/OL］. http：//www. gz. gov. cn/zt/qltjygad-wqjsxsdzgzlfzdf/gzzxd/bmxy/content/post_2866497. html.

台，形成与党政人才工作部门互补对接的人才综合服务体系。目前，该中心已服务各类高端人才近 1 000 名，吸引了约 200 位"千人计划"专家来穗与科研机构、创投机构、高新技术企业等进行交流对接。此外，2018 年 10 月广州市获批"国家级人力资源服务产业园"，全市人力资源服务产业发展提速，人才流动日益畅顺。

4. 强化海外人才服务保障

一是大力推行"人才绿卡"制度。广州市制定出台《广州市人才绿卡制度》，对来穗创业工作、非广州户籍的各类海内外人才颁发"人才绿卡"，在购房、购车、子女入学等方面提供广州市民同等待遇，为海外人才提供入境和停居留便利，持"人才绿卡"可办理 2~5 年长期居留证件及有效期 5 年的 R 字签证，有效解除人才后顾之忧，让人才安心在广州工作发展、创新创业。该政策一出台便引起社会热烈反响，申领十分踊跃。截至 2016 年 12 月底，"人才绿卡"咨询申领量达 7 418 人次，受理审核通过 1 658 人，发放人才绿卡 1 560 张。截至 2019 年 4 月底，广州已发放 5 509 张人才绿卡，来自欧美发达国家和港澳台地区人才约 13%，为广州发展集聚了一批国际化人才。

二是建立领导干部联系人才"直通车"制度。广州市专门制定《广州市领导干部联系高层次人才工作制度》，由市、区党政领导班子成员，人大、政协以及市直局以上单位主要负责同志，每人联系 1~2 名高层次人才，每年联系活动不少于 2 次，面对面听取人才的意见建议，全面营造"要创业到广州、要创新来广州"的良好氛围。截至 2016 年 12 月底，全市各级各部门共有 255 位领导干部与 290 位高层次人才建立了联系，共开展各类联系活动 984 次，全面建立起领导干部联系人才"直通车"制度，并实现了沟通联系常态化。

（二）深圳市海外及港澳台人才引进政策的主要进展

2020 年 10 月 11 日，中共中央办公厅、国务院办公厅印发《深圳建设中国特色社会主义先行示范区综合改革试点实施方案（2020—2025 年)》，提出要建立具有国际竞争力的引才用才制度。按程序赋予深圳外国高端人才确认函权限，探索优化外国人来华工作许可和工作类居留许可审批流程。支持探索制定外籍"高精尖缺"人才认定标准，为符合条件的外籍人员办理 R 字签证和提供出入境便利。为符合条件的外籍高层次人才申请永久居留提供便利。支持探索建立高度便利化的境外专业人才执业制度，放宽境外人员（不包括医疗卫生人员）参加各类职业资格考试的限制。

1. 先行先试深耕"改革试验田"

利用前海"全国人才管理改革试验区"、河套深港科技创新特别合作区等重大平台，推进国际人才管理综合改革。落实前海境外高端人才 15% 个税优惠政策。通过资格认可、考试互免、合伙联营、港资工程项目试点等特殊机制安排，放宽港澳专业人士在前海执业资格条件，吸引香港建筑专业人士在前海执业。鼓励港澳青年来深创业，设立前海青年梦工场，引进相关孵化平台和孵化港澳创业团队。实施深港创新圈科技项目，支持符合条件的港澳机构申请并允许相关资金跨境使用。在前海率先试行港澳居民免办就业证，并在全国推广，颁发全省首张通过积分评定的外籍人才中国"绿卡"。探索实行将世界知名大学本科以上外籍毕业生纳入 C 类人才认定范围，认定后可直接申请外籍人才来华工作许可。同时，深圳作为全国人才管理改革试验区，应率先探索建立国际人才大数据中心，并建立深圳人才交易所，创新线上线下（O2O）相结合的人才配置运行方式，定期发布重点行业人才需求信息和人才价格，强化市场对人才资源的决定性配置作用。

2. 带土移植构建"候鸟栖地"

深圳市创新办学体制，成立虚拟大学园与国内外知名院校合作，陆续与清华大学、北京大学、哈尔滨工业大学等建立研究生院。筹建南方科技大学，支持南科大等高校设立跨学科交叉研究中心，利用国际学术休假聘请世界著名大学教授担任研究学者。推动海内外高水平大学、科研机构与深圳"联姻"，加大合作办学力度，建成香港中文大学（深圳）、哈工大（深圳）、中山大学（深圳）等一批高水平大学。举办北理莫斯科、清华伯克利、中德智造学院等国际特色学院。2019 年，深大和南科大排名持续提升，新引进各类人才分别达到 1 697 人和 253 人，其中高层次人才 186 人和 115 人；清华大学深圳国际研究生院挂牌成立；海洋大学建设启动调研，创新创意设计学院启动筹建，中科院深圳理工大学获批筹建，北大剑桥学院落户前海，依托香港中文大学（深圳）建设的医学院、音乐学院等正在加紧筹建。

3. 瞄准高端布局"事业平台"

近年来，深圳市聚焦战略性新兴产业和未来产业，围绕共性关键技术，积极打造人才培养集聚平台，高标准、高起点、高质量建设综合性国家科学中心，加快推动光明科学城、深港科技合作区、西丽湖高校科教城建设，为实现源头创新突破提供支撑。聚集核心"卡脖子"技术攻关，靶向引进"高精尖缺"人才，组建斯法基斯可信自主系统研究院和帕特森 RISC－V 国际开源实验室等 13 个诺奖实验室。围绕共性关键技术，大力建设先进电子材料国际创新研究院、合成生物学创新研究院等 12 家基础研究机构，瞄准前沿新兴领域组建鹏城实验室、深圳湾实验室和人工智能与数字经济 3 个广东省实验室。

2019 年 7 月 4 日，深圳出台《科技计划管理改革方案》，明确提出支持企业建设重点企业研究院。截至 2019 年 7 月，深圳已累计建成省级新型研发机构 42 家，它们集科学发现、技术发明、产业发展"三发"于一体。2019 年底，深圳市共有 13 家诺贝尔奖、图灵奖、菲尔兹奖得主领衔的实验室，12 家深圳基础研究机构以及 5 家制造业创新中心、10 家海外创新中心挂牌成立，市级以上各类创新载体已达 2 261 个，其中国家级 119 个、省级 605 个、市级 1 537 个。鹏程实验室、深圳湾实验室等广东省实验室建设取得突破性进展，新组建人工智能与数字经济省实验室、超滑技术研究所等研发机构①。

积极支持战略性新兴产业、未来产业、创新型企业、中小型科技企业等设立博士后工作站、创新实践基地，吸引和承接了一大批全球顶尖人才团队。2019 年底，全市在校大学生超过 14 万，博士后流动站 15 家，博士工作站 35 个，在站博士后超过 3 600 人。

4. 贯彻落实大湾区"个税优惠"

2020 年 7 月 2 日，《深圳市人力资源和社会保障局 深圳市科技创新委员会 深圳市财政局 国家税务总局深圳市税务局关于落实粤港澳大湾区个人所得税优惠政策的通知》《深圳市境外高端人才和紧缺人才 2019 年纳税年度个人所得税财政补贴申报指南》公开发布，对在深圳工作的境外（含港澳台）高端人才和紧缺人才，按内地与香港个人所得税税负差额给予补贴，并对补贴免征个人所得税。在广东省确认的申报人基本条件和人才范围的基础上，深圳对相关条件和范围进行了细化。其中，境外高端人才和紧缺人才是指

---

① 创新驱动——深圳概览 [EB/OL]. http://www.sz.gov.cn/cn/zjsz/gl/content/post_7979915.html.

香港、澳门永久性居民、取得香港入境计划（优才、专业人士及企业家）的香港居民、赴港澳定居的内地居民（已注销内地户籍）、台湾地区居民、已纳税所得额达到限额的外国国籍人士、取得国外长期居留权的回国留学人员和海外华侨等①。

5. 精心开展"人才交流活动"

深圳成功举办中国深圳创新创业大赛第三届国际赛，在 9 个国家 10 个城市设置了海外分站赛，1 850 个报名项目中，团队负责人为博士学位的 956 人占 52%，拥有专利及软件著作权高达 772 项。成功举办第十七届中国国际人才交流大会，吸引来自 52 个国家和地区的 4 000 多家专业组织、培训机构、高等院校、科技企业和人力资源机构参与，外国专家和海外高层次人才代表 8 500 多人，各省市人力资源、科技、教育部门和各类引智企业代表 9 300 多人参会。成功举办第十一届中国深圳创新创业大赛国内赛，吸引美国、加拿大、日本等 10 个国家和国内 31 个省份及香港、澳门、台湾地区的 3 362 个团队、2 711 家企业报名参赛，创历史新高。

6. 持续出台"便利港澳居民政策"

立足"中央要求""港澳所需""湾区所向""深圳所能"，深圳出台《关于进一步便利港澳居民在深发展的若干措施》（以下简称《若干措施》）。《若干措施》涵盖港澳居民在深学习、就业、创业、生活等 4 个方面，总共 18 条。在政策覆盖上力争涵盖港澳居民在深发展的全过程、各方面，通过打造全方位、多层次、一站式的综合服务体系，让港澳居民不仅愿意来，更要留得住、发展得好。其中部分措施比中央提出的"让港澳居民在民生方面享有'市

---

① 粤港澳大湾区个税优惠深圳落实政策出台，申报指南发布_人才深圳［EB/OL］.https：//mp. weixin. qq. com/s/HuNB8FP8QqQD7yBlvHBXJQ.

民待遇'"的力度更大，展现了深圳大力支持推动港澳居民融入"双区"建设、融入国家发展大局的责任担当①。

《若干措施》的 18 项具体措施中，学习方面有 6 条，主要涉及港澳青少年来深交流、义务教育、高校奖助学金、深港澳职业教育合作、深港澳教育交流与合作、港澳机构来深办学等；就业方面有 3 条，主要涉及港澳学生来深实习见习就业、专业资质认定范围、人才政策等；创业方面有 4 条，主要涉及创业补贴、创新创业活动、深港澳青年创新创业基地、创业引导基金等；生活方面有 5 条，主要涉及居住证政策、人才住房保障政策、交通优惠、深港澳社会保障合作、打造综合服务平台等。

（三）中山市海外及港澳台人才引进政策的主要进展

近年来，中山市人社局围绕"建机制、搭平台、优服务"主题，着力做好海外及港澳台人才的管理服务工作，为中山市引进了一批急需紧缺的海外及港澳台人才。截至 2018 年 7 月，全市持有外国人工作许可证外籍人才 876 人，其中 A 类人才 176 人，具体情况如下②。

1. 出台政策扶持海外及港澳台人才就业创业

自 2010 年以来，中山市相继出台了《关于进一步加快培养引进紧缺适用人才的意见》《中山市引进海外高层次创新创业人才暂行办法》《广东中山留学人员创业园管理暂行办法》《中山市引进建设创新创业科研团队暂行办法》《关于进一步集聚创新创业人才的若干意见》《关于加强港澳青年创新创业基地建设工作方案》等一系列政策文件，为海外及港澳台高层次人才在项目启动经费、科

---

① 深圳出台 18 条举措便利港澳居民在深发展［EB/OL］. http：//sz. people. com. cn/n2/2020/1202/c202846 - 34450347. html.

② 中山市外国专家局.《中山市外籍人才管理服务情况》，2019.

研经费资助、贷款贴息、创业场所和居住保障等方面提供政策支持。海外及港澳台高层次人才在中山市创办符合本市产业发展导向、具有良好发展前景的企业，经认定评审后，可享受下列"5个100"优惠政策：最高100万元的固定资产投资补贴；100万元的贷款贴息扶持；最高3 000万元的创新科研团队科研经费资助；100平方米的免租创业场所支持及100平方米免租公寓和100万元的购房补助；对入选国家"千人计划"以及"珠江人才计划"团队、领军人才的，在中央或省财政资助基础上给予1∶1比例的配套资助；海外及港澳台高层次人才经认定后按一至八层次给予最高达200万元的购房补助及18万元的市政府特殊津贴。

2. 搭建专有平台促进海外及港澳台人才创业

为吸引海外及港澳台人才到中山市创业，中山市于2007年在火炬开发区建立"中山市留学人员创业园"。近年来，通过创建省市共建留创园、省部共建留创园，使留创园迅速发展壮大，在机构设置、软硬件建设、招才引智、企业培育、后勤服务等方面取得了良好的效果。留创园于2013年底获批准升级为人社部与广东省人民政府共建的中国中山留学人员创业园，实现三年提升两个台阶的大跨越。现有孵化场地面积4.8437万平方米，创业配套设施完善，服务功能强大，留学人员入园创业可享受最高200万元的创业启动经费资助、2年内200平方米创业场地租金减免优惠，还有创业孵化资金和申请专利给予资金资助等优惠政策。根据中山留创园"不设围墙"的特点和特色，外籍人才只要是在开发区、翠亨新区创业，都可以享受留创园的政策和服务。2011年至2018年7月，中国中山留创园共引进海外及港澳台高层次人才创办企业121家，主要分布在电子信息、生物医药、先进制造、新材料等行业，引进留学人员209人，其中外籍人才60多人。同时，中山市翠亨新区近几年也专门建立了留学报国中山基地和海归创业学院、中山中瑞（欧）工业园，并出台《翠亨新区人才发展"展翅计划"实施意见》具体支持海外及港澳台人才在新区创新创业。此外，中山市政府还投资建设公益性创业孵化示范基地，如中山市大学生创业孵化基地、中山市易创空间创业孵化基地，以服务初创者、初创企业和初创团队为基本定位，为其提供免费孵化服务。

3. 做好服务便利海外人才就业创业

一是海外人才创业交流对接平台。积极利用中山市"3·28"招才引智活动（"中山人才节"）品牌、通过"中山市欧洲人才工作站"和"中山硅谷人才工作站"及举办百名海外博士中山行活动、"千人计划"专家中山行活动等途径搭建"请进来""走出去"的招才引智和交流平台，吸引更多海外人才来中山创新创业。通过举办各类产学研交流对接、海外人才项目路演等活动，搭建海外人才与中山市留创园（产业园区）、骨干企业、上市公司、科技企业孵化器、新型研发机构等各类创新创业主体的沟通交流平台，推动双方合作，帮助优秀的海外人才科技成果在中山实现落地转化。同时，以中山粤港澳青年创新创业合作平台、中山翠亨新区"澳中青年创新创业园"为龙头，有效串联港澳和珠三角城市资源，打造集交流、培育、实训、孵化、展示、对接等功能于一体的示范性平台。

二是为海外及港澳台人才到中山市就业创业提供优质服务。近年来，中山市人社局平稳开展外国人来华工作许可"两证合一"改革工作，全面实施外国人来华工作许可制度，通过推行一个窗口办理、限时办理、规范办理、网上办理，用"信息跑路"代替"人员跑路"等措施，不断优化外国人来华工作许可服务，提升行政许可审批效能，极大地方便了海外人才到中山市就业创业。2018年上半年新办证人数152人次，目前全市持有效工作许可证外国人

876 人。此外，中山市人社局还积极发动海外人才参加友谊奖、外专千人等人才项目的申报工作，提高他们的获得感。在各孵化平台载体设立"港澳青年人才一站式服务窗口"，为港澳青年人才提供个性化、定制化、精细化专业服务。

（四）深圳前海自贸区海外及港澳台人才引进政策的主要进展

1. 构建多层次海外及港澳台人才引进政策体系

2019 年 12 月，前海发布《关于以全要素人才服务 加快前海人才集聚发展的若干措施》（以下简称《措施》），提出重点引进四类高层次人才：一是拟重点引进诺贝尔奖获得者、国家最高科学技术奖获得者以及两院院士等深圳市认定的海内外高层次人才，按市奖励补贴金额的一定比例给予配套奖励；对前海新设的院士（专家）工作站，在市开办经费资助的基础上给予配套资助；鼓励香港大紫荆勋章获得者、太平绅士、退休公职人员通过担任顾问、交流任职、项目合作等形式到前海发展。二是引进和培育一批海内外高层次人才创新创业团队，对落户前海并经深圳市认定的高层次人才"团队＋项目"，按市资助金额的一定比例给予配套扶持；对符合条件并入选深圳市"人才创业资助项目"的创业团队，在市创业资助基础上给予配套资助。三是创建粤港澳大湾区深港博士后融合实践基地，构建前海"1＋N＋X"博士后协同发展机制，拟推动设立前海博士后科研工作站，实施深港博士后联合培养计划，出台前海博士与博士后人才专项扶持政策，在设站资助、生活补贴、科研资助、成果奖励等方面给予资金扶持，推动产学研深度融合创新。四是对总部企业人才的扶持，逐步加大对总部企业国际高端人才扶持力度，对经认定的总部企业员工给予个人贡献扶持和新引进人才扶持，打造一流成熟的总部经济聚集区。

2. 实施税收补贴优惠政策

前海出台了境外高端人才和紧缺人才认定办法、个人所得税补贴办法，通过薪酬、职务等市场化方式认定人才，对其缴纳个税超过15％的部分由市财政给予补贴。实施产业人才扶持政策，设立产业发展资金，促进产业人才聚集。自2014年实施以来，前海累计认定453人次境外高端人才和紧缺人才，发放个税补贴1.73亿元，税收补贴逐年大幅度增长，大大降低了企业成本和用人成本。2020年，深圳前海除了继续落实境外高端人才和紧缺人才个人所得税优惠政策，降低境外人才税负外，还将实施人才发展引导专项资金奖励计划，对为前海产业发展作出贡献的人才，根据直接经济贡献分类分档给予资金支持。

3. 打造国际人才培养平台

前海坚持以市场化运作机制大力发展新型人才载体，打造了前海深港青年梦工场、创新中心、基金小镇、国际文化创意基地等人才培养平台。截至2018年12月底，梦工场新增孵化创业团队52家，累计孵化创业团队共计356家，其中我国港澳台地区及国际团队176家。梦工场超半数创业项目成功拿到融资，累计融资总额超过15亿元人民币。其中，中国香港团队坎德拉科技获得1.3亿元人民币融资。2018年2月，前海首家港资人力资源服务机构落地①。下一步要发挥"港澳服务提供者独资设立人力资源服务机构和非学历教育培训机构"的审批事权已下放至前海的作用，争取在前海落地一到两家港澳独资职业技能培训机构。

---

① 张玮. 深圳前海国际人才服务中心正式亮相［N］. 南方日报，2018 – 04 – 15.

4. 推进港澳专业人士职业资格准入

前海不断创新人才执业和服务机制，放宽港澳专业人士执业门槛。为满足前海产业发展需求，前海通过资格认定、合伙联营、项目试点、执业备案等特殊机制安排，重点关注财税、法律、规建等领域的专业人士在前海实现便利执业，降低准入门槛。例如，出台了《香港注册税务师服务深圳前海深港现代服务业合作区管理暂行办法》《香港特别行政区会计专业人士申请成为前海深港现代服务业合作区会计师事务所合伙人暂行办法》《香港房屋经理前海执业资格认定试点方案》《香港工程建设领域专业人士在前海合作区备案指引》等。推动深港双方政府、行业组织等机构签署《深圳市前海深港现代服务业合作区试行香港工程建设模式合作安排》《香港房屋经理前海执业资格认定协议书》《深圳前海人才交流及资讯科技资质互认协议》等。

从 2018 年 3 月起，在前海工作的港澳居民免办《台港澳人员就业证》。这意味着，在我国实施超过 24 年的"台港澳人员内地就业实行就业许可制度"在前海率先实现突破。2018 年 7 月 28 日，国务院印发《关于取消一批行政许可事项的决定》，正式取消台港澳人员在内地就业许可，前海先行先试经验得到全国复制推广。在财税领域，前海先行先试，允许香港注册税务师通过"以训代考"方式取得内地执业资格，先后共有 29 名香港注册税务师通过考核获得在前海执业资格。在法律领域，全国共 12 家内地—香港合伙联营律师事务所，其中有 7 家落户前海，有 147 名香港仲裁员获颁 SCIA 聘书，占深圳国际仲裁院聘请仲裁员人数的 15% 左右。在规建领域，截至 2019 年 1 月底，引进香港工程企业超过 42 家（在前海实际开展业务），香港专业人士多达 150 余人，签署合同金额约 12 亿元。另外，前海探索开展了《前海境外专业人才职业资格准入负面清单研究》课题，也为下一步继续推进境外专业人才职业资格准入打下基础。

5. 推进粤港澳人才合作示范区建设

为进一步推动粤港澳人才合作示范区建设，前海将在港澳人才的就业和创业方面开放更多空间。

在就业方面，《措施》提出，前海将争取中央和省、市支持，将前海作为港澳与内地执业资格制度衔接的试点基地，按照"重点突破、分步推进"原则，率先建立港澳专业人士执业"深港通"机制，允许港澳专业人士经备案后，在前海直接提供服务。在一些垂直领域，比如粤港澳合伙联营律所试点，将支持港澳律师扩大执业范围；在港澳会计师事务所，将采用更加灵活的管理办法，减少合伙人有关限制；在医疗领域，拟放宽医疗机构和港澳医师准入条件；在建筑领域，拟共同认定一批等同于内地同类特级、一级资质的香港建筑工程机构，直接参与前海政府和社会投资建设项目①。

在创业方面，将率先建设粤港澳青年创新创业基地，支持符合前海重点发展领域、具有一定市场潜力的港澳青年来前海创新创业，在创业启动、创业成本、重点项目、上市奖励等方面给予扶持；对符合条件的实验室、研究中心、孵化器、众创空间等创新创业载体，在开办运营、租金补贴、企业培育、立项配套等方面给予资助；推动建设"海外现代服务业人才离岸创新创业基地"，组建集引才引智、创业孵化、专业服务、政策保障等功能于一体、在岸与离岸相结合的国际化人才载体。

此外，引进现代服务业国际专业人才，包括启动"国际化人才集聚工程"，采取"一事一议""一人一策"，精准引进金融科技、人工智能、大数据、芯片研发等世界级顶尖人才；探索在前海试行境外专业技术人才特聘高端职位试点，按需设置联席处长、特聘专员、高

---

① 深圳前海出台20条人才新政［N］. 青岛日报，2019 - 12 - 09.

级顾问等特聘岗位，聘请具有全球视野和国际影响力，熟悉国际商务、法律、金融、财税、基础设施等规则的国际专业人才参与前海事务。

6. 设立海外人才一站式服务窗口

2018 年初成立的前海国际人才服务中心，旨在提升人才服务水平和优化营商环境，创新建设便捷高效的人才服务体系，为前海人才提供各项服务，加快推动国际人才聚集，推进前海全国人才管理改革试验区建设。下一步，前海国际人才服务中心将在前海设立"人才服务专厅"，包含若干窗口，能够为前海人才提供办理签证、就业许可以及落实补贴政策等一站式服务。未来还将提供人才落户、档案管理、人才猎头、教育培训等市场化服务[①]。

2019 年 12 月发布的《关于以全要素人才服务　加快前海人才集聚发展的若干措施》提出，前海将开展国际人才管理制度创新。一方面创新国际人才出入境便利制度，拟争取率先开展技术移民试点，建立与国际接轨的技术移民规则；争取下放外国人永久居留审批权，实施配额、备案管理制度，对海外高层次人才、专业技术人才、创新创业人才、外籍华人、海外留学生、非中国籍香港永久性居民等不同人才群体分类施策，以及允许取得永久居留资格的海外人才在前海创办科技型企业，担任科研机构法人代表。另一方面，优化人才公共服务长效机制，拟探索设立外国人一站式服务窗口，整合公安、外专、外事等部门职能，实行外国人业务"三窗合一"办理新模式。同时，前海将借助智能化手段，绘制前海人才"画像"，精准把握人才群体特征，提炼紧缺急需人才类型，定期编制和发布前海外籍紧缺人才职业清单；建立人才数据信息共享机制，为深圳招才引智、人才评价、人力资源开发等提供数据支持[②]。

---

① 杨嘉奇 . 建设高水平人才管理改革试验区［N］. 深圳特区报，2018－07－30.
② 深圳前海出台 20 条人才新政［N］. 青岛日报，2019－12－09.

7. 营造"类海外"人才发展宜居宜业环境

为营造"类海外"人才发展宜居宜业环境，2019 年 12 月发布的《关于以全要素人才服务 加快前海人才集聚发展的若干措施》提出，在教育上，加快建设前海国际学校，举办高水平示范性中外合作办学机构，并争取市、区支持，保障前海高层次人才子女在义务教育阶段的就读需求，允许港澳青少年与市民同等积分入学。创新内地与港澳合作办学方式，支持设立港澳独资或合资非学历教育培训机构，引进港澳国际化特色课程，共建职业资格培训、专业技能培训等非学历教育培训基地。

在医疗服务上，鼓励社会资本发展高水平医疗机构，推进国内外医疗资源合作；鼓励港澳服务提供者以独资、合资或合作等方式设立医院、诊所等专业医疗机构，探索港澳已上市但内地未上市的药品、医疗企业在前海特定医疗机构适用；推动港澳台居民和海外高端人才及配偶、子女购买和享受医疗保险。

在居住上，开设前海人才住房专营机构，探索开展住房租赁券计划，鼓励更多人才群体通过住房租赁市场实现安居，并拟允许香港居民按规定享有与市民同等购房待遇。同时，进一步推广为前海外籍及港澳台高层次人才聘雇的外籍家政服务人员申请居留许可。

（五）广州南沙自贸区海外及港澳台人才引进政策的主要进展

1. 注重引进高学历紧缺人才

2020 年 5 月 14 日，南沙开始实行《广州南沙新区（自贸片区）集聚人才创新发展若干措施实施细则》（修订版，以下简称《细则》）。《细则》明确提出要加大对高学历紧缺人才引进力度，对世界排名前 150 名境外高校毕业的博士生及工作两年以上的境内博士生，获得中国博士后科学基金资助、海外青年人才引进计划（博士后项目资助）的博士后出站人员，认定为青年后备人才，可申请200万元安家补贴。

2. 实施税收优惠奖励政策

为了更好地引进使用海外及港澳人才，南沙自贸区从营造与港澳趋同的税收政策环境出发，实施针对海外及港澳人才的"个税补差"政策，为海外及港澳人才集聚提供有效支持。南沙在贯彻落实粤港澳大湾区个人所得税优惠政策的基础上，对已享受个人所得税优惠（15%，珠三角九市均适用）的人才，可叠加申报南沙区重点发展领域骨干人才奖励补贴。

3. 支持港澳青年在南沙就业创业

南沙自贸区建立了粤港澳人才常态交流机制，如建设粤港澳（国际）青年创新工场和"创汇谷"粤港澳青年文创社区两大服务平台，为港澳青年提供"一站式"创新创业专业服务。目前签约入驻项目80个，以新型血液净化材料、风力新能源技术以及由诺贝尔奖获得者乔治·斯穆特教授带领的高精度PM2.5监测网项目为代表，覆盖新材料、新能源技术以及物联网等重点发展领域。

4. 推进技能人才"一试三证"培养评价工作

南沙自贸区认真贯彻落实省委组织部《关于粤港澳人才合作示范区人才管理改革的若干政策》的8项措施，推进技能人才"一试三证"培养评价工作（即考生通过一次鉴定考核可同时获得国家职业资格证书、香港或澳门官方资格证书及国际权威认证资格证书），引进国际和我国港澳地区的三个职业资格培养评价体系（中国港澳地区官方职业资格评价体系、英国伦敦城市行业协会职业资格认证体系、美国认证协会职业资格认证体系），开展 28 个工种的培训考核。目前，已有 200 余名学员通过培训考核取得国家职业资格证书和国际职业资格认证证书。

（六）珠海横琴自贸区海外及港澳台人才引进政策的主要进展

1. 拓宽招才引智渠道

通过创新创业大赛渠道发掘引进高端人才和优质项目，定期在海内外科技人才密集地举办创新创业大赛，经国内外创新创业大赛选拔的人才，引进之后直接认定为高层次人才或青年优秀人才，并享受相关政策待遇。同时，重点联系一批高校，每年组织企业走进内地和港澳知名高校开展"珠海·名校人才直通车"活动，吸引优秀毕业生来珠海发展。

2. 实施海外留学人才引进计划

大力引进海外留学人才来珠海创新创业，择优给予留学人才创业项目 15 万~100 万元资助和最高 30 万元的贴息贷款，对特别优秀的项目给予最高 500 万元资助。对进驻留学生创业园的留学人才创办企业，给予最高 300 平方米、最长 3 年的场地租金补贴。

3. 推动海外及港澳台人才创新创业

在珠海横琴自贸区创新创业的海外及港澳台人才，以及非本市户籍的优秀企业家、高层次人才、博士后、博士、青年优秀人才、重点产业发展急需的专业技术和管理人才等，可在本市购买住房，不需提供纳税和社保证明。珠海横琴自贸区支持本市企业在国（境）外设立研发中心、解化载体等离岸创新中心，就地吸引使用人才，经评审认定，给予最高 600 万元资助。对由符合标准的高层次人才领衔的专家团队来横琴自贸试验片区创业发展，分别给予 500 万元、200 万元专项扶持（原则上每家企业只扶持 1 名领军人物），分两期拨付。

4. 实施港澳人才发展支持计划

支持港澳青年人才在珠海市创新创业，新引进港澳本科以上学历等人才，可享受珠海市新引进青年人才租房和生活补贴政策。在珠海市创新创业的港澳人才，在购房、子女义务教育、就医等方面享受珠海市民待遇。在横琴自贸区工作的港澳人才，免办《台港澳人员就业证》，港澳人才还可享受"港人港税、澳人澳税"政策。积极推进具有港澳职业资格的金融、规划、会计、教育、医疗等专业人才在自贸区便利执业。鼓励港澳在校大学生和青年到珠海开展实习见习活动，在生活、交通、住宿等方面提供便利和支持。

四、广东省海外及港澳台人才引进政策的基本成效

一是人才总量稳步增长。2015 年全省人才总量为 1 357.3 万人，居全国首位。其中党政人才 49.4 万人，企业经营管理人才 417.46 万人，专业技术人才 510 万人，高技能人才 283 万人，农村实用人才 93.14 万人，社会工作人才 4.3 万人。

二是人才结构不断优化。"两高"人才比例不断提升，高端创新型人才数量不断增多。截至 2015 年 12 月底，高层次人才总量达 66 万人，占全省专业技术人才总量的 12.9%。高技能人才 283 万人，高技能人才占全省技能人才 28.1%。在粤工作院士 120 人（含双聘院士 82 人），"千人计划"入选者 420 人。百千万人才国家级人选 121 人，教育部长江学者"特聘教授"31 人，国家杰出青年基金获得者 42 人，承担国家重点科技创新计划（973 计划）

项目首席科学家 13 人。每年来粤工作的境外专家超过 13 万人次，占全国 1/5，居于首位；累计引进外籍人才 3.7 万人次，其中诺贝尔奖获得者、发达国家院士、终身教授等 129 人，入选中央"外专千人计划" 19 人，评审引进五批省领军人才 89 名、科研创新团队 117 个；累计引进留学回国人员 8 万多人，总量居全国前列。

三是人才效能不断提高。2015 年，全省专利合作协定（PCT）国际专利申请量为 15 190 件，占全国总量的 50% 以上，连续 14 年居全国首位；全省发明专利申请量和授权量分别为 10.39 万件和 3.35 万件，比 2010 年分别增长 154% 和 145%。全省高新技术企业总量超 1.1 万家，高新技术产品产值 5.3 万亿元，占工业总产值的 39%；技术自给率为 71%。区域创新能力连续 8 年居全国第二位①。

五、广东省海外及港澳台人才引进政策的有益经验

（一）海外及港澳台人才政策体系不断完善

2016 年实施"海外专家来粤短期工作资助计划"和"海外青年人才引进计划"，形成广覆盖、多层次、较完备的"珠江人才计划"引才工作体系。2016 年 6 月，公安部正式批复同意广东省自 2016 年 8 月 1 日起实施支持广东自贸区建设和创新驱动发展的 16 项出入境政策措施，为海外及港澳台高层次人才和创新创业人才提供出入境和停居留便利。2017 年 1 月，广东省委印发《关于我省深化人才发展体制改革的实施意见》，强调建立具有全球竞争力的人才制度体系，加快建设人才高地。

---

① 资料来自《关于广东省实施〈国家中长期人才发展规划纲要（2010—2020 年）〉的中期评估报告》。

（二）创新驱动发展大力实施

以创新为主要引领和支撑的经济体系和发展模式为引进海外及港澳台人才工作发展提供了广阔空间。创新驱动实质上是人才驱动，必须牢牢抓住人才这个根本。从战略层面看，广东省委省政府大力实施创新驱动发展核心战略，着力打造国家科技产业创新中心，高标准建设珠三角国家自主创新示范区，深入推进产业结构调整和转型升级，推动高水平大学建设等，这都迫切要求加快引进大批优秀外国人才。从市场需求看，目前广东省先进制造业与现代服务业"双轮驱动"的现代产业发展格局初步形成，高技术制造业增加值占规模以上工业增加值比重达27.6%，未来新技术新产业对高层次人才的需求将呈加速增长。

（三）重大人才工程持续推进

引才政策平台建设为引进海外及港澳台人才工作奠定了坚实基础。自2009年以来，广东省把实施重大人才工程作为吸引国际高端人才的重要抓手，打造形成包括创新创业团队引进计划、领军人才引进计划、海外专家来粤短期工作资助计划和海外青年人才引进计划的"珠江人才计划"，每年投入财政资金达8.5亿元，目前省财政投入已超过30亿元，在海内外引起广泛影响，形成品牌效应。在省的带动下，各地各部门纷纷优化引才政策，形成多层次、多领域的引才支持体系，广东引进外国人才工作翻开新的篇章①。

（四）引才体制机制逐步优化

自2015年以来，广东省围绕实施创新驱动发展战略，以推进"外国人入境就业许可"和"外国专家来华工作许可"整合为"外

---

① 广东省外专局. 广东省加强新形势下引进外国人才工作研究报告［R］.2017.

国人来华工作许可"和"落实支持广东自贸区建设及创新驱动发展16项出入境政策措施"为重点，着力深化引才体制机制改革，大力简政放权，海外及港澳台人才管理服务机制进一步理顺，外籍人才出入境和停居留更便捷、开放，引才机构建设不断加强，为今后的海外及港澳台人才管理服务工作提供了很好基础。

第四节 福建省海外及港澳台人才引进政策的探索和经验

一、福建省海外及港澳台人才引进政策的主要进展

（一）出台 10 项新的出入境政策措施

2015 年 4 月 21 日，中国（福建）自由贸易试验区正式挂牌。为推动福建自贸区加快形成更高水平的对外开放新格局，在福建自贸区挂牌将满一年之际，公安部决定实施支持福建自贸区 10 项新的出入境政策措施，涉及外国人签证、居停留以及大陆居民赴台等多个方面，助力福建自贸区跨越发展，推动福建自贸区建设成为改革创新试验田、深化两岸经济合作示范区、21 世纪海上丝绸之路核心区，对打造面向 21 世纪海上丝绸之路沿线国家和地区开放合作新高地具有重要作用①。

福建自贸区 10 项新的出入境政策措施的亮点在于：

一是优化福建自贸区出入境软环境，吸引聚集境外高层次人才

---

① 公安部出台 10 项出入境政策措施支持福建自贸试验区建设［EB/OL］.［2016 – 03 – 25］. http：//fjnews. fjsen. com/2016 – 03/25/content_17552886_all. htm.

和符合市场需求的外籍人员。允许工资性年收入和年缴纳个人所得税达到规定标准的在福建自贸区内工作的外籍人员申请永久居留；放宽福建自贸区内外籍高层次人才年龄限制，畅通外籍高层次人才从就业居留向永久居留转换；为长期在福建自贸区工作的外籍人员签发五年期的工作类居留许可；允许福建自贸区内境外高层次人才聘雇外籍家政服务人员。

二是拓展外国人入出境渠道，构建更为便捷的对外开放环境。支持福建向国务院申请在平潭澳前码头、泉州晋江机场口岸实施外国人口岸签证政策；支持福建向国务院申请试点实施外国旅游团乘坐邮轮经厦门入境免签政策。

三是扩大流动人口异地办理赴台证件城市范围。允许泉州、漳州、龙岩市为本市户籍人员的非本市户籍的配偶及未满 16 周岁的子女，以及符合条件的非本市户籍的就业、就学人员及其配偶和未满 16 周岁的子女办理赴台出入境证件。加上福州、平潭、厦门，福建省目前共有 6 个城市公安机关出入境管理部门可以为流动人口异地办理赴台出入境证件。

四是首创使用赴台团队旅游一次证件。允许临时来闽的省外居民经福州、厦门、泉州赴马祖、金门、澎湖团队旅游，或经厦门乘坐邮轮、经平潭乘坐直航客船赴台湾团队旅游，可在当地有资质旅行社的组织下，向当地公安机关出入境管理部门申办"一次出入境有效往来台湾通行证"，在 1 ~ 2 个工作日内便可办结，不受暂住期限等条件限制①。

（二）出台创新发展 5 项出入境政策

2017 年，公安部决定在 2016 年支持福建自贸区建设 10 项出入

---

① 福建自贸区挂牌近一年 公安部 10 项出入境新政策予支持 ［EB/OL］．［2016 - 03 - 25］. http：//www. chinanews. com/gn/2016/03 - 25/7812165. shtml.

境政策措施的基础上，再批准在福建全省范围内实施 5 项出入境便利政策措施，并于 2017 年 12 月 15 日起正式实施。这 5 项出入境政策惠及的群体包括外籍高层次人才、外籍华人、外籍留学生和自贸区企业等，涉及外国人在华永久居留、长期居留和短期签证等多层次的出入境便利措施。政策实施的区域范围，既有在自贸区区域内的，也有涵盖自贸区所在的福州、厦门、平潭行政区域的，还有可在全省范围内实施的政策。

这 5 项出入境政策措施的亮点在于：一是简政放权，充分调动地方引才引智的积极性和主动性；二是突出侨情，不断激发外籍华人的归属感和凝聚力；三是服务企业，全面考虑企业选才的多样性和实用性；四是孵化创业，大力扶持外籍学生来闽创新创业。这些政策的实施将为海外高层次人才和创新创业人才来福建发展，激励外籍华人来福建创新创业提供了极大的便利，也为福建省自贸区建设和创新发展提供了新动能，对促进福建经济社会发展具有重大意义①。

（三）出台一揽子高端人才政策

福建省具有 21 世纪海上丝绸之路核心区、自由贸易试验区等"多区叠加"优势，高端人才新政迭出，有力助推福建成为最具竞争力的省份之一。

2010 年 1 月，福建省委、省政府印发《福建省引进高层次创业创新人才暂行办法》《福建省人才兴企促进计划》《福建省特殊支持高层次人才管理暂行办法》《关于深化人才发展体制机制改革的实施意见》等多份文件，计划引进海外及港澳台高层次创业创新人才和一批国内高层次创业创新人才共 300 名到各企事业单位工

---

① 福建省公安厅举行公安部支持福建自贸区创新发展 5 项出入境政策措施新闻发布会_福建公安公众服务网〔EB/OL〕.〔2018 - 01 - 25〕. http：//gat. fujian. gov. cn/ztzl/wqzl/gabzcfjzmqcxfzwxzc/dtxw/201801/t20180125_3568187. htm.

作，安排财政专项经费，对引进人才在科技创新、创业启动、改善工作生活条件等方面给予补助，不惜"重金揽才"。

截至 2017 年底，福建引进高层次创业创新人才（又称"引才百人计划"）的认定已经是第六批。此前，福建省引进高层次人才分为杰出人才（A 类）、创业创新领军人才（B 类）、急需紧缺创业创新人才（C 类）三种。相关文件显示，海外及港澳台引进的人才每人可获得 200 万元人民币补助（中央驻闽单位或厦门市引进的，省政府给予每人 100 万元）；引进的国内人才（不含港澳台地区）每人 100 万元人民币补助（厦门市引进的由其补助）。补助资金主要用于科技创新、创业启动和改善工作生活条件等，视同省政府奖金，免征个人所得税[①]。

2020 年福建省出台《高层次人才认定和支持办法（试行）》（以下简称《办法》）和《福建省产业领军团队遴选和支持办法（试行）》，着力营造更加有利于人才创新创业创造的制度环境。其中《办法》按特级和 A、B、C 类四个层次分别设置了 15 项、34 项、57 项、77 项具体资格条件，只需符合其中一项即可申请认定为相应层次的人才。《办法》还采取资格条件认定制，实行"省级出政策定条件、设区市评价认定"机制，大大简化了认定流程。同时，设置了晋级奖励和荣誉奖励，对引进的特级人才，给予 700 万元安家补助。自 2010 年以来，福建省持续推进省引才"百人计划"，共遴选六批 692 人（团队），其中 90.8% 以上为主导产业和新兴产业急需紧缺的高层次人才，有力支撑福建省产业转型升级[②]。各政策对比详见表 2 - 1。

---

① 福建高端人才新政频出"重金揽才"布局未来发展——福建频道——人民网 [EB/OL]. [2018 - 04 - 11]. http://fj. people. com. cn/n2/2018/0411/c181466 - 31449 699. html.

② 福建省出台高层次人才认定和支持办法 [EB/OL]. [2020 - 06 - 29]. http://www. gov. cn/xinwen/2020 - 06/29/content_5522494. htm.

表 2 - 1　　　　　福建省的人才政策一览（截至 2017 年）

类别	支持对象	政府补助标准	政策依据	申报路径
个人申报	创业创新人才（百人计划）	团队 300 万元、海外人才 200 万元、国内人才 100 万元	《福建省引进高层次创业创新人才暂行办法》闽委办〔2010〕2 号	网络申报，每年评选一次，由所在地县区组织部人才科负责初审。申报周期一般为一年
	A 类人才	境外 200 万元，境内 100 万元	中共福建省委组织部 福建省人力资源和社会保障厅关于印发《福建省引进高层次人才申报确认实施办法（试行）》的通知（闽人社文〔2015〕308 号）、《福建省引进高层次人才评价认定办法（试行）》（闽委人才〔2015〕5 号）	
	B 类人才	境外 100 万元，境内 50 万元		
	C 类人才	境外 50 万元，境内 25 万元		
	首席科技官	平均年薪一半，最高 50 万元，连续支付 3 年	《企业首席科技官岗位配额制实施办法（试行)》（闽人社文〔2015〕310 号）	
	人才团队	每人每年 4 万元，前两年最多支持 5 人，第 3 年最多增加到 15 人	中共福建省委组织部 福建省人力资源和社会保障厅关于印发《福建自贸试验区引进高层次人才团队建设经费支持实施办法（试行)》的通知（闽人社文〔2015〕309 号）	
	工科类青年专业人才	分为 5 类，其中企业聘用补助按照企业税前支付薪酬 60% 的标准发放，最高不超过 62 478 元 × 4 倍 = 249 912（元）（2016 年标准）；众创空间培育补助按照福建省上一年度城镇单位在岗职工平均工资发放（2016 年为 62 478 元）。个人累计补助均不超过 3 年。福州新区叠加补助 30%	《福建省工科类青年专业人才支持暂行办法》（闽委人才〔2016〕4 号）	

续表

类别	支持对象	政府补助标准	政策依据	申报路径
个人申报	特殊支持高层次人才	科技创新领军人才、科技创业领军人才每人80万元,百千万工程领军人才、青年拔尖人才、企业高级经营管理人才每人50万元,哲学社会科学领军人才每人30万元	《福建省特殊支持高层次人才管理暂行办法》(闽委人才〔2016〕6号)	
	台湾地区高层次人才	暂无细则	《福建省引进台湾高层次人才评价认定办法(试行)》(闽委人才〔2015〕6号)	
	台湾专业人才	给予用人单位3万~60万元补助	《福建省深化闽台人才交流合作行动计划》(闽委人才〔2015〕6号)	
	国际著名高校优秀毕业生	每人40万元	《加强引才工作行动计划(2015—2018年)的通知》(闽委人才〔2015〕7号)	
	用人单位猎头经费补助	按猎头经费30%,最高10万元的标准给予用人单位补助	《加强引才工作行动计划(2015—2018年)的通知》(闽委人才〔2015〕7号)	
	高层次人才推介奖励	3万~10万元	《福建省引进高层次人才推介奖励实施细则(试行)》	
	有突出贡献的创新人才	暂无细则	《关于加强中国(福建)自由贸易试验区人才工作的十四条措施》(闽委人才〔2015〕4号)	
	技能大师奖励	每人10万元	《福建省"海纳百川"高端人才聚集计划(2013—2017年)》(闽委办发〔2013〕3号)、《福建省科技创新领军人才等6类特殊支持高层次人才和福建省文化名家等5类优秀人才的遴选办法》(闽委人才〔2013〕3号)	

续表

类别	支持对象	政府补助标准	政策依据	申报路径
个人申报	福州市高层次优秀人才	对来榕发展的留学归国人员，给予5万~30万元的创业启动资金支持；对特别优秀并带项目、资金、团队来榕发展的给予50万~200万元的创业启动资金；对引进到高新技术企业工作，年缴纳工薪个人所得税不低于3万元的高层次优秀人才，市财政按其上一年度所缴纳工薪个人所得税地方留成部分的50%返还，返还期不超过5年；引进高层次优秀人才生活津贴800~10 000元，发放5年；人才配套补贴20万~200万元	《福州市引进高层次优秀人才服务办法》（榕政综〔2014〕303号）	
创业支持	自贸区创业支持	详见十四条任务分解表	《关于加强中国（福建）自由贸易试验区人才工作的十四条措施》	
	台湾青年来闽创业支持	20万~50万元创业支持资金	《福建省人民政府关于鼓励和支持台湾青年来闽创业就业的意见》（闽政〔2015〕28号）、《福建省深化闽台人才交流合作行动计划》（闽委人才〔2015〕6号）、《关于做好引进台湾地区高层次人才有关工作的通知》（闽人发〔2010〕68号）、《福州市台湾青年创业场所租金和首次装修改造补贴申报暂行办法》《福州市台湾青年创业示范基地和推荐示范团队认定及奖励办法（试行）》	
	留学回国人员创业启动支持	20万~50万元创业支持资金	《关于贯彻中共中央组织部、人力资源和社会保障部支持留学人员回国创业和加强留学人员回国服务体系建设意见的通知》（闽人发〔2012〕10号）	

类别	支持对象	政府补助标准	政策依据	申报路径
创业支持	互联网经济优秀人才创业启动支持	30 万 ~ 100 万元引导资金，并可连续 3 年给予支持	《关于加快互联网经济发展十条措施》（闽政〔2015〕10 号）、《关于印发福建省互联网经济优秀人才创业启动支持暂行办法的通知》（闽人社发〔2015〕4 号）	
	大众创业万众创新支持	暂无细则	《福建省人民政府关于大力推进大众创业万众创新十条措施的通知》（闽政〔2015〕37 号）、《福建省人民政府关于进一步做好新形势下就业创业工作十五条措施的通知》（闽政〔2015〕44 号）、《关于印发福建省大学生创业引领计划实施意见的通知》（闽人社文〔2014〕359 号）	
其他补助	百千万工程人才培养	入选的百千万工程国家级人选每年给予 3 万元科研补助经费；赴海外研修的国家级、省级人选分别给予 8 000 ~ 4 000 元资助		
	高校学生来闽实习实训	接收国内高校在读学生实习实训 3 个月内的，按实习实训时间一次性给予接收单位补助费 2 000 ~ 8 000 元/人的补助；对接受台湾大学生实习实训的用人单位，分别给予博士、硕士（本科）3 000 元/人月、2 000 元/人月的补助	《关于印发高层次人才来闽实习实训计划实施方案（试行）的通知》（闽人社文〔2014〕86 号）、《福建省深化闽台人才交流合作行动计划》（闽委人才〔2015〕6 号）	
	企事业人才高地建设补助	给予福建省企事业人才高地 500 万元资金支持，给予台湾企业人才高地 50 万 ~ 150 万元建设经费补助	《福建省"海纳百川"高端人才聚集计划（2013—2017 年)》（闽委办发〔2013〕3 号）、《福建省人才兴企业促进计划》（文号待补）、《福建省深化闽台人才交流合作行动计划》（闽委人才〔2015〕6 号）	

续表

类别	支持对象	政府补助标准	政策依据	申报路径
其他补助	企事业人才高地建设补助	给予福建省企事业人才高地500万元资金支持，给予台湾企业人才高地50万～150万元建设经费补助	《福建省"海纳百川"高端人才聚集计划（2013—2017年）》（闽委办发〔2013〕3号）、《福建省人才兴企业促进计划》（文号待补）、《福建省深化闽台人才交流合作行动计划》（闽委人才〔2015〕6号）	
生活配套	子女就学	详见文件说明	《中共福建省委组织部、省教育厅、省人力资源和社会保障厅关于做好高层次人才子女就读中小学和幼儿园工作的通知》（闽教基〔2015〕34号）	
	住房保障	人才公寓项目和创业创新人才租房补贴详见文件说明	《福建省住房和城乡建设厅关于实行住房公积金特殊支持政策有关问题的通知》《福州市创业创新人才住房保障办法（试行）》《关于做好2016年福州市人才公寓申购工作的通知》	
	医保社保	详见文件说明	《关于落实我市自贸区引进高层次人才社会保险待遇有关问题的通知》	
	配偶安置	A类人才配偶随迁安置补贴为6万元，B、C类人才为4万元	《福州市引进高层次人才配偶随迁安置暂行办法（试行）》（榕委人才办〔2016〕6号）	

资料来源：课题组根据公开资料整理所得。

（四）福建省台湾人才引进政策的主要进展

2015年9月，经批准，公安部授权福建省平潭综合实验区公安机关出入境管理部门为拟从平潭口岸入境的台湾居民办理5年期台胞证，进一步便利了台胞来往大陆。党的十八大以来，越来越多的台湾同胞来闽创业、就业和生活。2019年全国两会上，习近平总书记在参加福建代表团审议时强调，两岸要应通尽通，提升经贸合作畅通、基础设施联通、能源资源互通、行业标准共通，努力把福建建成台胞台企登陆的第一家园。近年来，福建省实施了一系列先行先试的体制机制创新，打通了台湾人才在闽学习工作生活的"最后一公里"，极大激发台湾人才、台湾青年来闽就业创业创新的积极性①。

1. 破除人才体制机制障碍

在健全完善人才培养机制方面，近年来，福建省率先出台特聘一批台湾专才行动计划，鼓励和支持国有企业、事业单位的高层次专业和管理岗位选拔台湾专才。截至 2019 年上半年，福建省已经引进 87 位台湾人才到事业单位工作，21 位台湾专才进入平潭行政机关，462 位台湾全职教师到省属高校任教。

在改进人才评价机制方面，福建探索建立适合在闽工作、创业的台湾地区专业技术人员评价机制，率先开展台湾地区居民经济、农业、工程、卫生等专业职称评审试点，为台湾人才创造更好的政策环境。

在建立有效的激励机制方面，福建省在物质激励层面出台了含金量很高的台湾人才政策；在精神激励层面，在闽台湾人才可参评各级劳动模范、青年五四奖章、青年岗位能手等荣誉。自 2018 年以来，已有 18 位台胞获评省级"杰出人民教师""劳动模范""青年五四奖章""三八红旗手"等荣誉②。

2. 打造完善的人才政策环境

福建省制定了深化闽台人才交流合作的专项行动计划，把闽台人才交流合作的重要项目纳入全省中长期人才规划纲要，作为全省重大人才政策持续推动。出台了福建"66 条实施意见"，其中涉及

---

①② 杨国豪. 中国经济网. 发挥福建优势，打造台湾人才登陆第一家园［N］. 光明日报，2019－07－04.

人才工作45条，为台湾人才来闽就业创业扫清了障碍。同时，福建省致力于构建全方位的人才政策体系，相继出台台湾高层次人才"百人计划"、引进台湾全职教师等系列政策文件。据统计，在人才政策的引领下，2017年106家在闽台资企业返台招聘1 767位台湾人才，这是大陆台资企业首次大规模地回台招贤纳士①。

3. 推进海峡两岸职业资格互认

2017年12月，福建省平潭市在全国首创"直接采认台湾地区职业技能资格"的举措，直接推动了海峡两岸职业资格互认。2018年6月，全国首张"台湾地区职业资格证书采信证明"在福建省平潭市颁出。同年，人社部批复中式烹调师、西式烹调师、美容师、美发师、汽车维修工这5个社会常用工种，对台胞直接采认其技能水平，只进行理论考试，合格者颁发人社部统一印发的相应等级职业资格证书②。截至2019年5月，福建省平潭市已向台胞发放了300多本采信证明，该举措前期已在福建省推广。福建省平潭市的先行先试为两岸职业资格交流融合提供了一个很好的实践案例③。

二、厦门市海外及港澳台人才引进政策的主要进展

（一）出台系列引才政策

2002年，厦门市出台《厦门经济特区鼓励留学人员来厦创业工作规定》（2011年修正），围绕本市支柱产业、高新技术产业、

---

① 杨国豪. 中国经济网. 发挥福建优势，打造台湾人才登陆第一家园［N］. 光明日报. 2019 - 07 - 04.

②③ 平潭时报. 平潭向70名台胞发放了88张采信证明，且这些台胞有望拿到国家职业资格证书［EB/OL］. https：//mp. weixin. qq. com/s/xQD7iD*km*3Fqiv0adRFvlwg.

新兴产业、现代服务业和重点项目建设等经济社会发展重点领域，重点引进高层次留学人员，旨在鼓励留学人员来厦创业、工作，促进厦门经济特区发展。

2017 年，厦门市出台《关于深化人才发展体制机制改革 加快推进人才强市战略的意见》（以下简称"厦门市人才新政 45 条"），旨在进一步解放和增强人才活力，形成具有国际竞争力的人才制度优势，吸引集聚大批人才为厦门市经济社会转型升级贡献力量。"厦门市人才新政 45 条"围绕创新更加开放的国际人才集聚机制提出了 7 条政策措施，包括建设人才管理改革试验区，为外籍人才提供居留便利，优化外籍人才出入境机制，完善国际人才综合配套，加强人才和项目国际交流合作，健全海外引才网络体系，推进高水平国际化科研院所和机构建设。

同时，"厦门市人才新政 45 条"围绕深化两岸人才合作和自贸试验区人才管理改革试验提出了 4 条政策措施，包括支持企业自主引进台湾优秀人才，大力建设海峡两岸青年创业基地，吸引台湾学生来厦参加实习见习，创新自贸试验区人才认定和扶持政策。

（二）构建创新创业生态系统

自 2017 年以来，随着厦门自贸片区建设的全面推进，厦门市对海外及港澳台人才的需求更加迫切，同时海外及港澳台优秀人才要求长期居留、扎根创业的需求更加强烈。厦门自贸片区发挥先行先试的政策和制度优势，通过构建更加开放灵活、便捷高效的人才创新创业生态系统，打造全市人才工作示范区，为自贸试验区改革创新提供持久动力。

一是加大重点产业人才政策创新力度，以航空维修人才职称制度改革为切入点，促进人才认定标准市场化，建立审批"绿色通道"，建立多元评价体系，助力产业做大做强。

二是在支持重点上，由引人才向引平台转变，发挥自贸试验区与自主创新区："双自联动"效应，面向全球集聚高能级创新机构、创新平台，支持生物医药、集成电路等龙头企业在自贸试验区内联合跨国公司设立研发中心、孵化器等，招引更多海外高层次人才。

三是推动海外人才离岸创新创业基地建设，在积极引进海内外知名的平台管理运行公司的同时，依托云创智谷等区内现有众创空间，引入离岸创新创业服务资源，打造具有引才引智、创业孵化、专业服务保障等功能的国际化综合性创业平台。同时，充分发挥自贸试验区建设顾问、海外引才顾问等优势，加强基地海外宣传，吸引更多的海外人才来厦创新创业①。

（三）推出出入境便利政策

厦门市推进实施出入境、停居留便利化措施。2019 年 1 月 1 日，厦门市正式实施"空海港口岸 144 小时过境免签"政策，即在厦门空海港口岸对部分国家人员持有有效国际旅行证件和 144 小时内确定日期、座位前往第三国（地区）联程机票（船票）的人员实行过境免办签证政策。

三、福建省海外及港澳台人才引进政策的有益经验

（一）人才政策坚持需求导向

近年来，福建省出台了《福建省人才兴企促进计划》《福建省工科类青年专业人才支持暂行办法》《2016 年度各设区市、平潭综合实验区人才工作目标责任制考核实施办法》《福建省特殊支持高层次人才管理暂行办法》《福建省引进高层次人才推介奖励实施细

---

① 全省首例自贸区人才口岸工作签证今日发放！[EB/OL]. http://www.sohu.com/a/211220948_411863.

则（试行）》《高层次人才认定和支持办法（试行）》6 份政策文件。这 6 份政策文件坚持问题导向、需求导向，立足实际，服务福建省重大战略实施，亮点颇多。政策内容涉及海外及港澳台人才管理的多个方面，突出应需化特点。

（二）企业主体作用得到有效发挥

《福建省人才兴企促进计划》着眼于发挥企业主体作用，界定了政府、企业、市场在人才工作中的职责和作用，从完善政策、强化服务、搭建平台、健全机制、培育市场、营造环境 6 个方面，进一步加强海外及港澳台人才管理工作。根据计划，福建省将出台解决高层次人才住房问题意见，鼓励支持大型企事业单位和产业园区建设人才公寓，争取国家支持，先行先试人才签证、永久居留、出入境管理方面的政策。

（三）人才工作注重指标考核

福建省采用人才工作目标责任制考核的方式，进一步提高完善海外及港澳台人才管理工作。根据《2016 年度各设区市、平潭综合实验区人才工作目标责任制考核实施办法》（以下简称《办法》），对人才工作将重点考核人才发展环境、高层次人才（团队）和高技能人才新增数量、人才平台载体新增数量等三项指标，分别占 40%、30%、30% 权重。各地根据指标数据的全面目标值和实际完成值，分别计算形成人才发展目标值和完成值。《办法》还明确考核结果要向各地通报，作为地方党政领导班子考核评价内容，纳入各设区市、平潭综合实验区绩效考评指标①。

①　福建出台系列人才政策 ［EB/OL］. https：//www.360kuai.com/pc/90b 82a15887fbe080? cota =4&kuai_so =1&tj_url = so_rec&sign =360_57c3bbd1&refer_scene = so_1.

第五节　海南省海外及港澳台人才引进政策的探索和经验

一、海南省海外及港澳台人才引进政策的主要进展

（一）实施更加便利的移民与出入境管理政策

2019 年 7 月 3 日，公安部举行新闻发布会，通报出台支持海南全面深化改革开放移民与出入境、交通管理政策措施，国家移民管理局将在海南实施更加开放的免签入境政策。在现行的 59 国人员入境旅游免签政策的基础上进一步优化入境免签政策，包括拓展外国人免签入境渠道，符合免签条件的外国人可自行申报或通过单位邀请接待免签入境；扩大外国人免签入境事由范围，外国人可以商贸、访问、探亲、医疗、会展、体育竞技等事由免签入境海南；积极创造条件逐步实现给予免签入境人员 30 日以上的停留期限；综合考虑海南对外交往、旅游市场需求，适时评估调整免签国家名单。此外，实施更为便捷的高端旅游出入境服务措施，包括实施外国旅游团乘坐邮轮 15 天入境免签政策，简化琼港澳游艇出入境（港）手续，对前往博鳌乐城国际医疗旅游先行区等海南医疗机构诊疗的外籍患者及其陪护家属，提供申请办理签证或居留许可便利。

2020 年 6 月 1 日，中共中央、国务院印发《海南自由贸易港建设总体方案》，明确提出要推动人员进出自由便利。根据海南自由贸易港发展需要，针对高端产业人才，实行更加开放的人才和停居留政策，打造人才集聚高地。在有效防控涉外安全风险隐患的前提

下，实行更加便利的出入境管理政策。

2020 年 9 月 21 日，海南省委人才工作委员会印发了《关于开展海南自由贸易港国际人才服务管理改革试点工作的实施方案》（以下简称《实施方案》），其中在出入境方面提出包括：细化落实出入境便利化政策措施、扩大外籍人才享受 R 字签证待遇范围、实行"容缺承诺 + 失信惩戒"制度等措施。

（二）实施更具吸引力的引才引智政策

2018 年，习近平总书记在"4·13"重要讲话中明确指出，要支持海南探索建立吸引外国高技术人才的管理制度。2019 年，《中共海南省委关于高标准高质量建设全岛自由贸易试验区 为建设中国特色自由贸易港打下坚实基础的意见》审议通过，又一次强调了引进国际人才的重要性。

2019 年 7 月 3 日，公安部支持海南全面深化改革开放移民与出入境措施提出，要实施更具吸引力的引才引智政策，包括对海南引进的外籍高级管理人员以及长期工作或投资的外国人，进一步提供办理口岸签证、长期签证、居留许可和永久居留便利。对在海南就业的外籍技术技能人员，可发放与工作合同期限一致的工作类居留许可。对获得中国高等院校硕士研究生及以上学历的外国留学生在海南创新创业提供申请办理居留许可便利。允许境外高等院校外国学生到海南实习。海南省在外国人工作生活较为集中的区域逐步建立移民事务服务中心，提供"一站式"服务。2020 年《海南自由贸易港建设总体方案》明确提出，对海外高层次人才投资创业、讲学交流、经贸活动方面提供出入境便利。对外籍人员赴海南自由贸易港的工作许可实行负面清单管理，放宽外籍专业技术技能人员停居留政策。实行宽松的商务人员临时出入境政策。同时，为吸引集聚国际人才助力海南自由贸易港建设，更好地吸引和使用国际人才,《实施方案》中提出拓宽国际人才工作联络渠道,充分发挥我国驻外使领馆或友好城市,科协、商会等社会团体和组织作用,引进国际知名猎头公司,打造国际人才交流合作品牌,吸引集聚国际人才来琼工作和创新创业。

2019 年 8 月,海南省公安厅在国家引才引智政策的基础上,进行了整合和优化,聚焦为海外人才营造宽松、高效、便捷的出入境和停居留环境。譬如,为来琼研学、经商、工作的外国人提供口岸签证入境、长期有效签证和居留许可便利;对国内重点高等院校、科研院所、知名企业邀请来华从事技术合作、经贸活动以及在华工作的海外高层次人才,及其工作团队和辅助人员,签发 2 ~ 5 年有效的签证或居留许可;对在旅游、热带特色高效农业、医疗健康、高新技术教育文化体育等重点发展行业工作的外籍技术技能人员提供居留便利等①。

(三) 创新海外及港澳台人才服务管理

预审权下放到产业园区是海南创新服务海外人才的举措之一。海南省科技厅在海南重点产业园区陆续开展扩大外国人才范围和设立办理来华工作许可服务窗口试点、实行外国人工作许可审批"否决权复核"规定,以吸引外国人才来琼就业。服务站的业务未来将不断拓展,逐步纳入居留许可、购房、购车等综合性功能。海南省外国专家局将外国人来琼工作许可预审权限下放,为到产业园区就业创业的外籍人员提供便利。若外国人来琼申办工作许可证的部分材料未及时完成,可先承诺后补办。2020 年《海南自由贸易港建设总体方案》提出要建立健全人才服务管理制度,实现工作许可、签证与居留信息共享和联审联检。推进建立人才服务中心,提供工

---

① 海南多渠道多措施引进外籍人才显成效_中国新闻网 [EB/OL]. https：//sanya. focus. cn/zixun/29ac4ce071e95950. html.

作就业、教育生活服务，保障其合法权益。

此外，海南省探索建立与国际接轨的全球人才招聘、服务管理制度，编制发布海南自由贸易港高层次人才分类标准、行业紧缺人才目录，打造统一的国际人才线上招聘平台。2019 年 4 月，海南"国际人才招聘智库"在"热带海南"英文网站上线。截至 2019 年底，"国际人才招聘智库"提供了上千个工作岗位，让本地企业和外国应聘者直接对接，希望未来能发展成为国际一流的"线上人才市场"。2020 年 3 月底，海南省一次性拿出 3 万个岗位面向全球招聘。招聘活动自 3 月 31 日启动，截至 6 月 30 日，海招网"云招聘"平台累计浏览量达 282 万多次，接收简历 24.9 万多份，其中接收外籍人才简历 1 241 份。在招聘活动中，活动主办方推出三种模式，开拓线上招聘新形式，形成一批可复制可推广的制度创新成果。在海南自贸港建设政策的吸引下，海南面向全球的人才招聘活动取得重要进展，国内外人才纷至沓来。

（四）放宽境外专业人才执业限制

2020 年 8 月 28 日，海南省委深改委会议暨自贸港工委会议研究通过了《海南自由贸易港境外人员参加职业资格考试管理办法（试行）》《海南自由贸易港境外人员执业管理办法（试行）》（以下简称"两个办法"），对放宽境外专业人才在海南自由贸易港参加职业资格考试和执业的限制做出了明确制度安排。2020 年开放境外人员参加职业资格考试 30 多项，认可的境外职业资格涉及 20 多个国家和港澳台地区共 200 多项。"两个办法"的制定实施将有力推动海南建立起国际领先的人才服务管理体制机制，形成公平、包容、自由、便捷的国际人才制度环境，确保各类国际人才引得来、留得住、用得好，深入打造人才对外开放高地，助力海南自由贸易港建设。

（五）优化海外及港澳台人才税收政策

从 2020 年 6 月 1 日《海南自由贸易港建设总体方案》发布之日起，对在海南自由贸易港工作的高端人才和紧缺人才，其个人所得税实际税负超过 15% 的部分，予以免征。对享受上述优惠政策的高端人才和紧缺人才实行清单管理，由海南省商财政部、税务总局制定具体管理办法。

（六）加大海外及港澳台人才激励力度

2020 年《海南自由贸易港建设总体方案》提出，完善国际人才评价机制，以薪酬水平为主要指标评估人力资源类别，建立市场导向的人才机制。允许符合条件的境外人员担任海南自由贸易港内法定机构、事业单位、国有企业的法定代表人。《实施方案》中在国际人才培养评价激励方面提出了一些创新举措，包括：创新人才国际化培养方式、建立国际人才职称评审绿色通道、改革涉外职业资格管理制度、建立灵活有效的薪酬激励机制等方面，为国际人才就业执业自由化便利化提供支持和保障。

（七）吸引港澳台人才来琼创新创业

海南省欢迎港澳台人才共享历史发展新机遇。海南省委统战部积极向港澳台宣传海南人才政策，结合有关的交流联谊活动、联系旅居世界各国的海南同乡、搭建"海南境外华侨工作站"。2018 年年底，海南省制定出台了"惠台 30 条"，吸引 240 余名台湾青年来琼投资、创业、就业。同时，加强对港澳台人才在琼创新创业多维度服务，进一步激发港澳台人才在琼建设自贸区的积极性，建立港澳台海南创新创业服务平台，助力小微初创企业落地海南。

（八）优化海外及港澳台人才服务保障环境

近年来，海南省委、省政府每年不定期召开外国人士座谈会，充分倾听和吸纳人才意见，不断优化海南的硬环境和软服务。海南省积极打造配合国际人才引进的国际学校、国际社区、高水平的医疗机构等，满足国际人才对高品质公共服务的需求，并支持国际人才在海南购车购房，推进国际人才在公共服务和社保方面的无缝衔接，建立完善国际人才就业许可、职业资格认证、出入境、居停留等政策，提升国际人才在海南工作生活的便利化程度[①]。在人才服务方面，推行"单一窗口"和电子化服务，实行信息共享、联审联检，为国际人才提供"一站式"服务；在人才安居方面，进一步完善人才住房政策，统筹解决外籍人才住房问题；在人才就医方面，鼓励各大医院积极参与国际认证、研究国际人才医疗保障政策，解决国际人才参加医保和国际保险直付等问题；在人才子女求学方面，加快推进陵水国际教育岛项目，规划建设一批双语学校、国际学校。在国际人才社区建设方面，根据国际人才群体集聚程度，规划建设一批具有海南特色的国际人才集聚社区，然后再逐步推广到重点园区和有条件的市县。

加快国际语言环境建设，也是海南省改善和提升引才"软环境"的重要内容。省内各主要城市应对旅游景点、文化场馆、商业设施、体育场馆等公共场所和设施进行多语标识，配置翻译机等；各级政务中心，12345 热线，各大商场、银行、医院等窗口服务行业率先行动，设立国际人才服务专门窗口，开设多语种服务专线；建立政府官方双语网站，方便外企和外籍人才查询信息；提升医疗

---

① 引进国际人才　助推海南对外开放——海南引进国外（境外）人才工作述评［EB/OL］．［2019 - 06 - 29］．http：//www. hinews. cn/news/system/2019/06/29/032123505. shtml.

卫生系统国际化水平，鼓励各大医院设立国际医疗服务窗口，建设能提供英语服务的国际医疗中心。

二、海南省海外及港澳台人才引进政策的基本成效

（一）引才数量稳步上升

处在新一轮发展阶段、持续扩大开放的海南需要更多国际人才的加入。国际人才连接着国际服务、国际项目、国际资本，人才的国际化程度越高，服务海南自由贸易试验区和中国特色自由贸易港建设的能力就越强。自 2018 年以来，海南省贯彻落实习近平总书记"4·13"重要讲话、中央 12 号文件和《加快海南科技创新开放发展实施方案》等重要文件精神，全面深化改革开放，加快推进国际人才管理体制改革试点，招商更注重引进外资，引才更注重引进国际人才。截至 2019 年 6 月，全省新增外资企业 304 家，来琼创业就业居留的外籍人才达 5 445 人，其中，工作类居留 3 432 人，实习加注居留 2 013 人。这些国际人才活跃在旅游、教育、医疗、互联网等行业前线，为海南自贸区、自贸港建设注入了国际活力①。

据海南省大数据管理局统计，自 2018 年习近平总书记"4·13"重要讲话以来，截至 2020 年 6 月 30 日，全省共引进人才 102 712 人，同口径增长近 4 倍（398%），呈现高素质、年轻化、国际化的特点，其中全省高层次人才增长 8 890 人②。这些齐聚琼岛的英才，

---

① 引进国际人才 助推海南对外开放——海南引进国外（境外）人才工作述评_南海网［EB/OL］.［2019－06－29］. http://www.hinews.cn/news/system/2019/06/29/032123505.shtml.

② 李磊. 海南密集出台各项人才政策 人才引进步伐提速［N］. 海南日报，2020－07－07.

正为新时代蓄势腾飞的海南打牢坚实的人才基础。

（二）国际人才交流合作不断加强

自 2019 年以来，海口充分开发和利用国际人才资源，先后在美国、南非、新加坡、中国香港等地设立境外人才联络站，引进南非文创团、南非院士团、美国院士团等，围绕重点园区和产业领域开展国际人才交流与合作。截至 2019 年底，有 1 050 名外国人持有效工作许可在海口工作，集中于教育、旅游、医药等行业①。

（三）人才产业实现互促发展

产业集聚人才，人才助推产业发展，更好的产业又能吸引更优秀的国际人才参与，聚集更多国际资源，帮助海南提升经济外向度，从而实现良性循环。2018 年以来，海南省聚焦重点产业发展，实施团队引才，着重引进外资，海南省实际利用外资增长了113%。此外，海南省打造总部经济，协调引进中旅集团总部、中海油区域总部，以及普华永道、毕马威、德勤等一批国际知名企业。其中仅中海油区域总部一次就引进 2 500 多名油气领域人才（外籍近 100 人）。特别是在中海油区域总部的辐射带动下，一些跨国企业即将进驻海南省，形成油气勘探、开发、科研、人才为一体的全产业链，提升海南省油气产业的国际化水平和科研能力。

三、海南省海外及港澳台人才引进政策的有益经验

（一）引才留才力度逐步加大

一是要让人才在出入境、落户等方面更加方便快捷。要推动落

---

① 海南优化引才政策 冀望吸引更多海外人才_中国新闻网 ［EB/OL］. ［2019 - 12 - 13］. http：//www. hi. chinanews. com/hnnew/2019 - 12 - 13/509209. html.

实公安部给予海南省的国际人才出入境和居停留新政策，在现行的59国人员入境旅游免签政策的基础上，进一步优化入境免签政策，扩大免签入境事由范围，方便外国人员往来；允许境外高等院校外国留学生到海南实习等。二是要畅通引才渠道，完善多元化引才机制。依托驻外使领馆、境外人才联络站、海南乡团联谊会等力量，强化团队引才、专场招才、中介猎才等多渠道引才方式，形成多元化引才新机制，吸引集聚更多人才来琼发展创业。根据自贸区、自贸港建设需要，及时修订相关政策，鼓励人力资源中介机构加大对国际人才、急需紧缺人才的引进力度。落实好《海南省引才奖励实施办法（试行）》，对全职引进国际高层次人才的用人单位、中介组织或个人按标准兑现奖励。聘请知名专家、知名高校校友担任"海南招才大使"，在国际知名高校设立"海南引才工作站"，拓宽引才引智半径范围。

（二）引才聚才平台做大做强

产业集聚人才，唯有更好的产业才能吸引更多优秀的国际人才。应继续以旅游业、现代服务业和高新技术产业为主导，着力培育十二个重点产业，谋划实施若干先导性项目，推动国际人才与产业融合发展。产业园区是支撑产业发展和汇集人才的重要载体。优先支持海南生态软件园、复兴城等专业产业园区发展，推动国际知名众创空间在海南省设立分支机构，牵头组织国际大科学计划和大科学工程，以考察讲学、项目聘用、研发合作、专题培训等方式，发现和吸引各类优秀国际人才。全力配合国家在琼建设重大科研基础设施和条件平台，推动国内知名高校和研究机构在琼设立分支机构，吸引国家级科研院所整建制迁入或在琼建设整建制机构，推动国内外知名企业总部或区域性总部落户海南，以一流的平台集聚一流的国际人才。

（三）人才激励奖励政策更具竞争力

在各地悄然展开"人才拉锯战"的大背景下，海南要拿出最大的诚意，采取最务实的举措，打动人才、招来人才、留下人才。例如，对标自贸港人员往来和用工自由的要求，争取国家有关部委支持，在部分产业园区试行具有国际竞争力的人才税收政策；在服务贸易行业对外籍人才来琼工作试行"目录清单"管理的基础上，建议扩大适用行业范围，定期对外发布各行业岗位需求目录，在总额控制前提下，让外籍人才应聘目录内岗位可直接办理工作许可证；探索建立"外籍人才职业资格认证直通车"制度等。此外，加大对高层次人才创新创业的支持，探索设立外籍人才就业创业扶持资金，将外籍人才纳入海南省就业创业扶持范围。对外国留学生加大奖学金奖励，设置更多的留学生奖学金项目，扩大留学生规模。加大对国际优秀人才的表彰奖励，在推荐授予国家勋章、科技进步奖、劳动模范等荣誉奖项时，建议对符合评选条件的外籍人才给予更多关注。

第六节　香港人才引进政策的探索和经验

香港地区是个经济活动相当自由化的区域，奉行市场自由法则，香港历史上在人才引进和管理中主要扮演被动角色，开始主动介入的时间相对较晚；从介入的方式来看，也多以间接构建普适性政策和营造环境为主。近年来，基于未来发展的考虑，香港逐渐从"积极不干预"转向"主动出招的责任者"，推出了一系列人才引进与管理服务的政策，向全球招揽了大量高端人才，极大地改变香港人才的失衡结构，优化香港的人才素质，提升香港自由贸易港的国际竞争力，推动香港社会经济向前发展。

一、香港人才引进政策的主要进展

（一）香港人才的引进路径与方式

1. 以人才计划分类引才

（1）一般就业政策（适用于非内地居民）。

一般就业政策——专业人士，指有意来港工作的专业人士，可根据一般就业政策提出申请。一般就业政策不限行业，无配额限制，主要申请资格包括：已确实获得聘用，从事的工作与其学历或工作经验有关，其岗位不能轻易觅得本地人担任，薪酬福利与市场水平相当，具有良好的教育背景、技术资格或经证明的专业经验。

一般就业政策——企业家，指计划在香港开办或参与业务的企业家，可根据一般就业政策提出申请。主要申请资格包括：具有良好的教育背景、技术资格或经证明的专业经验，能够对本地经济做出重大贡献（包括但不限于业务计划、营业额、财政资源、投资款额、在本地开设的职位数目以及引进的新科技或技能等），另外，得到香港特区政府支援的计划支持的初创业务亦可提出申请。

（2）优秀人才入境计划（"优才计划"）。

为了吸引更多的优秀人才到香港工作，香港特区政府于 2006 年 6 月 28 日开始推行"优秀人才入境计划"，获批准的申请人无须在来港定居前先获得本地雇主聘任。这项计划采取"综合计分制"及"成就计分制"两种计分方式。符合基本资格所有要求的申请人，可选择以综合计分制或成就计分制的方式接受评审，与其他申请人竞争配额。

2015 年，香港特区政府为吸引更为优秀的人才，颁布优才计划新政。新政中对于申请人的工作经验、学历方面分数有所降低，新增了额外加分项：一是对于毕业于国际公认知名学校的申请人，可额外获得 30 分；二是具有 2 年以上国际工作经验，可额外获得 15 分。满分从 165 分增至 195 分，但合格分数 80 分维持不变，换言之降低了入围难度，但对于人才的要求实则更高，评分更严格。

（3）科技人才入境计划。

2018 年 5 月 8 日，香港特区政府创新及科技局正式启动为期三年的"科技人才入境计划"，引进科研人才，以配合香港科创业界在延揽人才方面的需要。计划以先导形式推行，为期 3 年，首个运作年度引入最多 1 000 名科技人才。计划将首先适用于在香港科技园公司和数码港从事生物科技、人工智能、网络安全、机器人技术、数据分析、金融科技及材料科学的租户和培育公司。经计划来港的人士，须持有"QS 世界大学排名榜""泰晤士报高等教育世界大学排名榜"及"世界大学学术排名"前 100 名大学所颁发的科学、科技、工程或数学（STEM）学科学位。持有硕士或博士学位者无需工作经验，持有学士学位者则须具备最少一年在相关科技范畴的工作经验。每个公司或者机构每年最多可获得 100 个配额。获得配额的公司在招聘后，可直接向入境处申请工作签证和入境许可证。与"一般就业政策"和"输入内地人才计划"审批时间为 4 个星期和 2 个月不同，该项审批时间最快为 2 个星期。

该计划采用"3 拖 1＋2"模式。计划既填补香港人才短缺，也兼顾培育香港人才。获发配额的公司每聘用三名非本地人士，便须增聘一名香港本地的全职职员和两名实习生从事与科技相关的工作。

（4）非本地毕业生留港计划（"读书定居计划"）。

该计划规定，在香港修读全日制经本地评审课程而获得学士学位或更高学历的非本地毕业生可申请留港一年寻找工作。

2. 以配额制按需引才

香港特区政府在"优秀人才引进计划"和"科技人才引进计划"中，采取配额制。前者每年有 1 000 人的名额限制，后者除了每年 1 000 人的总体名额限制以外，对用人单位同样有配额限制。每个用人单位每年最多可获得 100 个配额，配额有效期为六个月。即使引进的人才辞职或最终没有到港履职，该配额也将被视为被占用。

每个配额申请会基于以下考虑：一是所物色的科技人才具备的知识或技能是否与申请公司/机构的科技活动互相匹配；二是有关公司/机构所申请的配额是否具备充分理据（基于经营规模、地点及扩展计划等因素）；三是有关公司/机构在聘用相关范畴的本地人才方面是否有确实困难；四是所需科技人才的学历资格或其他专业知识及薪酬福利是否合适；五是公司/机构在计划下过往有否负面记录。例如：未充分使用获发的配额、未有聘用规定数目的本地雇员等。

3. 以人才清单精准引才

2018 年 8 月，香港优秀人才入境计划首推"人才清单"，所有符合人才清单中相关专业资格且能提供相关证明文件的申请者可在综合计分评估时额外获得 30 分。清单中列出 11 类人才，具体包括：废物处理专家、资产管理专才、海运保险专才、精算师、金融科技专才、数据科学家及网络安全专家、创新及科技专家、造船师、轮机工程师及船舶总管、创意产业专才、争议解决专才及业务交易律师。

（二）香港人才的评价制度

"香港优秀人才入境计划"和"科技人才入境计划"采取的是

计分制度。申请人符合"基本资格"所有要求的，可以选择以"综合计分制"或"成就计分制"的方式接受评核。

"综合计分制"按照申请人的年龄、学历/专业资格、工作经验、人才清单、语文能力、家庭背景 6 项条件打分，最高分为 195 分，最低及格分数是 80 分。

"成就计分制"则是为"具备超凡才能或技术并拥有杰出成就的个别人士"提供的另一套申请定居香港的计分制度，该计分制以申请人的成就为评核基准，须符合以下两项要求中的一项：一是申请人曾获得杰出成就奖（如奥运奖牌、诺贝尔奖、国家/国际奖项）；二是申请人可以证明其工作得到同行肯定，或对其行业发展有重大贡献（如获业内颁发的终身成就奖）。

甄选程序定期进行，在每次甄选程序中，同时符合基本资格并在"综合计分制"下累计得分达到最低及格分数的申请人，及符合基本资格并在"成就计分制"下得分的申请人，依总得分排列名次，得分较高的申请人将被进一步评核。入境事务处处长可就如何根据本计划评核、评分及分配名额征询咨询委员会的意见。该咨询委员会由香港特区政府行政长官委任的官方及非官方成员组成。咨询委员会将考虑香港的社会经济需要、各申请人所属界别及其他相关因素，向入境处处长建议如何分配每次甄选程序中可分配的名额。也就是说，得分较高的申请人未必能够最终获得配额。

（三）香港人才的居留政策

1. 人才居留政策

香港特别行政区居民，简称香港居民，包括永久性居民和非永久性居民。永久性居民在香港特别行政区享有居留权和有资格依照香港特别行政区法律取得载明其居留权的永久性居民身份证。香港特别行政区非永久性居民则是有资格依照香港特别行政区法律取得香港居民身份证，但没有居留权的人。

香港特别行政区政府以不同的入境计划审批来港定居申请，对于一般就业政策、输入内地人才计划、优秀人才入境计划、科技人才入境计划（综合计分制）的优秀人才的居留期限，已由原来的 1 + 2 + 2 + 3 年，改为 2 + 3 + 3 年，即人才计划获批后，第一次能拿到 2 年期的居留签证，可获得香港居民身份证，第二次和第三次均可续签 3 年。7 年后如能证明申请人以香港为常住地，可转为永久居民，并申领香港特区护照。除此之外，对于符合上述人才计划的顶尖人才（即已根据相应人才计划获准以专业人士身份在港就业不少于两年，且申请人在上一评税年度的薪俸税应评税入息达 200 万港元或以上）的逗留期限模式由原来的 1 + 2 + 2 + 3 年，改为 2 + 6 年模式，延期逗留期间不受其他逗留条件限制。成就计分制的优秀人才入境时可获准在港逗留 8 年。

2. 人才受养人居留政策

根据上述人才计划来港就业的人才可携受养人一同来港，人才受养人居留政策规定政策客体包括：配偶或其根据缔结当地有效的法律缔结的同性民事伴侣关系、同性民事结合、同性婚姻、异性民事伴侣关系或异性民事结合的另一方，而该身份是缔结当地机关合法和官方承认的，以及 18 岁以下未婚的受养子女来港。受养人获得香港居民身份证满 7 年后，同样可转为永久居民。对根据各种入境计划来港人士的受养人，于 2006 年 5 月 15 日起，已无需事先向入境处申请，即可在港工作。

（四）香港关于人才的激励政策

香港是世界上税种最少、税率最低的地区之一。在香港，企业利得税最高税率为 16.5%，个人薪俸税最高税率为 15%，销售税/消费税/增值税、预扣税、资本增值税、股息税、遗产税等税项一律免征，且课税的对象仅以在香港境内的所得和收入为范围，优厚的税后收入成为香港吸引人才的最重要优势之一。同时，香港对不同纳税人依据供养老人、抚养子女的情况设定了不同的缴税标准，以此减轻人才的税收负担。

（五）香港关于人才的环境打造

1. 一流的医疗服务和与国际接轨的医疗保障机制

香港拥有完善的医疗系统，世界一流的医疗服务设施，执业医师大多具有美国或者英国医师学会会员资格，能够提供优质的服务。另外，香港设有多家公立和私立医院，医疗费用十分合理，而且求医方便。在亚洲，香港被认为是医护水平最高的地方之一。

从医疗保障来看，公共医疗服务面向全体需要服务的人群开放，不管其是否拥有居民身份。公共医疗服务是付费服务，香港居民和合法永久居民与非居民在付费比率上有所不同，居民和合法永久居民可以获得由公共财政的补贴，而非居民则要自己承担。

2. 数量充足且办学优良的国际学校

香港在国际学校方面拥有悠久的办学历史和成熟的办学体制以及优异的教学成绩。香港共有 50 多家国际学校，为超过 30 个国家的学生提供约 35 100 个小学和中学学额，远多于亚洲其他地方。在 2017 年 5 月的国际预科文凭（IB 课程）考试中，约有 16 万名来自全球各地的学生应考，共 218 名考生考获满分，其中，香港 33 人满分，总体平均分 35.94 分，高于全球的 29.95 分。香港国际学校的教育制度和课程设置是以各个国家的课程为蓝本，课程种类超过 10 种，这就表明香港国际学校能更多地保留原有国家的课程特色。另外，香港特区政府对于国际学校的招生有硬性规定，学校招收的来港工作或投资的家庭子女，或持学生签证来港就学的非本地学生，必须占到学校招生名额的 50%。

3. 开放多元且国际化的生活环境

法治、自由且国际化程度高，是大家公认的香港优势之一。具体体现为：一是法律秩序良好。法律制度公正透明，政府廉洁高效，社会各界法制意识强，诚实守信，重视知识产权保护，按规矩办事，社会治安良好，犯罪率低。二是国际化优势明显。香港社会自由开放，东西方文化交融贯通，英语作为工作语言，与国际高度接轨，外来人才社会融合容易。三是生活舒适便利。交通、通信、体育、文化等基础设施完善且与国际接轨，生活丰富便利，资讯发达，自然环境和空气质量良好。

二、香港人才引进政策的基本成效

（一）各项人才计划持续推进

香港入境处资料显示，在 2008 年至 2018 年 3 月为止，一般就业政策、输入内地人才计划及优秀人才入境计划分别输入 31.4 万人、8.83 万人、3 788 人，累计为香港输入了大约 40.7 万名境外人才。其中，以门槛设置最高的"优才计划"为例，2016 年至 2018 年，获批的人员数量分别为 208 人、273 人、411 人，约 85%以上获批的为内地居民，而每年整体的申请人数则均在 1 500 ~ 2 000人左右。相比之下，过去 3 年以"优才计划"获得香港永久居留权的人数则分别为 186 人、221 人、194 人。

自"优才计划"推出以来，成功通过综合计分制获分配名额的申请人，主要来自金融及会计服务、资讯科技及电讯、建筑、测量、工程及建造和工业制造领域。通过成就计分制获分配名额的申请人则主要来自体育运动、艺术及文化和广播及娱乐领域。在2008年至2018年3月则并无任何生物科技业人才输入，以资讯科技/电讯业计算，其间共输入836名相关人才，占该计划累计输入人才总数的22%①。

（二）科技人才集聚引进力度持续加大

香港拥有全球知名的大学，聚集了一批全球优秀的科研人才。香港是个国际化大城市，在与其他国家的科研人员进行沟通，邀请其他国家的科研人员来港等方面都持续进行。目前，香港推出各种政策支持，动力不断加强，对科创发展的支持是前所未有的。

（三）粤港澳大湾区协同效益日益增强

通过粤港澳大湾区合作，香港实现与广东各大城市的优势互补，形成完整的产业链，产生协同效应。2018年，香港理工大学与深圳大学合作建立大湾区国际创新学院，结合两校的资源，以及连接海内外知名大学及企业，为科创人才的培育、科技创新以及高科技创业孵化方面搭建良好平台。两校短期合作计划还包括建立科技创业人才培育及加速计划（lean launchpad plus，LLP＋），建立以深圳及大湾区重点产业为主题的计划，以期更针对性地培育科技创业者，协助他们将科研发明推出市场②。同时，香港特区政府青年

---

① 香港优才计划额度使用不足特区政府推11类人才清单_东方财富网［EB/OL］. https：//baijiahao. baidu. com/s？id=1611906963184976403.

② 香港人才争夺战_21世纪经济报道_南方网［EB/OL］.［2018－09－18］. http：//news. southcn. com/21sjjjbd/content/2018－09/18/content_183364126. htm.

发展委员会推出"粤港澳大湾区青年创业资助计划",旨在为香港青年提供更多发展空间、资助和配套服务。此外,青年发展委员会还推出"粤港澳大湾区创新创业基地体验资助计划",鼓励香港创业者到内地创业基地进行体验,以增强相互了解。

三、香港人才引进政策的有益经验

(一) 人才引进政策精准、可控

香港通过不同层次、不同类型的人才计划按需引才,并附以人才清单和咨询委员会等措施加强引才的精准性和可控性。以"科技人才入境计划"为例,香港特区政府对于计划时长、所需人才的具体领域、每一年的人才配额,都有着十分具体的量化标注,并且这一计划贴合香港近年来对于高端创科的重视。

(二) 人才引进政策态度严谨

以"优才计划"为例,尽管该计划每年面向全球开放 1 000 个名额,申请人数众多,香港身份的争抢尤其激烈。但审批程序十分严格和谨慎,香港特区政府自 2006 年推出"优才计划"以来,每年获批来港的优才都不足 400 人,通过率仅在 20% 左右。

(三) 人才共同发展齐头并进

随着粤港澳大湾区的发展,对于人才尤其科创人才的争夺战正日益激烈。为此,香港一方面积极完善并新增人才引入计划,吸引外来优秀人才;另一方面还针对本土应试教育制度里科技教育的短板,筹谋改革①。以"科技人才入境计划"为例,申请的公司/机

---

① 香港人才争夺战_21 世纪经济报道_南方网 [EB/OL]. [2018 - 09 - 18]. http://news. southcn. com/21sjjjbd/content/2018 - 09/18/content_183364126. htm.

构在提交配额申请时，须承诺遵守聘用本地雇员的规定，即每聘用三名经计划获入境事务处批准来港工作的非本地科技人才，必须增聘一名本地全职雇员（雇佣合约为期最少一年）和两名本地实习生（为期最少三个月）。

（四）人才引进管理工作人性化特点突出

这主要体现在两个方面：一是将人才的居留签证时限由原来的1＋2＋2＋3 年，改为2＋3＋3 年，延长了签证有效期，减少了续签次数，有利于人才更加专心、安心在港工作。二是携受养人来港的政策充分考虑到了人才的多样化情况，将受养人界定为除了传统意义上的配偶和子女，还包括了根据缔结当地有效的法律缔结的同性民事伴侣关系、同性民事结合、同性婚姻、异性民事伴侣关系或异性民事结合的另一方，符合人性化的特点。

第三章

发达国家和地区海外人才引进政策的探索和经验

当今，新一轮高科技人才争夺战正在全球范围展开，而且越演越烈。纵观全球，世界各国在人才争夺战中各出奇招。美国早已颁布《美国竞争力法案》，提出了"面向21世纪的人才竞争力计划"；日本连续制定了三期"科学技术基本计划"，并制定了《创新25战略》，提出"培养世界顶级研究人员"；加拿大通过实施"首席研究员计划"，面向全球吸引顶尖级研究学者；韩国确立"技术立国战略"，出台了《国家战略领域人才培养计划》[①]。

"他山之石，可以攻玉"，其他国家的一些有益做法，可以为我国的引才政策创新提供参考和借鉴。基于我国引才政策创新的问题导向，本书选取美国、德国、新加坡、英国、澳大利亚和欧盟等国家和地区，重点介绍其最新的移民制度改革以及引才战略调整思路，分析国际高层次人才战略的发展趋势和经验借鉴，以期从制定更加开放的人才政策的角度为我国海外及港澳台人才引进政策创新提供有益启示。

---

① 吴帅. 我国引进海外人才政策创新研究［M］. 北京：党建读物出版社，2015.

第一节　美国海外人才引进政策追踪

一、美国海外人才引进政策产生的相关背景

美国素有"民族大熔炉"之称，是一个融合了 100 多个民族而形成的移民国家，近 400 年来，来自全球各地的移民涌入美国。可以说是移民造就了美国，移民发展和改变了美国。据有关资料统计，1990 年，美国有 2 330 万外国出生的移民，占世界移民总数的 15%，到 2005 年，美国移民总数已增加到 3 840 万人，占世界移民总数的 20.2%[①]。根据联合国国际移民组织（IOM）在 2019 年度理事会会议上发布的《2020 年世界移民报告》指出：截至 2019 年，美国总共接受了 5 100 万移民，仍是世界上最大的移民目的国[②]。

纵观美国历史，是一部从世界各国积极获取人才资源，作为经济和社会发展动力和主导资源的历史。据统计，全世界自然科学领域的诺贝尔奖得主已有 40% 来自"美国制造"，超过 70% 的诺贝尔奖得主被美国聘用。美国在第二次世界大战后取得的科技成果中，80% 是由引进的外国人才完成的[③]。

然而，随着国际人才竞争的加剧，近年来美国出现了所谓的"逆向人才流失"问题，即外国学生来美国留学后因得不到工作签

[①] 佚名. 学者谈引进人才国际经验：适时调整移民政策等［EB/OL］.［2011 – 11 – 07］. http：//www. chinanews. com/sh/2011/11 – 07/3442190. shtml.

[②] 《2020 年世界移民报告》（*World Migration Report* 2020）。

[③] 王辉耀. 人才战争［M］. 北京：中信出版社，2009：2.

证而回到自己的国家或流失到第三国。多年来，外国大学生源源不断地涌入美国大学，攻读科学、技术、工程以及数学的硕士和博士学位。但近年来却有很多人在毕业之后无法拿到在美国工作的签证。虽然这些高素质人才很想为谷歌、雅虎、微软这类公司工作，但因为拿不到签证而不得不离开美国。曾有加州众议员说："我们曾经邀请世界上那些最优秀的人才来美国并在这里安家，可是现在我们却将他们拒之门外。我们的大学教育训练了世界上最优秀的学生，然而却不再欢迎他们对这个国家作贡献。"① 尤其在 2017 年，美国前总统特朗普上台后，颁布了一系列关于接收国际学生的行政命令，使得美国在接收国际学生政策上又出现了新的限制和调整，从而给国际学生的流入带来了很多不确定性②。

二、美国海外人才引进政策的进展追踪

（一）改革移民制度历程

美国的移民政策由垦荒时代的来者不拒到后来的规定限额再到今日吸引鼓励技术、投资移民，始终适应美国经济、社会发展的需要，取得了卓有成效的成果。早在 1798 年，美国就发布了《外国人法案》，该法授权总统驱逐其认为有害于国家安全的外国人出境。1882 年美国颁布了第一个移民限制法案——《排华法案》，禁止华人入境 10 年。1907 年美国国会通过《移民法案》，扩大了不可入境类的范围，其中包括 16 岁以上的文盲、身体或精神缺陷、患有

---

① 佚名. 美国推"科技就业法案"，科技人才留美机会增加 [EB/OL]. (2012 - 12 - 11). http：//www.jx.xinhuanet.com/edu/2012 - 12/11/c_113985036.htm.
② 安亚伦，段世飞. 美国高校接收国际学生政策的历史演进及其内在逻辑 [J]. 江苏高教，2020（1）：111 - 119.

肺结核病、无父母陪伴的儿童等，均被列入排除名单中，此后还对东方人进入美国限制。1921 年国会首次正式制定了移民配额法规，规定每个国家每年进入美国的人数不得超过 1910 年该国公民在美总数的 3%，而允许进入美国的外国移民总数每年不得超过 35 万人。1924 年美国正式出台《移民配额法》，为吸引外来人才提供法律依据，同时限制以华人为主的亚洲移民。1940 年颁布了《外国人登记法案》，规定所有在美国的外国人必须进行登记并提交指纹记录，同时增加了递解犯罪人员和颠覆分子的种类。1952 年通过的《移民与国籍法》奠定了美国现代移民法的宗旨及基本构架，从这个时期开始，美国开始成为各国移民的首选①。但自特朗普上台之后又推行了一系列限制移民的政策，出台了《边境安全和加强移民执法》、通过了"阻止外国恐怖分子进入美国的国家保护计划"等行政命令，在 2017 年 12 月美国退出《全球移民公约》。2020 年 4 月 22 日，特朗普政府发布总统公告，暂停大多数新移民入境至少 60 天，并下令进行 30 天审查，以建议对临时签证持有人实行新的限制。2021 年 2 月，美国新一届拜登政府推出全面移民政策改革议案，提议将"外国人"（alien）一词从美国移民法中删除，用"非公民"（noncitizen）一词取而代之。该项法案简化程序，改善合法移民体系，试图通过提高亲属移民和雇主担保移民签证的名额上限，来简化和扩大合法移民体系。

（二）技术移民改革政策

美国是全球人才竞争最大的赢家，可以说是国际人才争夺的最佳"猎手"。1952 年至今是美国移民政策的当代阶段，这一阶段的主要特点是虽然重视家庭关系移民和人道主义移民，但更倾向于技术移

---

① 周跃军. 试论美国建国以来移民政策的演变［J］. 西南民族大学学报（人文社科版），2003（9）：176 – 178.

民。美国吸引技术移民主要通过各种职业签证，其相关政策以三部重要的移民法为标志：一是 1952 年的《移民与国籍法》，规定将全部移民限额的 50% 分配给美国急需的、有突出才能的各类外国专业人才。二是 1965 年的《移民和国籍法修正案》，规定在申请移民签证时的五个优先权，优先考虑美国所需要的专业人才。三是 1990 年的《移民改革法案》，该法案更加重视对技术移民的改革：首先将技术类移民与其他类移民分开，设立五种永久居留的技术移民优先类别（即 EB1～5 职业签证）；其次是实施专门引进外国专业人才的 H－1B 签证计划；最后将技术类移民的限额从 12 万人增加到 14 万人①。

近年来，虽然美国在投资移民等移民方式上收缩，但对杰出人才移民 EB－1（第一类优先职业移民）则给予了极大的便利。2018 年，美国共发放 4 万张 EB－1 签证，其中包括 EB－1A "杰出人士"移民、EB－1B "杰出教授或研究员"移民、EB－1C "跨国公司经理"移民三个类别。以 EB－1A 为例，其签证基本不受排期影响，额度供需上基本处于充裕状态，审批速度也很快，15 天左右申请可获批，1 年之内可获得移民签证②。而在 2019 年 5 月，特朗普又公布了一项新的、全面的移民改革方案，该方案的焦点是大规模调整绿卡分配比例，遏制非法移民和改革合法移民。绿卡数量保持在每年大约 110 万张不变的情况下，技术移民的比例从 12% 提高到 57%，亲属移民比例从 66% 减少至 33%，难民和庇护移民从 22% 缩减至 10%。在改革方案中，美国政府将会给绿卡申请人进行"积分"，根据这项新政策，将实施一个考虑年龄、英语水平和其他因素的签证积分制③。

---

① 罗杨. 美国技术移民政策综述 [J]. 华侨华人历史研究，2014 (3)：34－41.

② 王辉耀. 海归潮中高精尖人才仍偏少，中国"人才逆差"何时变为"人才顺差" [J]. 半月谈，2018－10－15.

③ 特朗普再提移民改革，或将技术移民的比例从 12% 提升到 57% [EB/OL]. http://dy.163.com/v2/article/detail/EFFORRM20514B0D2.html.

总之，从美国的职业移民政策可以看出，美国不断放宽对职业移民的国籍配额限制，增加职业移民的比例，这反映了美国对高科技人才的需求不断增长，同时也可以看出美国对职业移民的门槛越来越高，美国欢迎的是高科技人才①。美国公民及移民服务局（USCIS）发布 H – 1B 签证持有者人数据，截至 2019 年 9 月 30 日，持有 H – 1B 工作签证人数为 583 420 人。根据美国移民法规定，H – 1B 申请人，在拿到签证的第 2 天就可申请绿卡。目前 EB – 2 和 EB – 3 的排期都在 3 ~ 4 年，而从 H – 1B 到绿卡，最快 3 年实现②。

（三）大力吸引"STEM"领域外国学生

美国是当今世界上外国留学生首选的国家，来自世界各地庞大的留学生群体对美国经济发展和科技进步产生了深远影响。2019 年《美国开放门户报告》显示，在 2018 ~ 2019 学年中，美国的国际学生人数创下历史新高，总数为 1 095 299 人，中国依然是美国国际留学生最大生源国，近 37 万人。而根据美国商务部的数据显示，2018 年国际学生为美国经济贡献了 447 亿美元，所以国际学生已经成为美国经济可持续发展的重要源泉，吸引和留住外国留学生，作为本国人才后备力量，这是美国的一贯政策。

自 2006 年开始，美国前总统布什在其国情咨文中公布一项重要计划——《美国竞争力计划》，提出知识经济时代教育目标之一是培养具有"STEM"素养的人才，并称其为全球竞争力的关键。所谓"STEM"就是科学（science）、技术（technology），工程（engineering）、数学（mathematics）的首字母。由此，美国在

---

① 李其荣，倪志荣. 当今世界人才争夺战的最大赢家——美国人才引进战略及对我国的启示［J］. 人民论坛·学术前沿，2012（8）：46 – 53.

② 美国移民局公布 H – 1B 签证数据：总人数 583 420 人_绿卡［EB/OL］. https：//www. sohu. com/a/405981908_503367.

STEM 教育方面不断加大投入，鼓励学生主修科学、技术、工程和数学，以培养学生的科技理工素养。同时，美国的政治家们充分意识到，美国 STEM 专业人员的不足已制约了美国科技乃至整体经济的发展，因此需要留住那些在美国高等院校取得高学历的 STEM 专业外国留学生。

为解决"逆向人才流失"，维护美国在全球的竞争力，2012 年 11 月 30 日，美国国会众议院通过了"科技工程留学生就业法案"，为在美国大学取得科学、技术、工程和数学博士与硕士学位的外国毕业生建立新的绿卡计划，帮助他们留在美国工作和创业。2013 年 1 月 29 日，美国总统奥巴马公布了一项移民改革提议，根据这一改革方案，每年将 550 000 个绿卡名额分配给在美国高等院校获得 STEM 专业的硕士及以上学历的外国毕业生。而特朗普上台后表示要继续推进 STEM 教育的发展，提出美国现在有超过比实际劳动力需求多 2 倍的 STEM 学位的毕业生，且 2/3 的初级 IT 类工作都由 H－1B 外籍员工占据。因此，美国计划更新 STEM 列表，按照市场需求缩小 STEM 专业范围。2017 年 2 月，特朗普签署了两份与 STEM 教育相关的法案，授权美国国家航空航天局（NASA）和国家科学基金会（NSF）鼓励更多女性学习并进入 STEM 领域。2017 年 9 月又签署了一份备忘录，把建立高质量的 STEM 教育作为教育部优先关注项目之一，规定每年至少向 STEM 教育投入 2 亿美元，增加美国基础教育（K－12）中计算机教育课程，推动计算机科学教育在全国范围内的普及①。但在 2020 年 5 月美国两名共和党参议员提交了一项《安全校园法案》，旨在阻止中国学生获得赴美学习 STEM 领域的签证。而拜登赢得美国大选后，提出了三个政策主张：一是鼓励高技能人才来美，扩大高技能签证的数量；二是给在美国攻

① 徐则荣，郑炫圻，陈江滢. 特朗普科技创新政策对美国的影响及对中国的启示 [J]. 福建论坛（人文社会科学版），2019（2）：18－26.

读 STEM 领域、获得博士学位的外国毕业生直接发放绿卡；三是放宽 H－1B 的签证限额。除了以上三个改革主张外，拜登也将解除两项入境禁令，分别是军民融合（Military－civil Fusion，MCF）大学入境禁令和《禁止部分中国留学生和研究人员入境》的禁令①。

（四）依托人才服务机构在全球搜寻人才

为了保持世界科技大国的地位，美国政府非常重视招揽国外高科技人才，他们通过引进、收买等手段把世界各国的优秀人才引进美国，并给予他们优厚的待遇，使他们能为美国经济科技的发展服务，从而建立世界一流的科技人才队伍。

美国有着遍布世界的人才流动服务机构和高度发达的信息网络，为人力资源的配置提供了条件。美国人才猎头业务是全世界最发达的，其猎头份额占全世界的 60% 左右，仅居世界前 6 位的人才猎头公司其年营业额就高达 20 亿美元②。而美国将人才服务机构划分为猎头机构和猎头公司两大类：猎头机构是提供非营利性服务的社会公益组织，如基金会、大学、博物馆等；猎头公司是营利性公司，主要为各类企业引进高层次人才服务。在海外人才引进操作中，不唯学历，强调实用，其标准由聘用单位决定，如人选合适，聘用单位会支付各类费用，保证享有当地工资水平或更高，同时在子女托管和教育、休假、职务晋升以及社会福利等方面提供各种优惠条件。目前，在美国与人才和科技有关的各类中介服务机构有 2 万多个，其中包括信息服务、咨询培训、猎头公司、人才银行、风险投资公司等。它们对一个或几个行业人才状况非常了解，掌握了大量的人才信息。随着人才竞争的加剧，中介服务机构特别是猎头

---

① 拜登留学新政：美国读博直接拿绿卡，增加 H1B 签证限额！留学生：终于等到你！［EB/OL］. http：//www. yidianzixun. com/article/0Srl8SCm？s=&appid =.

② 程贤文.“国家猎头”在行动［J］. 人事人才，2011（9）.

公司竞争也日趋激烈。有时它们为了得到一个有特殊管理或者创造才能的优秀人才，会不惜高价将此人和所在公司全部买下①。

美国的猎头公司实际上是商业行为掩护下的政府行为，他们肩负着美国政府在世界范围内对重点人才的猎获委托。而且大量吸引外国留学生也是美国国家猎头体系的一部分，他们通过各种高标准的选拔给予申请者优厚的奖学金待遇，让他们通过留学经历了解美国，进而留在美国工作，达到他们猎获优秀人才的目的。同时美国的国家猎头体系还包括重金支持科研和实验室建设，高价收买科研成果，从而在国外挖掘优秀的管理人才和技术人才②。

（五）以改善科技创新环境提升吸引力

美国的研究开发工作分别由联邦政府实验室、私人工业公司、高等院校和其他非营利机构这四大类研究机构独立进行。联邦政府通过研究合同、采购合同和其他政策，可以在某种程度上影响政府以外的科研机构，使全国科技工作成为一个整体。此外，美国的科研经费除了官方来源外，民间基金会也是重要的资金来源。在美国，各基金会资金来源渠道多，运作模式、管理方式各有特色。科研人员可以根据自己的兴趣向各类基金会申请项目，从而创造了非常宽松多元的科学研究环境。与此同时，美国尽力为企业和个人营造适合创新的政策环境、大力推动美国产业的技术创新和科研成果的产业化。美国将实验室研究成果向产业界转让视为提升国家竞争力的重要手段，自20世纪80年代起通过了一系列联邦技术转让方面的法律，如1990年斯蒂文森·怀德勒技术创新法、1980年拜耶·多尔法、1986年联邦技术移转法、1995年国家技术转让促进

---

① 吴帅. 我国引进海外人才政策创新研究［M］. 北京：党建读物出版社，2015.
② 魏华颖. 美国国家猎头制度对中国人才政策的借鉴意义［J］. 人民论坛，2012（20）：138－139.

法、2000 年技术转移转让商业化法等十几部法律，鼓励联邦政府
实验室和大学进行技术转让活动①。此外，美国政府还通过加强对
知识产权与发明专利的保护来吸引外国高科技人才，鼓励探索和创
新精神，为高科技人才提供在美投资、创业与成功的机会，以保证
美国高科技与经济发展在全球处于领先地位。

特朗普上任后，秉承"美国优先"的执政理念，明确了科技创
新政策首先服务于美国。特朗普试图通过减税增加企业的研发支
出，主张通过市场引导企业进行自主研发，旨在刺激企业研发投
入，发挥企业科技创新的能动性，同时大力支持 STEM 教育投入，
培养科技人才，保持美国的科技创新成果在世界各国中处于领先地
位。由于美国是一个由多种族移民构成的国家，所以科技创新产业
的发展离不开移民群体。虽然特朗普上台后收紧了移民总限额，但
增加了对美国科技发展起关键作用的高技能移民，大幅削减低技能
移民及临时工作签证移民。特朗普政府积极采取技术保护政策，目
的在于限制美国本土研发技术外流，防止国外企业对美国科技创新
企业的并购，尤其对中国企业的并购实施严厉管制，从而保护美国
科技创新企业的发展并为其提供广阔的市场空间②。

三、美国海外人才引进政策的有益经验

（一）海外人才引进法治环境逐步优化

在人才全球化流动的时代，建立一个具有透明规则和稳定预期
的法治环境比短期优惠更具有吸引力，在法治的框架内进行引才政

---

① 吴帅. 我国引进海外人才政策创新研究［M］. 北京：党建读物出版社，2015.
② 徐则荣，郑炫圻，陈江滢. 特朗普科技创新政策对美国的影响及对中国的启示
［J］. 福建论坛（人文社会科学版），2019（2）：18－26.

策创新已经成为趋势。美国之所以能够成为人才强国，离不开引进人才的法治化建设。美国的移民法可追溯到 1776 年建国开始，国会授权总统保证进入美国的外国人没有疾病并且品行端正，此后有关移民的法律和规定相继出台，最终形成了世界上最庞大的移民法规体系，现行的《1990 年移民法》（也称《合法移民改革法案》），增加了职业移民类别，配额由 5.4 万人增加到 14 万人；此外还创立了"投资移民"类别，配额为 1 万人，投资额至少 100 万美元，郊区和高失业地区投资额 50 万美元并需雇用 10 人以上。20 世纪 30 年代以来，美国颁布了 20 多部有关就业和劳动保护方面的法规，以减少和避免就业领域存在的种族、身份、宗教歧视等行为，为来自不同国家和地区的人才提供了充分的权利保障。美国还通过一套完整的知识产权法律体系，为人才创造知识产权提供良好的法律支持①。政策与法律总是相辅相成的，特朗普政府在"美国优先"的口号下对美国的移民政策进行改革，其核心理念是：优先选择能够在美国获得成功并且经济独立的移民，确保移民能够认同美国价值，对于恐怖主义势力猖獗的地区，暂停移民。尽管特朗普的移民政策可能会造成美国社会分裂，伤及美国企业和技术创新，但是加大执法力度，打击非法移民，收紧移民政策，仍将是特朗普政府移民政策的重点②。

（二）海外人才引进政策从一维走向多维

"独木不成林"，人才迸发创新活力，不仅需要自身技能，也需要项目、资金、政策等诸多要素的对接。当前海外人才引进政策创新的一个突出趋势是从过去单纯围绕人才谈人才的一维政策创新，转向以人才政策为核心，同时关注科技、教育、外交、经贸多维度

---

① 吴帅. 我国引进海外人才政策创新研究［M］. 北京：党建读物出版社，2015.
② 赵梅. 美国特朗普政府移民政策改革及影响［J］. 当代世界，2018（9）：28 - 31.

的政策协同创新。在西方发达国家，引进人才除了移民相关的政策改革和创新之外，很重要的是通过科技、教育、研发等领域的政策创新推动。美国人才战略的一个重要内容就是主导创新，重点扶持和培养高风险性、高回报性及跨领域研究人才。美国规定联邦政府研究机构预算中至少8%用于机构的自主研发投入，以促进高风险、高回报性研究。同时，出台各种激励措施，加大知识产权保护，加大税收优惠政策的实施力度①。美国还通过多渠道打造优良的科技创新环境，美国科研机构的经费除了政府投资以外，还包括大量民间基金会的投入，这弥补了政府投资的不足，并且建立"科技企业孵化器"来推动创新活动，美国的"科技企业孵化器"和别的国家不同，有其独特的特点，一般是由大学或者学院赞助成立，都属于非营利的独立实体②。

（三）海外人才引进凸显靶向性和储备性

当今世界，新一轮科技革命和产业变革正孕育兴起，美国对人才的需求，尤其是对高端人才的需求不断增加。2007年，着眼于提高劳动力质量，提升科技和教育的竞争力，美国发布了《美国竞争力法案》。该法案提出，吸引全球精英服务美国，保持美国全球创新大国的地位。2009年，美国制定实施了"创新国家战略"。2011年2月，奥巴马政府对这一战略进行了"升级"，发布了题为《美国创新战略：确保我们的经济增长与繁荣》报告。这一新版"创新国家战略"，将"创新、教育和基建"归结为美国"赢得未来"的三大超越。2019年特朗普签署了"美国人工智能倡议"，该倡议旨在从国家战略层面重新分配资金，创造新资源以及设计国家

①　吴帅.我国引进海外人才政策创新研究［M］.北京：党建读物出版社，2015.
②　秦健.发达国家科技创新人才开发的经验借鉴［J］.劳动保障世界，2018（35）：45.

重塑技术的方式来促进美国人工智能产业的发展①。虽然特朗普上任以来还没有制定明确的科技创新政策，但在经济、教育、移民等方面所采取的措施都会对科技创新产生一定的影响。如《减税与就业法案》的通过可以鼓励企业提高创新投入，采取收紧的移民政策，增加高技能移民人数，支持职业学校发展和 STEM 教育投入，培养更多技能型人才。美国将引进人才和智力的重点纷纷转向创新人才，具体来看大致形成一种"金字塔"形的创新人才梯队，即低端是支撑科技创新的专业技术人才和高技能人才，中端是衔接科技创新和市场的科技型企业家，顶端是实施具体创新突破的科学家。

美国还将"人才国际竞争"的"火线"前移，即加大引进具有培养潜能的留学生，通过本土的再教育、再培养，使他们成为符合美国需求的人才。例如，美国在第二次世界大战之后就开始用奖学金制度接受外国学生来美学习，据美国国家科学基金会的统计，有25%的外国留学生在学成后留下来在美国定居，进入美国国家人才库。美国近年来提出加大引进 STEM 领域年轻人才，将其作为一项重要国家发展战略，给予外国出生、在美国大学获得科学、技术工程和数学领域硕士以上学位的人绿卡，并允许上述领域已获得绿卡的高科技人才配偶和子女到美国来团聚②。这样大批地吸引外国留学生，对他们进行深加工，变"初级产品"为"知识密集型产品"，从而保证了美国科学技术的发展始终具有充足的实力，因此，美国政府在《国情咨文建议》中把吸引外国留学生视为"一本万利"的产业③。

---

① 中国日报网．特朗普签署"美国人工智能倡议"［EB/OL］．https：//m. baidu. com/sf_baijiahao/s？id=1625398114439601116&wfr=spider&for=pc.

② 吴帅．我国引进海外人才政策创新研究［M］．北京：党建读物出版社，2015.

③ 李其荣，倪志荣．当今世界人才争夺战的最大赢家——美国人才引进战略及对我国的启示［J］．人民论坛·学术前沿，2012（8）：46－53.

（四）海外人才引进注重柔性引才方式

美国是世界第一人才强国，通过"柔性"引进海外科研人才是美国人才战略的一项重要举措。美国以合作攻关的名义充分利用海外专家的智力资源，美国政府目前在其他国家和地区设立了多个研究机构，与 70 多个国家签署了 800 多个科技合作协议，利用各自的资源优势合作攻关一些重大的科研项目，如由美国、欧盟、日本和俄罗斯等共建的阿尔法国际空间站，是人类航天史上跨国合作攻关的经典工程，因美国投资最多、参与的科学家最多，美国就成为最大的受益者之一。与此同时，为了应对全球激烈的人才争夺战，美国还提出了"人才本土化战略"，即在他国设立研发机构，就地招聘他国人才为美国所用。跨国公司是美国推行"人才本土化战略"的主要力量。随着经济全球化的发展，全球知名度较高的微软、国际商业机器公司（IBM）、惠普、戴尔等大型公司均在多个国家和地区设立了研究所和开发中心，实际上，这些研发机构成为跨国公司掠夺外国优秀人才的"桥头堡"。此外，美国的跨国公司还将大量的资金投入到培养中国的一流教师上，由"争取人才"逐渐转向"培养人才"①。

第二节　德国海外人才引进政策追踪

一、德国海外人才引进政策产生的相关背景

第二次世界大战结束以后，为了应对战争导致的劳动力缺乏以

---

① 李其荣，倪志荣. 当今世界人才争夺战的最大赢家——美国人才引进战略及对我国的启示［J］. 人民论坛·学术前沿，2012（8）：46－53.

及战后社会重建的需要，德国与其他国家签署了多项引进劳工协议，参与经济重建。柏林墙建立之后，德国进一步加速了对外国劳动力的招募，1961年与土耳其、1964年与葡萄牙、1968年与南斯拉夫、1963年和1966年两次与摩洛哥、1965年与突尼斯签署引进劳工的协议①。但从1971年开始，德国政府放宽居留许可的期限，简化居留手续，外来移民身份得以合法确立，随之引发了较大规模的移民家庭成员随迁浪潮②。1973年全球性石油危机波及主要资本主义国家，因此德国对外国劳工的长期滞留采取了较为严格的措施，但对于具有相当工作技能的外籍劳工不仅准许其留德，并且允许其家人随迁。到20世纪70年代末，定居德国的外国劳动力又达到了一个小高峰，当时德国的外国人口比例已经超过了7%。

20世纪80年代之后，德国的外国人口比例也趋于稳定，基本保持在8%~9%左右，到2000年之后，德国跨国净移入人口的差值出现逐年递减的显著趋势，因此依靠移入的劳动力来弥补国内劳动力自然增长缺口的状况可能将存在较大的困难。从德国近年来的状况可以发现，当德国经济发展态势良好，人口流迁比率保持较高水平，但如果出现经济衰退或下行压力较大时，流迁比率也随经济下滑保持较低水平。

面对日趋激烈的全球人才资源竞争，德国在人才供给机制方面做出了大量创新，包括2003年实施主动创新战略，政府与经济界、科学界、企业界联合，建立了一整套结构完善的研究体系；2006年又推出了包括培养和吸引创新型高级人才的"高技术"战略；对于海外人才的引进，德国逐渐改变谨慎的移民政策，对人才移民大开绿灯，专门安排指标引进高素质人才，并且注重把人才开发的成效落实到使用中，努力为各类人才搭建好的发展平台。之后，经过

---

① 宋全成. 简论德国移民的历史进程 [J]. 文史哲, 2005 (3).
② 陆军. 当代德国人口困境与调控政策的修治导向 [J]. 欧洲研究, 2009 (12).

2008 年经济危机和 2009 年欧债危机的洗礼，德国对于人力资源和人才资源在经济发展中的作用又有了进一步的认识，表现在其逐步放开的移民政策。2012 年 8 月起，德国实行"欧盟蓝卡"计划，旨在吸引包括欧盟以外的外国专业技术人才进入德国劳动力市场，补充德国的劳动力缺口。2013 年初，德国又放宽了对罗马尼亚和保加利亚等国移民在德就业的限制，从而应对人口老龄化带来的劳动力短缺等连锁问题。与此同时，德国人以往对于移民的排斥态度也有了转变，大多数民众认同外来移民通过个人的努力在德国获得生存空间①。截至 2019 年，德国已经成为全球第二大移民国，目前有 1 300 万移民。

德国实体经济稳健发展，得益于德国把人才发展摆上重要战略位置，从国家到社会都高度重视国内人才开发和国际人才吸引。在德国，社会地位最高的群体是人才，工资待遇最好的群体也是人才，整个国家和社会对人才非常重视，对创新非常关注，注重对人才战略进行前瞻性谋划是疏通人才供给机制、实现人才储备、保持经济增长动力的首要措施。

二、德国海外人才引进政策的进展追踪

（一）改革移民政策历程

第二次世界大战结束以后，德国为了较快地实现经济复苏，开始逐步推行劳工移民政策。1951 年，德国政府修订了《同盟管理法令》，确立了移民劳工的部分权利，并加强了对劳动力市场的管理。20 世纪 70 年代初，由于德国经济增长放缓，政府于 1973 年实

---

① 朱凌江. 全球关注德国最大移民潮背后：劳动力告急［N］. 第一财经日报，2014 - 02 - 27.

施严格的劳工移民限制政策和遣返政策。1983 年德国政府颁布了《外籍人归国准备促进法》，1986 年又颁布了《归国外籍人住宅建设法》，向归国者援助回国后的建宅资金，并积极为归国者提供各种咨询服务①。东欧剧变之后，德国政府开始大幅收紧移民政策。1990 年 7 月 9 日，德国内政部发布了《重新调整外国人权利法》（1991 年起正式实行），该法包含《外国人入境和居留法》《联邦哺育金法的修正》等共 15 章。其中《外国人法》对外国人进入德国、在德居留或长期居留以及入籍的规定比之前的移民法令明显收紧。1993 年，德国又修改了避难法条文，明确避难权的适用范围，加快遣送出境程序的进展规定，促使申请避难人数大幅下降。

德国政府从 21 世纪初开始放宽移民限制，并从法律框架上逐步修改现行的《外国人法》。2004 年 7 月，新的《移民法》（全称为《关于控制限制移民和规定欧盟公民、外国人居留与融合事宜之法》）通过了联邦议院和参议院的投票，并于 2005 年 1 月 1 日正式启用，取代之前从 1965 年启用的《外国人法》。新的《移民法》规定，海外高层次人才获得德国工作许可主要可以通过三种方式：一是技术移民渠道；二是针对普通外国人（包括留学生）的工作许可；三是具有投资意向的外国人可以在获得居留许可 3 年后获得落户许可。

2020 年 3 月 1 日德国《技术移民法》开始生效，德国正式进入了移民国家的行列。这是德国第一部真正顾及了对专业人才需求的法律条款。与此前的法规政策不同，首先《技术移民法》取消了对申请人行业和教育背景的严格限制。在德国能够找到职位的外国专业人员或高校毕业生有权在德国的各个领域就职，前提是申请人具有相关资质。其次取消"优先审核"限制。新法规定，在申请人

① 傅义强. 西欧主要国家移民政策的发展与演变——以德、法、英三国为例 ［J］.上海商学院学报，2009，10（3）：1-5.

具备从业资质，同时有德国企业愿意雇用的话，他就应该被允许在德国工作。《技术移民法》最大程度地保证了工作移民进入德国的可能性。所有拿到工作合同或收到入职邀请的人，都可以申请一种有效期为 4 年或者与雇佣合同期限一样长的居留许可。4 年后，申请人可以在德国申请永久居住许可。而按照新移民法，工作移民申请者有权携配偶和子女一同移民德国，前提是申请者必须证明自己有足够的经济能力负担家庭成员在德国的生活费用。与此同时，新移民法还针对德国近些年来尤其紧缺的特殊行业人才制定了移民德国的"绿色通道"①。

（二）实现 IT 人才"绿卡计划"

2000 年 7 月 14 日，德国联邦参议院通过了联邦政府的"绿卡"提案，决定从同年 8 月 1 日起陆续给 2 万名非欧盟国家的计算机及 IT 专业的专业人才发放最长期限为 5 年的长期工作签证及居留许可。"绿卡"的实施时间为 2000 年 8 月 1 日至 2008 年 7 月 31 日，最初计划发放 1 万张绿卡，数月以后迅速调整为发放 2 万张。申请者应具有计算机信息技术专业的高等教育毕业文凭，或能证明具有很好的计算机信息技术水平，并从受雇企业获得最低 51 130 欧元的年税前收入。取得绿卡后，"绿卡"持有者的配偶及未满 18 岁的子女允许一同赴德生活，其配偶在 1 年等待时间后获得工作许可（2003 年改为半年）。但绿卡持有者工作满 5 年后如果想继续留在德国工作，则按照《外国人法》相关规定进行。"绿卡计划"被看作德国统一后移民政策的一个转折点②。

---

① 都说德国新《技术移民法》是重大突破，到底新在哪里？［EB/OL］. https：//www. deutschland. de/zh - hans/zaideguopeixunyugongzuo.

② Kolb, Holger. Die Green Gard：Inszenierung eines Politikwechsels［EB/OL］.［2005 - 06 - 30］. https：//www. bpb. de.

根据此前 1965 年颁布、1990 年更新、2000 年 12 月 31 日失效的《外国人法》，在德国大学毕业的外国留学生必须在获得学位后离开德国，然后在满 1 年期限后才能重新申请赴德国的工作签证。这一规定大大限制了一大批受益于德国免费高校教育体制的专业人才进入德国劳动市场的可能性。同时旧有工作许可的申请处理过程冗长，动辄需要等待数月的时间。"绿卡计划"的实行改变了这一情况，来自外国的高校毕业生可以在毕业后直接申请获得"绿卡"，无须返回来源国重新申请。获得德国"绿卡"的第一名申请者是来自印度尼西亚的一名 IT 工程师威雅雅（Harianto Wijaya），他于 2000 年 7 月 31 日从德国劳工部长瓦尔特·李斯特手中接过了这种"绿卡"①。

"绿卡"政策具有标杆意义，标志着德国移民政策的实用主义转向，以及在处理高层次外来移民的工作签证申请时处理手续的大幅简化（"绿卡"申请的处理时间在大部分情况下不超过 1 周）。然而，"绿卡计划"在实际操作过程中仍凸显了众多问题。首要问题是"绿卡"并非真正的长期居留许可，与美国绿卡（H‑IB 签证）有很大的差别，其为期 5 年的限制对于"绿卡"的获得者来说仍然存在着较高的不确定性。例如第一位取得德国"绿卡"的印尼人威雅雅在其"绿卡"还未到期时就离开德国去了美国。其次"绿卡"在当时的德国社会中激起了较为激烈的讨论，民众担心政府将人才发展战略的重点放在引进外来移民而不是加强本国教育体系上，甚至在 2000 年北威州议会选举时有人打出了"要孩子不要印度人"的口号反对政府的人才引进计划，"绿卡"举措被批评者认为是从第三世界国家抢夺精英人才的行为②。此外，IT"绿卡"持有者的最低工资标准定得过高，使企业感到负担沉重，而"绿

---

① 蒋苏南. 德国绿卡政策实施情况综述［J］. 中国科技论坛，2000（5）.

② Kolb, Holger. Die Green Card: Inszenierung eines Politikwechsels［EB/OL］.［2005 – 06 – 30］. https://www.bpb.de.

卡"持有者在德国要缴纳高昂的所得税,离境后却不能享受德国的各种社会福利,积极性受挫。虽然"绿卡"政策并未达到德国政府的预期目标,但作为新《移民法》诞生前的过渡性措施,它仍然发挥了积极作用①。

(三)高技术人才"蓝卡计划"

比起德国"绿卡计划",2012 年 8 月份在欧盟范围内引入的欧盟"蓝卡计划"(blue card)则取得了比德国"绿卡计划"更高的接受度。通过实施"蓝卡计划"吸引欧盟国家以外的高技术人才,为国外人才提供就业岗位,解决德国专业人才短缺的问题。该政策规定,国外的高技术人才可在德国享受为期半年的求职签证,并且如果能够证明在德国年薪为 44 800 欧元以上(特殊情况可降到35 000 欧元)的工作就可以获得"蓝卡",凭此可在德国居留 4 年,而通常情况下拿到"蓝卡"后的 2 ~ 3 年内即可获得永久居留证。此外,其配偶也可享有同等居留权,并且对其德语语言水平不做要求②。"蓝卡"法案实施半年后,德国发出了 4 126 张蓝卡,其中1/3 申请人为新移民者,其余 2/3 为已经在德国居住的外国人。申请蓝卡者许多为医生和工程师,或者来自信息和通信技术领域,获得首批蓝卡最多的移民来源国为印度(983 人)、中国(398 人)、俄罗斯(262 人)和美国(182 人)③。

(四)出台《移民法》及《居留法》

2005 年 1 月 1 日起开始生效的《移民法》取代了此前针对外

---

①② 刘渤. 人才引进看德国 [J]. 科学新闻, 2016 (6): 62 - 64.

③ Vogel, Dita. Deutschland: Hochqualifizierte Migranten - Offene Regleungen, Geschlossene Gesellschaft? [EB/OL]. [2013 - 02 - 25]. http://www.bpb.de/gesllschaft/migration/newsletter/155575/hochqualifizierte - migranten.

国人的《外国人法》，《移民法》引入了新的居留许可称号：有期限的居留许可和无期限的落户许可，取代了原《外国人法》中的4种居留许可类型：居留许可、居留权利、居留准予和居留权限。

《移民法》的第一部分也是重要组成部分是《居留法》，该法规定了外国移民获得德国工作和居留许可的有关规定，为德国的人才引进战略奠定了最重要的法律基础。2006年德国政府调整了《居留法》第16条第4款的规定，外国的高校毕业生可以在毕业后申请为期1年的求职居留许可，这一规定实施后，同年获得求职居留许可的外国人为2 031人，2007年上升为2 856人，2008年为3 753人，2009年为4 418人，2010年截至10月底为4 321人，呈稳步上升趋势①。

从2009年1月1日起，德国针对技术性外来劳动力再次实行了新的规定，在《居留法》中加入了第18a条规定，即在德国接受职业教育或者大学毕业的外国人，如果获得了与自己专业资质相符的工作岗位，可以无须重新签证，直接申请获得工作居留许可。同时对于《居留法》第19条第2款中对于向高层次专业人才发放"落户许可"的年收入门槛规定从2008年的8.64万欧元下降为6.6万欧元。德国政府的进一步计划是将这一门槛最终调整为4.8万欧元。

移民法中还对技术移民进行了阐述，对于以下三类掌握高级专业技术水平的人士：拥有特殊专业知识的学者、能起到突出作用的教学人员和科研人员以及拥有特殊职业经验的专家和处于领导岗位的工作人员，颁予落户许可。而关于外国高校毕业生求职的规定中，明确了为寻找一个相应的工作职位，居留许可最多延长1年，这为吸纳高校留学生创造了条件。移民法还规定了外国人可以投资

---

① Deutscher Bundestag Drucksache 17/4784：Anwort der Bundesregierung auf dei Kleine Anfrage der Abgeordneten Sabine Zimmerman, Juta rlman, Servim Dag delene, Weiterer Abgeordneter und der Frakion DIE LINKE，2011 - 02 - 15.

移民。而投资移民在德国的移民法中被表述为"自立者的迁入"。德国移民法最初规定，外国投资者投资至少达到 100 万欧元和创造至少 10 个工作岗位的情况下才可以获得居留许可，2007 年将这一项条款修订为 50 万欧元和 5 个工作岗位，2009 年进一步修订为 25 万欧元和 5 个工作岗位。该居留许可的最长期限为 3 年，3 年后由外国人管理局进行评估，如果该投资者实现了其计划的职业活动，而且生活有保障，可以给予落户许可，即通常所说的"绿卡"。同时在德国工作的外国人，包括打零工的学生，都有义务参加社会保险，主要有养老保险、医疗保险和工伤保险三种。如果外国人每年在德国停留时间超过 6 个月，把德国视为其主要的停留地，有缴纳个人所得税的义务①。

必须看到，与美国、意大利等移民国家相比，德国从传统上对外来移民的接受程度并不高，这也是德国政府在推进新的移民政策时大力宣传推动社会对外来移民的欢迎和"接受文化"的主要原因。由于社会文化氛围、语言障碍等问题，新移民法实施后还没有收到乐观的效果，需要进行长期的跟踪观察。

（五）促进国内外职业资格互认

从国外移民到德国的专业人才在填补德国的职位空缺方面发挥着重要作用。但是，由于许多人的职业资格在德国并不被承认，所以专业潜力没有得到充分发挥，而德国政府为了专业人才的可持续发展，对于专业人才储备保障实行了一系列措施。2012 年 4 月德国政府颁布了"改善国外获得的职业资质确定及承认法"，进一步减少了在外国取得专业学历的人才融入德国劳动力市场的障碍，简化和改善了对在德国境外取得的职业资质的评估和认证手续。例如，2012 年 4 ~ 12

① 陈迪. 德国移民法有关条款设计［J］. 国际人才交流，2011（11）：43 - 44，64.

月递交的认证申请为1.1万份，82%的国外职业资质证书得到了等同认可。外国专业资格证书的互认为德国吸引和留住、储备专业人才起到了积极促进作用。

（六）加速高素质移民的社会融入

高素质移民数量增长的同时，也带来了一些非常困扰德国政府的问题。其中最突出的应该是高技术移民在德国社会的融合问题。这里所讲的"融合"是指有足够的德语知识、对德国法律和社会秩序及生活状况有基本的了解。针对移民的融入问题，德国政府采取的常规措施主要为针对外来移民开设融合课程、职业导向语言促进班、提供移民咨询，在全国范围内推进"以进修促融合"项目及"以培训促融合"项目[①]。"融合培训"课程分为两个部分：一部分是语言能力培训课程，目标是掌握足够的德语知识；另一部分是介绍德国法律法规、文化和历史基本情况的培训，目标是使生活在德国的外国人长期合法地融入德国的经济、文化和社会生活[②]。由于语言障碍在移民的社会融入问题中非常突出，承担德国语言文化对外传播任务的歌德学院在开设语言文化类融合课程中扮演着重要的角色，歌德学院在全球开设的德语课程也可看作移民数量变化的一个风向标。2011年参加歌德学院德语课程及考试的人数创历史新高，为23.5万人，比上年增加了8%，最大的增幅来自南欧国家（西班牙、葡萄牙、意大利、希腊），这一趋势可以说明，这些国家民众对于在德国工作的兴趣在上升[③]。

---

① 联邦劳动及社会部. 保障专业人才：联邦政府的目标及措施 [R]. 2011 - 06.
② 陈迪. 德国移民法有关条款设计 [J]. 国际人才交流，2011 (11)：43 - 44，64.
③ Hanewinkel，Veral/Engler. Marcus：Die aktuelle Entwicklung der Zuwanderung nach Deutschland [EB/OL]. [2013 - 02 - 19]. http：//www. bpb. de/gesellschaft/migration/kurzdossiers/155584/deutschland? P = all.

（七）制定"高技术战略"吸引人才

德国是典型的创新型国家，高技术战略（high-tech strategy，HTS）是德国联邦政府制定的综合性国家科技发展战略，其首要目标就是通过创新来提高德国的竞争力。同时为了促进科技创新，德国不断增加研发投入，研发投入强度从 2006 年的 2.46% 上升到 2017 年的 3.02%，超过了美国和欧盟成员国的平均水平，并在全球创新指数（GII）排名榜中从 2010 年的第 16 位上升至 2018 年的第 9 位。2006 年，德国政府根据科技创新与经济社会发展的需求，出台了第一个《高技术战略》[①]。其中规定科学人才培养模式采用双元制教育，"双元制"是指职业学校和企业合作，共同培养专业技术人才的教育体系。这种教育模式的优点在于学生在学习理论的同时，也能接受企业的技能培训，保证学生在毕业就职时就已经具备相应的技术水平和职业素养。德国相继推出"通过教育起飞""保证就业岗位、提高增长动力和国家现代化——德国就业和稳定一揽子计划""工作移民对保证德国专业人才基础的贡献"三项人才培养和动员计划，进一步加大了对人才培养的投入，吸引年轻人选择数学、信息学、自然科学和技术类专业来弥补人才缺口，发展专业人才。而且德国政府在培养本国人才的同时，也致力于吸引外国高尖端人才到德国工作，从而提高德国的科研水平。同时放宽技术移民政策，为外国高级人才"开绿灯"[②]。之后，德国在 2010 年和 2014 年又分别颁布了《德国 2020 高技术战略》和《新高技术战略：为德国创新》。2018 年，德国高技术战略进入新的调整周期，

---

① 陈佳，孔令瑶. 德国高技术战略的制定实施过程及启示［J］. 全球科技经济瞭望，2019，34（3）：40-45，53.

② 德国实施"高技术战略"全球揽人才［EB/OL］. http://www.gcjsrczx.com/h-nd-108.html.

发布了《高技术战略 2025》①。其中在专业人才方面，德国联邦政府联合高校和研究机构，通过《加强大学教学水平公约》全面提升高校质量和基础教学设施；通过《研究与创新公约》，联邦和各州政府未来每年将投入 1.5 亿欧元用于高校教学的创新项目和知识转化，并在2021～2030 年期间向大学以外的研究机构拨款 1 200 亿欧元，以增强德国科研的国际竞争力；确定了"卓越大学"名单，从而加强了德国大学的先进研究水平和德国作为留学目的地的国际吸引力②。

三、德国海外人才引进政策的有益经验

（一）人才战略具有明显的国家干预特点

德国各级政府在教育和人才规划方面发挥积极作用。从普鲁士教育体系建立，德国劳动力市场与职业教育研究与规划，到最近十几年加强高科技和紧缺人才的外国移民和本国人才保留，都有明显的政府主导和积极政策的影响。

（二）行之有效的法律体系是海外人才管理的依据

德国制定了《外国人居留法》和《外国人就业法》作为技术移民的法律依据。2000 年，德国实施了新国籍法，通过放松国籍政策最大限度保留非德裔人才资源。2005 年实行"新移民政策"，有重点地吸引高层次人才移民入境。2007 年修订《科学期限劳动合同法》，为德国青年科学家提供更具吸引力的工作条件。该合同法关乎科研人员的基本权利和切身利益，是确保科学家和工程技术

---

① 陈佳，孔令瑶. 德国高技术战略的制定实施过程及启示 [J]. 全球科技经济瞭望，2019，34（3）：40 - 45，53.
② 孙浩林. 德国《高技术战略 2025》实施进展 [J]. 科技中国，2020（1）：102 - 104.

人员享有研发自由的一部重要法律。2016 年，德国出台了《融入法》，这有利于难民融入劳动力市场和社会。德国一方面尽可能吸引符合德国劳动力市场需求的移民，并为他们提供稳定的法律地位；另一方面，融入能力越强、状况越好的移民越受优待①。总体来说，德国针对不同层次的专业技术型移民，法律规则呈现出分类处理的多元化特点②。

（三）制定有产业针对性的海外引才政策

德国政府及时发现其产业人才缺口，适时制定"绿卡计划"，引进大批 IT 领域人才，帮助德国的 IT 产业发展实现弯道超车。"绿卡计划"为非欧盟国家的专业人员到德国工作打开了缺口，使 IT 产业的技术人才有机会到德国工作，在短期内填补了德国所急需的人才③。由于受人口结构变化的影响，劳动力短缺已逐渐成为德国经济和社会发展所面临的挑战，为了进一步加强德国的专业人才保障，德国拟启动实施专业人才战略。该战略旨在加强德国的人力资源开发，并吸引欧洲及欧洲以外国家的专业人才。专业人才战略主要包括以下三个方面：一是从德国国内、欧洲及国际市场发掘专业人才潜力。二是结合企业内多样化的继续教育资源以及雇员的积极性，构建全新的继续教育文化。三是积极吸纳高素质的移民群体。为此，德国将扩大"德国制造"这一人才招揽信息平台，修订相关的法律法规，在政策上更加重视高素质专业人才的培养与引进④。

---

① 唐艋. 德国移民融入政策：理念、结构与领域 [J]. 德国研究，2019，34（1）：37 - 52，187.

② 唐艋，李婧. 德国关于专业技术型移民的法律制度及其特点分析 [J]. 德国研究，2017，32（2）：56 - 68，126.

③ 密素敏. 21 世纪以来德国的技术移民政策与中国移民 [J]. 华侨华人历史研究，2015（1）：45 - 55.

④ 陈正. 德国拟启动实施专业人才战略 [J]. 世界教育信息，2018，31（24）：75.

（四）设立相关奖项吸纳国际顶级科学家

德国政府十分重视建立研发机构和科研奖项来招聘海外优秀人才。为了引进国际顶级科学家，2007 年德国联邦政府设立了"国际研究基金奖"，该奖项的最高奖金金额为 500 万欧元，被用于表彰所有在德国工作且其研究工作处于世界领先地位的各学科的杰出科学家。为了吸引世界顶尖人才来德国高校工作，提升德国学术实力，德国联邦政府 2008 年启动"洪堡教席奖"计划，该奖项旨在帮助德国高校解决他们在构建科研特色、聘请一流学术人员时的经费困难，从而建造一流的学术团队，使德国大学的科研能力达到国际一流水平，从而提升德国高校在国际上的影响力[1]。同时通过学术国际网站吸引德裔学者回国效力。为了吸引海外学者回国，由德国研究联合会、洪堡基金会和德国学术交流协会联合组成的德国学术国际网，为海外青年学者提供 1 万个教育或科研领域的高级职位，其中 3 000～5 000 个职位是随着联邦和州政府共同甄选出的"精英大学"所产生的，并且德国学术国际网还兼顾到学术人员子女的教育及眷属的就业问题[2]。

第三节　新加坡海外人才引进政策追踪

一、新加坡海外人才引进政策产生的相关背景

新加坡国土面积小、人口少，由于人口压力、老龄化以及多元

---

① 刘渤. 人才引进看德国［J］. 科学新闻，2016（6）：62－64.
② 李恩平，杨丽. 发达国家引进高科技人才政策的比较及启示［J］. 经济论坛，2010（6）：50－52.

文化和多元种族等原因，依靠本土人才发展经济和提升国际地位远远不够，因此人才战略成为新加坡政府最重要的公共战略之一，引进海外人才成为新加坡政府的一项基本国策。根据新加坡贸工部的统计，20世纪90年代的10年间，海外人才对新加坡国内生产总值（GDP）的增长有41%的贡献度，其中37%还是来自有专业技术的白领阶层①。根据最新公布的《2019年IMD世界人才报告》（*IMD World Talent Report* 2019），新加坡比2018年提高了三个名次，排名全球第十，也是亚洲唯一进入前十的国家②。同时欧洲工商管理学院（INSEAD）发布的2019年全球人才竞争力指数（global talent competitiveness index，GTCI），新加坡仅次于瑞士，位居全球第二、亚洲第一。所以新加坡所取得的发展成果与其对人才的充分重视是分不开的③。

新加坡政府在1966~1986年的20年间实行了抑制生育的政策，在生育政策上提倡"两个就够了"。与此同时，越来越多的女性走上工作岗位，导致生育率逐年降低。虽然政府意识到生育率下降、死亡率基本持平可能会给新加坡带来一系列的问题，因而出台了鼓励婚姻和生育的一揽子计划，但却并未从根本上改变新加坡生育率下降的状况，新加坡的生育率2006年为1.26%，2018年新加坡的生育率跌到了谷底，仅为1.14%，远远低于2.1%的人口替代率。在2008年，时任内阁资政李光耀曾表示："如果我们不能到达2.1%的人口替代率，我们将有麻烦。"④

除了生育率下降之外，新加坡还面临人口老龄化的挑战。根据

---

① 吴帅. 我国引进海外人才政策创新研究［M］. 北京：党建读物出版社，2015.
② 新加坡拿下《2019世界人才报告》全球第十名［EB/OL］. https：//www. shicheng. news/show/892473.
③ 李政毅，何晓斌. 新加坡面向创新驱动型经济的人才政策经验与启示［J］. 社会政策研究，2019（2）：130－138.
④ IMF 数据库［EB/OL］. http：//www. imf. org/external/data. htm.

目前的人口结构和出生率,从 2020 年起,新加坡进入退休年龄的人口数量将大于进入劳动力市场的人口数量,这会导致劳动人口数量的下降。另外,如果新加坡继续保持当前的低生育率,人口老龄化的趋势将会加快,在不引进新移民的情况下,人口总数将会从 2025 年开始下降。截至 2019 年 6 月,根据新加坡公布的《2019 年人口简报》,年龄在 65 岁以上的老人占总人口的 16%,与 10 年前相比,新加坡居民拥有更长的寿命。而根据联合国对新加坡人口发展的中位预测,2065 年新加坡 65 岁以上人口规模将达到峰值,为 200.4 万人,占比为 33.7%,从而成为世界上人口老龄化程度最高的国家之一[①]。

就亚洲而言,一些发达国家也面临着诸如此类的人口问题(如日本、韩国等),因而新加坡和它们的解决方法也基本相同——引进海外人才。同时,也由于新加坡国土面积狭小及自然资源极度匮乏等现状,使其将吸引海外人才作为了人才战略中的重点。具体而言,新加坡对海外人才管理的政策背景与其引入海外人才的四个主要阶段密不可分。

(一) 自由移民阶段

1965 年前,新加坡沿袭英国的自由迁移政策,为推动人口增长,新加坡对来自中国、印度以及其他周边国家的移民迁入并不设限。1953 年,基于英国殖民政府的橡胶和制罐产业移民限制法令,新加坡政府对移民资格设立了一定的限制,只允许给对新加坡经济社会具有贡献的人才发放移民准证。整体而言,在自由移民阶段由于人口基数较小,外来劳动力的涌入未对当地人就业造成明显压力,故移民的进入并没有引起新加坡本地居民的强烈反对。

---

① 张莹莹. 新加坡人口变动及其成因分析 [J]. 人口与经济,2013 (3):35 – 42.

（二）选择性移民阶段

自 1965 年新加坡独立后，由于失业率急速攀升，社会矛盾日益加剧，新加坡当地居民对自由移民政策的不满情绪开始增强。因此，政府对移民的居留资格设立更为严格的审核标准，尤其控制低技能的外国劳工进入。但随着经济的快速发展，在 20 世纪 70 年代后期，新加坡劳动力资源不足的问题日益显现。为适应经济发展进程，政府逐渐放宽对外来劳工的严格限制，并设立了针对外来劳工引入的工作准证制度与外国劳工就业署。随后，新加坡政府还颁布了《外国劳工就业法》，进一步完善了外来劳工管理体系与选择性移民制度。在该阶段，人们开始意识到"零外劳"政策对于在新加坡特殊的国情下进行的经济发展并没有任何积极作用，从而采取了更有针对性的选择性移民策略。经过一系列的调整，外国专业人才和外国劳工所占比例开始不断上升，新加坡作为移民目的地开始进入各国专业人才的视野。

（三）积极引进海外人才阶段

自 20 世纪 90 年代全球进入知识经济时代起，人才对于各国经济社会发展的重要意义日益彰显，新加坡开始大力引进海外人才。自 1997 年起，新加坡依次制定了"外来人才政策""再造新加坡计划"等吸引全球人才的开放政策，制定了将新加坡打造成"人才之家"的国家战略。1999 年，新加坡公布《人力 21 世纪：一个人才都市的远景》战略规划，正式将"把新加坡打造成人才之都"提上议程。该规划提出了六大战略方向，旨在建立创业环境良好、人才得其所用、企业与人才可以便捷对接的国际化人才大都市。2003 年发布的《新挑战、新目标——迈向充满活力的大都市》全面论述了新的历史条件下，新加坡作为一个国际大都市的短期和长期战略目标，特别对建立人才引进机制、人力资源培训与管理、联系海外人才等方面提出建议①。这一时期，新加坡政府积极主动实施各种海外人才引进策略，并尽可能减少对跨国公司管理者、外国专家学者及其他外国人才赴新加坡工作产生负面影响的政策障碍。

（四）全球金融危机后的最新调整与发展阶段

2008～2009 年全球金融危机导致新加坡经济下滑，新加坡政府放慢了引进外来劳动力的脚步。随着经济逐渐复苏，政府再次调整外国劳动的流入速度与进入门槛，在结合当时国情与社会经济发展需要的前提下，形成了"适度管理，针对引进"的人才思路。自2012 年以来，为应对人口老龄化、适龄劳动力下降和低生育率等问题，新加坡政府制定和实施了多项吸引国际人才的政策，同时通过创造新的工作岗位、建立高质量的生活环境和加强城市建设等措施，吸引大量国际人才移民新加坡。与此同时，新加坡也通过其成熟的市场化体制，借助于众多的猎头公司，充分发挥市场化人力资源配置机制的作用，为新加坡吸引高端国际人才。新加坡引进外国人才的主要原则有：其一，全球人才是新加坡本地劳动力的补充，而不是取代本地劳动力；其二，全球人才可以向新加坡本地劳动力传递知识和技能并帮助本地劳动力升级技术和就业能力；其三，外国的企业家在新加坡建立业务时可以创造工作机会②。

二、新加坡海外人才引进政策的进展追踪

（一）建立人才引进政策体系

目前，新加坡主要负责国际人才引进和管理工作的部级行政部

① 柯尊韬，龚成. 新加坡的人才立国战略及其启示 [J]. 长江论坛，2019 (5)：23 - 28.

② 王辉耀，苗绿. 国家移民局：构建具有国际竞争力的移民管理与服务体系 [M]. 北京：中国社会科学出版社，2018.

门有三个：人力资源部、经济发展局和财政部。人力资源部专门设立国际人力局，负责全球人才招聘，主要包括根据经济发展的需要，每年制定和更新"关键技能列表"。在这个过程中，新加坡的经济发展局将根据本部门制定的国家战略性产业和发展方向，为人力资源部的计划制定提供策略性的指导①。财政部则负责实施人才发展相关的免退税等优惠措施。相关部门在人才引进方面相互协调，形成了上下链条工作一体化、由人力资源部相关分部具体负责的模式。在人力资源部、经济发展局和财政部的合力运转下，新加坡在工作许可、人才居留、人才便利等方面出台了一系列的政策法规，为新加坡引进海外人才夯实了基础。

1. 工作许可政策

在新加坡海外人才引进的过程中，工作许可政策是必不可少的一环。根据政策面向主体的不同，可分为需求导向型政策和供给导向型政策②。需求导向型政策即根据雇主需求，有针对性地引进具有特定技能的人才并给予其移民身份的政策。需求导向型政策立足于企业的用人需求，采取就业市场测试，在落实本土劳动力市场确实无法满足职位空缺的前提下，才允许外来申请者进入本土劳动力市场。一方面，该类工作许可政策会对申请者的资格、薪酬、工作情况与获得移民身份的条件等方面设置最低标准。另一方面，供给导向型政策则与需求导向型政策相对，相较于雇主需求，更为看重优秀人才本身的资质。在供给导向型政策下，符合语言能力、受教育水平、年龄、工作经历、家庭情况、工作岗位需求等要求的特定

---

① National Day Rally Address by Prime Minister Goh Chok Tong, Speech in English on 24 August 1997 at the Kallang Theatre［EB/OL］. http：//www. nas. gov. sg/archivesonline/speeches/record – details/770d964e – 115d – 11e3 – 83d5 – 0050568939ad.

② 汪怿. 引进海外高科技人才比较研究——以新加坡和我国香港、台湾、上海为例［M］. 上海：上海社会科学院出版社，2012.

申请人可以直接获得移民资格。

新加坡的工作许可政策是需求导向与供给导向统筹而成的。一方面，由于自身人口资源老龄化所造成的对包括中低端劳动力（如中级技术人员与低技能外来劳工）在内的外来人力资源的需求，以及面向知识经济的产业结构转型所带来的对高端人才的迫切需求，促使新加坡政府逐渐放开对外来人口的控制；另一方面，外来劳动力对本地人口就业所造成的压力，又迫使新加坡必须对外来劳动力的质量严格把关。在此境况下，新加坡政府在派发工作签证与核准永久居民身份上做了严格区分，对不同类型的外来人员提出不同的要求、给予不同的待遇，从而达到在满足市场需求的同时，有针对性地吸收海外高端人才。目前，新加坡主要有 S 准证、EP 准证、PEP 准证、TEP 准证家属签证/工作准证等 16 种工作签证。

2. 人才居留政策

根据居留时限长短，居留政策可分为永久居留政策和短期居留政策。短期居留政策一般具有一定期限，主要针对季节性工人、外国留学生、培训生、访问学者等人群。在新加坡，典型的短期居留政策有留学生签证以及各类工作签证。永久居留政策主要体现为由短期居留身份转为永久居留身份的形式，如专业、技术人员和熟练工人计划（PTS 计划），抵境永久居留计划（LPR 计划），全球商业投资者计划（GIP 计划）以及海外艺术人才移民计划等移民计划。在这些移民计划中，最主要的是 PTS、LPR、GIP 三个移民计划。其中 PTS 计划由于门槛相对较低，是目前申请数量最多也是被批准最多的移民计划。据估计，新加坡境内超过 95% 的外籍人士通过PTS 计划获得了永久居民身份。在 2012 年之前，新加坡的投资移民政策主要有两种投资项目可以选择，分别为新加坡经济发展局（EDB）推出的全球商业投资者计划和新加坡金融管理局（MAS）

推出的金融投资者计划（FIS）。2012年4月，新加坡经济发展局对全球商业投资者计划作出新的政策调整。新加坡金融管理局于2012年4月底取消了金融投资者计划，因此GIP成为唯一的投资移民项目，新加坡投资移民门槛进一步提高。

外来人才如果成为新加坡永久居民，则可以租用政府租屋，购买二手租屋，购买私人楼宇。居住满两年的永久居民可参加新加坡政府中央公积金，获得退休金、保健、住房、教育等保障。在新加坡拥有永久居民的身份2～5年后，如果申请人在这一期间累计住满6个月以上，即可申请成为新加坡公民。持新加坡护照可免签证进入包括美国在内的100多个国家①。

3. 子女教育保障政策

在新加坡外国人的子女享有与当地公民同等的就学机会。新加坡设有美国学校、加拿大学校、日本学校等国际学校，方便外商及外国专业技术人员的子女选择就读。新加坡政府规定，任何被批准在新加坡境内就读的国际生，无论是选择本地学校、初级学院或专门学府就读，都必须每两年向新加坡教育部的教育基金捐款。但新加坡公民或永久居民的子女在就学时无须捐款，持有P1、P2及Q1工作签证的外籍人士子女如有亲属签证，可在就学时免除捐款（2001年1月以后入学的此类学生须向教育基金捐款）。

除了为外商及外国专业技术人员的子女入学接受教育提供便利条件之外，新加坡融合中学的教育模式本身也是吸引人才进入新加坡的重要因素之一。新加坡教育政策主要包括四个方面：一是实施分流制度，二是落实奖学金制度，三是推行双语教育，四是鼓励终身教育。其中以英语和汉语为主的双语教育为外来移民子女提供了

①　新加坡寄宿服务中心.新加坡移民福利［EB/OL］. http：//www. xjpjy. com/news. aspx? ID＝40.

更便利的学习生活环境①。同时新加坡从基础教育阶段就开始重视培养学生的创新意识和创新能力，推行"未来学校"项目，将信息技术融入教学体系，通过创建浸入式学习情境，创新课程呈现方式，激发学生创新意识和创新思维，从而提高学生的创新实践能力②。

4. 外来人才居住计划

新加坡被公认为全世界解决住房问题最好的国家之一，其"居者有其屋"的住房制度成为全球典范。在这样一个"人多地少"的国家，住房自有率竟高达90.9%，形成了"廉租房—廉价组屋—改善型组屋—私人住宅"的阶梯式供应体系。其中82%以上的新加坡人居住在政府提供的组屋中，仅有不到18%的高收入家庭和外国人住在开发商建设的私人住宅③。

而外来人才居住计划是新加坡专为外来人才提供租用组屋的计划，该计划于1998年由裕廊镇管理局发起。其中对新加坡永久居民、就业准证持有者和半熟练工人提供临时性住所，且价格在700～1 400新元，可以供一家人居住④。为满足多层次住房需求，组屋类型多元，租期为3年，这些组屋介于三房式至公寓式组屋之间，遍布全岛各处，租金非常具有竞争性。申请者可直接向有关当局申请或由雇主替申请者申请。申请者必须是新加坡永久居民、就业准证持有者或半熟练工人；申请者年龄必须为21岁以上；申请者不可在新加坡拥有私人房地产；若申请者的配偶和孩子与申请者

---

① 柯尊韬，龚成. 新加坡的人才立国战略及其启示 [J]. 长江论坛，2019（5）：23 - 28.

② 乔娜. 新加坡创新创业教育体系的建设与启示 [J]. 世界教育信息，2019，32（1）：39 - 45，53.

③ 娜琳，边文璐. 新加坡靠什么吸引海外人才 [J]. 中国人才，2019（7）.

④ 李政毅，何晓斌. 新加坡面向创新驱动型经济的人才政策经验与启示 [J]. 社会政策研究，2019（2）：130 - 138.

一同住在新加坡，他们必须和申请者联名申请。个人申请者可申请一整间组屋，但优先权将给予与其他合法共同租用住房的申请人（不可超过 3 人共住一间）①。

新加坡政府提供的租屋有四种类别：三房式、四房式、五房式、公寓式，分别对应不同的收费标准。服务和管理费由所属的市镇理事会征收，各市镇理事会的收费标准也各不相同。

（二）设立国家猎头机构

在新加坡众多的引才措施中，最为独特的要数作为国家猎头机构的"联系新加坡"。"联系新加坡"由新加坡经济发展局和人力资源部于 2008 年 8 月共同成立，是新加坡政府推动吸引经济领域人才的主要政府机构。它在亚洲（包括北京和上海）、欧洲和北美设立办事处，为有意到新加坡就职的全球精英（包括新加坡侨民）以及到新加坡投资的企业家提供一站式服务。它旨在与海外新加坡人和国际人才建立联系，并且协助他们到新加坡工作、投资和生活，并为新加坡本地雇主和专业人士牵线搭桥，把新加坡提升为一个人才荟萃、适合工作、投资、经商和生活的目的地②。即使有完善的就职前培训和继续教育与培训，仍无法满足某些领域人才和技能的要求。正是意识到这点，各级政府部门及"联系新加坡"才着力猎取全球人才（包括海外新加坡人）。"联系新加坡"由经济发展局和人力资源部共同指导，其中，人力资源部根据新加坡经济发展的需要，负责每年制定和更新"关键技能列表"，拥有关键技能的外国人在申请就业准证时将被优先考虑。而经济发展局则根据本部门制定的国家战略性产业和发展方向，为人力资源部的计划制定

① http：//www. jtc. gov. sg/RealEstateSolutions/Housing/Pages/Public – Apartments.

② Contact Singapore ［EB/OL］. http：//www. contactsingapore. sg/cn/contact/our _ offices/.

提供策略性的指导。"联系新加坡"一共有四个下属部门，分别为工业劳动部门、新加坡迎接中心、市场传播部、全球运营部。其中全球运营部设有新加坡总部及六个全球分部，分别为北美分部、悉尼分部、印度分部、欧洲分部、首尔分部、中国分部。六个分部共下辖 12 个办事处，随时了解当地的人才动态（见图 3-1）。

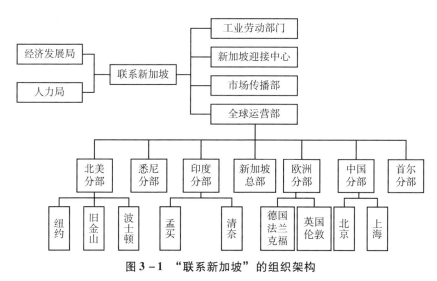

图 3-1 "联系新加坡"的组织架构

资料来源：http：//www.contactsingapore.sg。

通过这些遍布全球的机构，"联系新加坡"为有意到新加坡发展的全球精英（包括海外新加坡人）以及到新加坡投资或开拓全新商业活动的个人和企业家提供一站式服务，并定期在世界各地举行人才选拔会、宣讲会，开展各类项目以吸引全球专业人士、学生、投资者等。目前，新加坡政府推广的重点行业包括：生物医药科学、化工、清洁能源、工程服务、互动数字媒体等。

通过"联系新加坡"这一专门的人才引进机构，新加坡在全球范围内架起了为海外新加坡人和国际人才服务的网络。作为国家猎头，"联系新加坡"无疑是成功的，因为它很快建立起了世界范围的潜在人才数据库,并与数据库内的人才保持定期联络,这对实现其吸引更多的全球人才到新加坡工作生活的使命是非常有利的。

此外,新加坡人力部门内部还有一些机构涉及国际人才引进服务工作。例如,新加坡人力部门中国际人力分部主要负责吸引国际人才和新加坡在外人才的事项,具体负责和各行各业建立相关的联系,识别其需求,帮助他们拓展人才市场的范围。人力部门的国外人力管理分部主要负责来新加坡工作之后的外国人的一些事项处理;就业监管部门主要负责促进国外劳动力的就业管理问题;计划和组织发展部门则通过媒体、促销手段和教育项目,让雇主、国外工作者和公众了解本国人力资源管理部门的综合政策。为了更好地联系移民的需要和移民的手续,新加坡人力部还设置了工作签证分部,主要任务是发展一套有效率、有效益且动态的国外人力准入框架,以满足新加坡经济的需求①。

(三) 聚集国际猎头公司

基于新加坡独特的国际环境和人才环境,新加坡政府着力吸引了大量国际猎头公司,通过市场化机制配置人才资源,帮助新加坡引入高端国际人才。据"联系新加坡"网站资料显示,新加坡目前共有1 100多家职业中介机构、国际猎头和本地猎头,其中主要的39家猎头公司中有27家为国际性机构,在世界排名前十的国际猎头公司中有5家在新加坡设立了区域总部或办事处。

在新加坡专业猎头公司中,入驻或成立于新加坡的公司主要集中在20世纪90年代,也有成立年代较久的大型国际公司,这些大型国际公司自80年代便已进入新加坡市场,如安立国际、美国罗盛咨询公司,而2000年后成立的公司则以小型企业(雇员人数少

---

① 肖鹏燕. 一些国家和地区引进国际人才的做法 [J]. 中国人力资源开发,2012
(5):93–97.

于 200 人）居多。在新加坡主要的猎头公司之中，不乏年总收入过亿的大型国际猎头公司如罗致恒福、科尔尼咨询公司、德科人才服务有限公司及世界著名的猎头公司如亿康先达国际咨询公司、海德思哲国际咨询公司、光辉国际咨询顾问公司、米高蒲志国际有限公司、美国罗盛咨询公司、史宾沙管理顾问公司等。

（四）吸引跨国公司总部

新加坡跨国公司是引进人才的重要载体。为吸引跨国公司来新加坡建立总部，新加坡实施了"总部计划"（见表 3 - 1），鼓励企业机构在新加坡设立总部，管辖其在本区域及全球的业务及运营。来自全球任何国家和地区、各行各业的企业机构，不论大小，均有申请资格。新加坡根据个别机构在新加坡的总部投资规模给予适当的优惠奖励。此计划希望在新加坡营造一个"总部生态环境"，为新加坡商业活动的深度和广度、生机和活力作出贡献。"总部计划"的推出有效地吸引了跨国公司总部的进驻，使得总部经济迅速发展。2000 年后，新加坡总部经济发展规模已远超部分发达国家。

表 3 - 1 　　　　　　　　　　新加坡的"总部计划"

计 划	内 容
a）区域总部计划	获核准的海外增量收入可获 3 + 2 年的 15% 税率优惠。若申请公司在优惠期三年内符合所有基本条件的话，核准收入可获额外两年的 15% 税务优待。申请公司必须在优惠期限结束之前符合并保持以下所有的最低要求： （1）在第 1 年的年末，已缴资本至少达 20 万新元，在第 3 年的年末，缴足资本则至少达 50 万新元 （2）在第 1 年的年末，对新加坡以外的至少 3 个国家/地区的公司机构提供至少 3 种总部性质的业务服务。这些公司机构包括集团内的任何分公司：姐妹公司、子公司、合资公司和特许经营公司 （3）在整个优惠期间，聘用至少 75% 的熟练员工，熟练员工（指具备 NTC2 证书资格以上的员工） （4）截至第 3 年的年末，增聘至少 10 名常驻新加坡的专业人士，专业人士指最低限度持有专业文凭

续表

计划	内容
a）区域总部计划	（5）截至第 3 年的年末，该公司最高层的 5 名行政人员，每人平均收入至少达到 10 万新元 （6）截至第 3 年的年末，该公司在新加坡的年总业务开支须增加 200 万新元，总业务开支指的是扣除海外的外包成本、原材料、零部件、包装、海外的版税和专业费用等的总营运成本 （7）在首 3 年里，该公司的总业务开支增长额累计达 300 万新元
b）国际总部计划	本计划适用于所有在新加坡注册的公司。根据相关规定，那些有信心超过区域总部计划所规定的上述标准的公司，可与经发局进一步洽谈更优惠的减税配套

资料来源：新加坡经济发展局网站，http：//www.edb.gov.sg。

根据全球人力资源研究机构（ECA）国际的调查，绝佳的基础设施、低犯罪率、社会政治稳定，使新加坡成为最佳的生活地点；新加坡签署了 50 个避免双重课税协定和 30 项投资保证协议，使选择在新加坡进行跨国业务的总部公司享有税务优势；作为《保护工业产权巴黎公约》和《与贸易有关的知识产权协定》的签署国，新加坡为企业提供额外保障，以实现最大的知识产权潜能；新加坡作为全球最大的外汇市场之一，拥有完善的金融体制，吸引许多区域财务中心在此落户。

同时新加坡是极少数拥有标准普尔 AAA 信贷评级的国家[①]。新加坡之所以成为跨国公司地区总部集聚的城市，不仅是市场自然形成发展的结果，同时更有政府大力推动的因素。在总部经济的发展过程中，新加坡政府有针对性地制定了一系列鼓励地区总部发展的优惠政策，主要包括特准国际贸易商计划（AITS）、商业总部计划（BHQ）、营业总部地位（OHS）、"跨国营业总部"奖励、国际总部计划（IHQ）和区域总部计划（RHQ）等。这些政策的出台，大

---

① 潘素昆.新加坡总部经济发展经验及启示［J］.亚太经济，2010（4）.

大推动了新加坡总部经济的发展①。2008 年，新加坡总部聚集区规模有 82 公顷，拥有 500 万平方米商务写字楼，共有 26 000 家国际公司。在 7 000 家跨国企业中，60% 在新加坡进行区域业务活动。1/3 的"财富 500"公司选择在新加坡设立亚洲总部②。

截至 2015 年，新加坡有 6 000 多家跨国公司的区域总部、分公司或办事处，同时还有 1 万多家外国中小企业。这些企业尤其是大型跨国公司具有人才招聘、培训和管理方面的丰富经验，能提供较有吸引力的薪资条件，能够为人才提供专业和职业发展机会，因而在带来大量外国直接投资的同时，也为新加坡网罗了大批优秀人才。企业的集中、集群和多元化，也促进了产业和教育的融合，带动和提升了新加坡的教育和科研水平。新加坡借助跨国公司来壮大科技研发实力，其跨国公司研发开支占企业部门总研发开支的 60%以上，通过国家科研机构加强与跨国公司合作开展技术攻关，借助跨国公司掌握研发的关键核心技术，设立研发基金鼓励跨国公司在新加坡设立研发总部、开展研发活动。同时新加坡政府在本国企业当中遴选一批优秀的技术骨干和经营管理人才，进入政府与跨国企业联合成立的培训中心进行专业培训，然后将这批人员输送到跨国企业当中去工作③。

（五）吸引投资与技术移民

新加坡推行的"全球商业投资者计划"，旨在吸引海外投资者、企业家和商业管理人才在新加坡投资和创业。满足条件的申请人在完成投资后，全家人都将获得新加坡的永久居留权。2005 年，要

---

① 彭羽，沈玉良. 上海、香港、新加坡吸引跨国公司地区总部的综合环境比较——兼论上海营造总部经济环境的对策［J］. 国际商务研究，2012，33（4）：5 – 12.
② 新加坡经济发展局网站［EB/OL］. http：// www. edb. gov. sg.
③ 彭顺昌. 新加坡科技创新经验借鉴［J］. 杭州科技，2019（4）：60 – 64.

求投资 100 万新元到新加坡政府批准的基金，无居住要求；2009 年，投资额增加到 150 万新元；2011 年，投资额再次增加，增至 250 万新元。从 2012 年 4 月 15 日开始，GIP 出新规，保持投资额 250 万新元不变，但增加了居住要求，针对主申请人和公司的条件也有了详细规定，要求主申请人是股东身份，持股时间 3 年以上，持股比例达到 30% 以上，并且公司最近 3 年的年营业额要达到 5 000 万新元以上，特别对于房地产或者建筑相关类行业，要求年营业额达到 2 亿新元以上。

2014 年，新加坡经济发展局（EDB）除了将申请费用从之前的 5 650 新币上调至 7 000 新币外，更对申请人公司所在行业进行了限制，其中房地产和建筑行业被剔除①。而自 2020 年 3 月 1 日起全球商业投资者计划（GIP）投资移民项目实施新的规定，主要调整表现在三个方面：第一，申请人公司近三年营业额从每年 5 000 万新币（约合 2.5 亿人民币）调整为 2 亿新币（约合 10 亿人民币）。第二，除传统类别以外新增 3 种申请类别，分别为家族传承企业、快速增长公司的创始人和家族办公室原则。第三，提高永久居住的续签标准，从 5 个新加坡籍雇员和每年 100 万新币（约合 500 万人民币）商业支出，调整为 10 个雇员（其中 5 个必须是新加坡国籍）和每年 200 万新币（约合 1 000 万人民币）的商业支出，同时要求所建立的商业公司必须是政府指定的行业，且持股必须超过 30%②。

新加坡技术移民指通过持有工作签证申请获取新加坡永久居民权。工作签证分三个大类，由高至低分别是 EP、SP、WP。EP 是须发给管理层、高级专业人士和特殊工作者的工作签证，也是最容易获得永久居民权的途径。在该计划下，申请者只要找到新加坡本

---

①　新加坡投资移民政策三次变迁［EB/OL］. http：//skylinebm. com/info. asp？id＝288.

②　新加坡 GIP 投资移民高不可攀？13X/13R 家族办公室移民方案了解一下！［EB/OL］. https：//m. sohu. com/a/394674413_100171785.

地雇主就可申请到 1～2 年的就业准证，申请者在居留期间无限次出入境，准证到期只要申请者仍然被雇用就可以延期。EP 持有者的部分家属可以申请家属准证。SP 是新加坡政府为了吸引外国技术人员来新加坡工作而发出的一种工作签证。在该计划下，申请者只要找到新加坡本地雇主就可申请到 1～2 年的工作准证，申请者在居留期间无限次出入境，准证到期只要申请者仍然被雇用就可以延期。WP 是国际劳工就业准证，它是最低级别准证，包括外籍劳工工作许可证，外籍家庭佣工许可证、限制性保姆许可证和表演艺人工作许可证，因此获得永久居民权的机会也最少①。2019 年 4 月 1 日，新加坡人力资源部（MOM）管理的 EP、SP、WP 的申请费、发卡或更新费用将全部涨价，其中 EP 涨幅最高，申请费用涨价 35 新币，发卡或更新费用涨价 75 新币。从 2020 年开始 SP 的月薪申请标准也从 2 300 新币上调至 2 400 新币②。

　　新加坡也坚持为本国的海外居民开拓回国投资渠道，利用海外居民的资金优势、智力优势和技术优势，号召其回国投资发展。政府配套相关优惠政策和产业链，着力吸引海外居民携带国外先进产业链和技术支持，吸收其带回的产品思路、业态趋势和运营模式，以提高本国的经济社会发展。同时为海外居民投资提供相关优惠政策的快捷通道，在落地和注册等手续上也全面简化流程，凭借相关政策吸引海归人才③。

（六）打造国际化知识中心

　　在新加坡，政府通过打造世界一流大学、建立国际化知识中

---

① 吴帅. 我国引进海外人才政策创新研究［M］. 北京：党建读物出版社，2015.
② 2019 新加坡 EP、SP、WP 等工作准证申请费用和申请标准大幅度上调！［EB/OL］. https：//m. sohu. com/a/291226979_99965316.
③ 李政毅，何晓斌. 新加坡面向创新驱动型经济的人才政策经验与启示［J］. 社会政策研究，2019（2）：130－138.

心、联合各所高校设立多项国际生奖学金项目，吸引全球各地的师资和科研人才，以及优秀的留学生作为人才储备。新加坡在设立研究中心、集聚国外一流科研机构上也付出了极大的努力。新加坡有12个研究中心，覆盖如信息通信、纳米技术等多个科技领域，吸引了包括本地研究人员及来自欧美和亚太地区的专家在内的各类人才。新加坡还十分注重大学与科研机构的国际化，新加坡与许多知名大学如麻省理工学院及约翰·霍普金斯大学等建立了合作关系。新加坡政府在不断提升自身高等教育水平的同时，通过提供高额奖学金吸引海外留学生赴新留学。目前新加坡政府针对外籍学生的奖学金主要有：新加坡奖学金、东盟国家奖学金、A* STAR 印度青年奖学金、中国香港奖学金、高中（Senior Middle School，SM）奖学金等①。除了上述政府部门设置的奖学金外，新加坡还有诸多由企业、社会团体设置的针对外籍学生的奖学金，如国际艺术教育（SIA）青年奖学金、吴庆瑞奖学金等②。新加坡政府还通过设立"产业研究生计划""国际研究生奖"等一系列项目，资助海内外硕士博士到新加坡攻读学位，培养优质科研人才。通过《环球校园计划》积极引进一大批世界一流大学，借助这些大学一流的专家、教师及学者来提升新加坡本国大学的教学科研水平，同时还借助《环球校园计划》吸引国外教育机构到新加坡合作办学，提高其专业技术教育，通过实施"长期回国计划""临时回国计划""外国学者访问计划"，吸引在海外的本国人才回国发展③。

---

① 新加坡奖学金、东盟国家奖学金是定向提供给东盟成员国的学生，A* STAR 印度青年奖学金面向印度学子，香港奖学金面向中国香港学子，SM 奖学金面向中国大陆学生。

② SIA 青年奖学金是由新加坡航空资助、面向印度青年学子、为期两年的大学预科奖学金；吴庆瑞奖学金是由新加坡金融界设立的产业奖学金。

③ 彭顺昌. 新加坡科技创新经验借鉴［J］. 杭州科技，2019（4）：60–64.

（七） 实施税收优惠政策

政府除了为外来人才进入新加坡提供政策支持之外，还实施了一些相当具有吸引力的优惠措施，低税率政策就是其中之一。新加坡拥有全球极低的税负水平，新加坡各项税负水平综合排名居全球第八，在亚洲排名仅低于中国香港地区，相比于有相似科技、经济发展水平的发达国家，其税负水平能提高个人和企业在新加坡定居、持久经营的吸引力[①]。所以新加坡的低税率是吸引全球富人定居新加坡的重要原因。

新加坡是个人所得税税率最低的国家之一。1999 年，新加坡政府在《21 世纪人力报告》中提出，用退税等措施吸引外国人才[②]。2005 年时，新加坡税率为 0 至 22%，属非居民的个人在新加坡所收到的海外收入不需要在新加坡缴税[③]，这直接为吸引海外人才提出了优厚条件。为了鼓励企业招纳外国优秀人才，新加坡政府规定，企业在招聘、培训外来人才方面的支出，以及为外来人才提供高薪和住房等福利待遇的支出，可以享受减免税。此外，政府还通过调低个人所得税、出资为在新加坡工作的外籍人员提供培训机会等手段进一步吸引人才。

除了一贯的低税负水平，新加坡还出台了专门针对外国人的税收优惠，称为"海外工作者纳税人计划"。该计划是 1998 年开始实施的，目的是弥补优秀技术职业者（P1、P2 雇佣许可和个人就业准证 PEP 的持有者、优秀的新加坡归国人员或永久居民）的税收

---

① 李政毅，何晓斌. 新加坡面向创新驱动型经济的人才政策经验与启示 [J]. 社会政策研究，2019（2）：130 - 138.

② 陈力. 人力论坛之二：国际人才争夺战中的策略与作法 [EB/OL]. [2003 - 12 - 29]. http：//www. china. com. cn/chinese/2003/dec/470439. html.

③ 新加坡：个税税率最低国家之一 [EB/OL]. [2006 - 08 - 24]. http：//news. Xinhuanrt. com/fortune/2005 - 08/24/content_3395450. htm.

支出，降低就业成本，外来人才可以根据自愿原则确定是否参加。
每位 P1 雇佣许可持有人最高的优惠限额是 1.5 万新元，P2 是
5 000 新元。如果 P1、P2 持有人携配偶、子女，还可以免除配偶和
子女的单程机票款，最高每人 5 000 元，同时外国工作者享有 5 年
的税务优惠期①。另外，新加坡还和很多国家签订了避免双重征税
的协议，缔约国的纳税居民可以免于双重征税。

2020 年新加坡税务局出台了一系列税务方案以稳定经济和支持
企业持续发展，同时也是对很多现有的税务激励计划进行进一步的
拓展、加强与完善。其中所得税免税金额提高，可达 125 000 新
元，而新加坡企业的所得税税率仅为 17%；对于新加坡初创企业
（首 3 年）所得税实行免税计划，同时课税年度 2020 年的企业所得
税退税从 20% 提高到 25%，扣税上限也由 10 000 新元上调至
15 000 新元。而消费税现阶段将不会上调，这也给了中小企业充分
的准备时间，反映了政府目前在稳定市场的同时也在尝试着推动市
场的发展；同时自 2020 年 1 月 1 日起，新加坡税务局（IRAS）对
于支付类数字货币供应免征消费税②。

（八）建立海外人才融入机制

2007 年，总理公署内设立了公民与人口办公室，负责整合新移
民到新加坡社会中来并且作出贡献。2009 年 4 月，新加坡前总理李
光耀专程出席了以新移民为主要对象的活动，强调新加坡人主动接
纳新移民并协助他们融入当地社会是非常重要的。为了加快外来人
才的融入，2011 年成立了总理公署国家人口和人才署。

---

① 刘宏，王辉耀. 新加坡人才战略与实践［M］. 北京：党建读物出版社，2015.
② 少缴一半！2020 年新加坡最新税务政策解读！［EB/OL］. https：//m. sohu. com/
a/389753676_120492865.

1. 国民融合理事会

由政府、私人企业及民间组织组成的国民融合理事会（National Integration Council）打出"开放门户、敞开胸怀、开阔思想"的"三开"口号，目的在于推动和促进新加坡人、外来新移民以及外国人三者之间的融合。当然这种融合并不包括让新移民放弃他们自己的信仰和文化，相反，新加坡鼓励和期望新移民去分享其价值观和经验，以促进新加坡人、新移民以及外国人更好地融合在一起，并集中精力为自己和下一代建设美好家园①。国民融合理事会的主要职能包括以下几个方面：提高各方面对移民融合政策重要性的认识；帮助新居民适应新加坡的生活方式，如帮助他们更好地理解当地的文化和社会规范；为新加坡人和新移民的相互交流、成长提供共同空间和平台；促进新加坡人与外来移民共同分享经验，通过相互交流增进相互了解，扩大相互的接纳程度；培养、加深新加坡人和外来移民的情感和归属感；与公众人物、私营部门开展战略合作，达到整个国民融合的目的；努力建立新加坡人和新移民的良好关系，使双方在接触过程中找到各自的角色，达成双向融入的结果等。

2. 国际学生项目

新加坡管理研究院开展了一系列定向项目帮助国际学生适应新加坡的生活。在整个课程学习过程中，学院组织讲座和学习会，给国际学生提供一些在新加坡生活的小提示，在方便他们生活的同时也使学生对新加坡的民族文化、生活有了更深入的了解。此外，他们还组织国际学生去参观新加坡的阿拉伯区、印度区、唐人街等，让他们亲身感受新加坡文化的多元性，当地学生也作为导师为国际

---

① National Integration Council［EB/OL］. http：//app. Nationalintegrationcouncil. org. sg/.

学生服务，帮助他们扩展当地的社会网络①。同时鼓励国民型学校和外国体系学校共同参与社区活动，其中一项"在家吃饭"计划就是鼓励本地学生、新移民和外国学生互邀回家吃饭，让他们在校外的场合加深对彼此饮食和风俗习惯的认识②。

3. 健康服务浸濡式项目

健康服务浸濡式项目主要是帮助刚到新加坡的医疗专业人员适应新加坡的工作和生活，其中一个重点是让新人了解新加坡的价值观念与其自身文化的细微差别，使其更好地适应新加坡的生活，促进他们与同事之间的交流，使他们能更好地服务病患③。

4. 国际研究者俱乐部

随着新加坡科学技术水平的迅速提升，大量的外国研究人员纷纷来到新加坡。在这种背景下，2001年8月，科学机构、技术研究部资助建立了国际研究者俱乐部。

国际研究者俱乐部以论坛的形式为成员提供交际网络和定期会面的机会，其主要任务是吸引和留住到新加坡来的外国人才，通过教育、社会以及娱乐性活动等方式，帮助他们更快、更好地融入新加坡社会④。国际研究者俱乐部作为促进外国研究者融入新加坡社会的重要推动力，主要扮演两方面的角色：其一，作为新加坡国际研究者的一站式的社会文化中心，帮助国际研究者快速在新加坡定居，熟悉新加坡的生活并在新加坡永久定居。其二，作为一个学术

---

①③　Community Integration Fund［EB/OL］. http：//app. Naionalintegationcouncil. org. sg/ComunityIntegrationFund/ExamplesofCIFProjects. aspx.

②　新加坡政府民间"三开"促进国民融合［EB/OL］. http：//m. welltrend. com. cn/article/hzzx－luo－20091010－43716. html.

④　International Researches Chub［EB/OL］. http：//www. inc. org. sg. /site/irc_president_message.

交流中心，促进科学的交融①。为了扮演好角色，完成职责，国际研究者俱乐部主要有以下五个方面的措施：第一，为成员提供一个互相交流、定期见面的平台；第二，培养成员之间的互动；第三，了解成员及成员家庭的需求，并帮助他们促进新加坡社会的融合；第四，满足成员休闲娱乐的需求，同时为成员的家庭和朋友组织社会活动；第五，为成员和成员家庭组织教育、文化、娱乐和福利等方面的活动。

5. 新加坡公民之旅

新加坡公民之旅是促进新公民融合的一个重要项目。2011 年起新公民在领取公民证书前，必须参加名为"新加坡公民之旅"（Singapore Citizenship Journey）的活动。新加坡公民之旅项目由国民融合理事会、新加坡移民局检察权力机关和人民协会三个机构共同推进②。新加坡移民检察权力机关是一个政府代理机关，归内政部管理，主要负责新加坡的边境安全。具体职责包括：对进入新加坡的条件和目的不良的人员和货物进行检查；海、空运的检查；新加坡公民的旅行证件、身份证和各种外来人口的移民通过许可的办理。另外，新加坡移民检察权力机关还负责打击移民罪犯③。

新加坡公民之旅有 3 个环节：半日游、社区对话会和网上测试。16～60 岁的新加坡准公民必须在 2 个月内完成这 3 个环节才能获得公民权。半日游是指准公民用半天的时间参观新加坡国家博物馆、市区重建局、国会大厦等地标性建筑，以加深对新加坡历史、未来规划和国会制度的了解。社区对话会在准公民所住的选区内进

---

① International Researches Chub［EB/OL］. http：//www inc. org. sg. /site/corporate_profile.

②③ Singapore Citizenship Journey［EB/OL］. http：//app. sgjourney. gov. sg/Default. asp? PagelD ＝4.

行，是互动性比较强的环节。在这一环节里，由人民协会的基层领袖负责向准公民介绍所住选区的社区活动和志愿活动，鼓励准公民与当地人接触，使准公民对社区有更进一步的了解。网上测试主要测试准公民对新加坡的了解，主要包括对新加坡的象征性标志、法律、治理原则、全面防卫和国民服役的必要性、种族和谐的重要性以及社区建设的了解。网上测试用英文进行，如准公民有需要，可以向指定的两个民众俱乐部寻求翻译协助。对于不方便使用电脑和网络的准公民，可以选择在 25 个民众俱乐部完成网上测试。

6. 社区融合基金

社区融合基金（CIF）由全国融合委员会（NIC）于 2009 年 9 月发起，以支持组织实施地面融合倡议。社区融合基金支持的项目应至少满足下列目标之一：一是提供有关新加坡的信息和资源。例如，学习旅行、实地考察、研讨会、出版物和作品，提高对当地历史、文化以及社会规范的认识。二是鼓励当地人、移民和外国人之间的社会互动。例如，为人们提供平台的活动，以共同的兴趣（如体育或艺术）进行互动和建立关系。三是鼓励对新加坡的情感依恋和参与。例如，向移民介绍志愿服务机会的项目，以及与更广泛的新加坡社会建立联系的方式。四是促进积极的心态，走向一体化。例如，加深相互了解的项目，如多样性讲习班、文化节目和媒体制作[①]。

三、新加坡海外人才引进政策的有益经验

（一）需求导向的海外人才引进机制

新加坡在海外人才引进方面，一直围绕国家经济社会发展需求

---

① Community Integration Fund ［EB/OL］. https：//www. nationalintegrationcouncil. gov. sg/funding/community – integration – fund.

开展。新加坡政府相关部门会紧密结合市场情况调整需求目录。人才引进涉及的人力资源部、经济发展局之间相互协调，促进上下链条工作的一体化，保障引进的人才确实是新加坡需求的人才。人力资源部以吸引专业与技术人才为主，专设国际人力局，负责全球人才招聘，并根据经济发展的需要，每年制定和更新"关键技能列表"。根据人才需求和"关键技能列表"为人力部、联系新加坡及海外分支的揽才活动提供了工作重点和活动方向。联系新加坡及海外分支根据国内提供的人才需求在全球积极搜寻行业精英，人力部也会适当放宽准入门槛，向符合"关键技能列表"的外籍人士及符合未来产业发展方向的海外人才发放就业准证①。

（二）高效的海外人才融入机制

新加坡海外人才融入政策注重政策设计的系统性，内容全面、层次分明、环环相扣、稳步推进，包括入境前和入境后，以及不同融入阶段的初期、中期和长期目标及任务。建立本地人和海外人才的双向沟通交流机制。将海外人才从旁观者到参与者，再到组织者甚至领导者的转变顺畅且自然，稳固了海外人才融入政策实施的成果。一些海外人才还参与到社会融入工作中，为后来的海外人才提供服务，形成良性循环。

此外，新加坡政府在海外人才融入方面与各类相关社会组织建立了广泛的伙伴关系，发挥了社会组织更加贴近基层、工作方式更加灵活和善于创新求变的优势，淡化了海外人才融入工作的行政色彩，达到了较好的效果。社会组织参与机制体现在，政府和社会组织合作举办活动，设立资助社会组织举办活动的基金，以及政府采购社会组织的相关服务②。

---

① 孙业亮. 新加坡如何引进高端人才？［J］. 中国人才, 2016（3）：58-59.
② 冯凌. 国外引才政策研究［M］. 北京：党建读物出版社, 2015.

（三）国家主导下的多维行政架构人才政策

在总体战略方面，新加坡将人才战略作为国家战略，由政府高层直接推动，对于人才战略的发展方向始终坚持综合性、总体性、规划性。基于新加坡的国情和发展需求，先后重点发展行政人才、专业人才和高技术人才，从提高政府公共部门的工作效率开始，发展国家生产力，而后扩大人才储备促进良性循环。初期，新加坡公共部门面临着自身的难题，政府将人才建设重心集中于管理人才，稳固了执政基础；之后新加坡政府将创新型技术人才作为培养和引进的主要目标，逐渐提高了新加坡各个行业的专业水平，为新加坡的经济发展提供直接动力。而新加坡的人力资源组织和部门之间明确主导政策的分工协作，发挥多维行政架构活力，可以说从宏观规划、具体政策制定、执行和与其他部门协调的各个层面，均有相应的部门负责，从而构建了一套完整有序的人力资源政府管理体系[①]。

（四）全方位的海外人才生活保障体系

为了吸引人才，更为了持续发展，新加坡致力于打造世界级国际环境。廉洁高效的政府和公正透明的法律制度，对来自世界各地的人才都具有吸引力。在新加坡，政府一个月内就可以完成发放个人签证、协助土地取得、银行快速受理贷款等系列程序[②]。新加坡作为一个宜居的"花园城市"，具有广受认可的可持续发展的环境、高品质的生活。2018 年美世（Mercer）咨询发布的《美世生活质量调查报告》（*Mercer Quality of Living Rankings*）中，将新加坡列为

---

① 李政毅，何晓斌．新加坡面向创新驱动型经济的人才政策经验与启示［J］．社会政策研究，2019（2）：130－138.

② 孔娜．韩国、新加坡引进高层次人才战略现状分析及对我国的启示［J］．科技信息，2012（14）：83－84.

亚洲排名最高的城市。新加坡在不断创造和谐的人才工作环境的同时，社会、福利、家庭、基础设施等因素也是影响人才集聚的重要因素。新加坡努力创造优质的生活、福利条件，为人才提供更好的工作软环境，持续推动完善社会保障体系、税负、子女教育、医疗环境和城市环境，促进外来人才在新加坡定居生活。这使得新加坡在保持现有人才储备的同时，可以让外来人才更快地融入当地生活①。

第四节 欧盟海外人才流动管理政策追踪

一、欧盟海外人才流动管理的背景和依据

自 1993 年正式成立后，欧盟试图将各个成员国的市场向一体化方向发展。这就需要保障跨成员国之间货物贸易自由、人员流动自由、服务贸易自由和资本流动自由与支付往来自由这"四大基本自由"。为促进欧盟成员国内部人员自由流动，欧盟于 2007 年底通过了《欧洲联盟运行条约》（*Treaty on the Functioning of the European Union*，原《欧共体条约》修订版）②，第三部分第四编中给予了较为详细的规定，旨在保障欧盟公民基于经济目的而在其成员国之间实现平等流动的权利，具体包括：

一是欧盟劳动者有跨成员国流动的自由。《欧洲联盟运行条约》第 45 条就保障欧盟劳动者跨成员国迁移自由作出了原则性规定，

---

① 李政毅，何晓斌. 新加坡面向创新驱动型经济的人才政策经验与启示［J］. 社会政策研究，2019（2）：130－138.

② The EU. Treaty on the Functioning of the European Union. http：//eur－lex. europa. eu/LexUriserv/LexUriServ. do? uri＝OJ：C：2010：083：0047：0200.

即所有欧盟公民均享有在任一成员国找工作、就业、安家及提供服务的自由。同时，也规定了例外情况：如该条第 4 款规定，欧盟成员国的公务员不属于欧盟劳动者跨成员国迁移自由的保障范畴。这是因为各国公务员所从事工作多与其所在国主权行使有关，需要由本国公民来担当以显示其忠诚度。该条第 2 款明确禁止欧盟成员国对来自其他成员国劳动者采取任何直接或间接的歧视措施，而第 1 款甚至规定即使本无歧视性但事实上限制劳动者跨成员国的流动措施亦应被禁止。

二是欧盟劳动者有跨成员国开业的自由。《欧洲联盟运行条约》第 49 条开头就规定，禁止任何限制欧盟成员国公民在其他欧盟成员国自由开业的措施，并保障成员国公民在其他成员国设立代表处、分公司和子公司的自由；第 55 条则进一步要求欧盟成员国必须对其他成员国公民参股企业，以及仅由本国公民入股的公司给予同等待遇，但其从事业务与本国公权力的行使相关的例外。

三是欧盟成员国应促进青年劳动力交流。《欧洲联盟运行条约》第 45 条规定了成员国促进青年劳动力之间交流的要求，并试图通过参与共同的行动计划以实现欧盟的职业教育政策。

二、欧盟实施"蓝卡"计划

此前，欧盟分割的人才市场、各国移民政策的不统一，阻碍了第三方国家人才在欧盟境内的流动。"蓝卡"① 计划是欧盟在实现自由劳动力市场道路上迈出的重要的一步，旨在使欧洲在国际劳动力市场上更有竞争力。"蓝卡"计划也是欧盟共同移民政策的一个必经的阶段和重要步骤。其理论根据在于，欧洲如果能够联合在一

---

① 欧盟蓝卡，是欧盟吸引来自第三国的高素质劳动者到欧洲劳动力市场的一种便捷项目，于 2012 年 8 月 1 日推出。

起将比单独的成员国更能吸引人才的到来。

（一）"蓝卡"计划推出的背景

欧盟之所以推出"蓝卡"计划，主要基于以下三个方面原因：

一是欧盟人口老龄化问题日益严重，专业技术人才欠缺。人口老龄化严重制约了欧盟国家的发展，对外来移民的依赖不可避免。到 2050 年，欧盟将有 1/3 的人口达到 65 岁。人口老龄化已经成为影响欧盟各成员国经济发展和社会进步的一个重要因素，引进人才将极大地缓解由于人口老龄化而导致的欧洲劳动力短缺。

二是欧盟各成员国的移民政策大相径庭，缺少一个统一的管理体制，很难展开合作。欧盟在引进人才战略方面落后的主要原因之一就是各成员国政策不一致，人才市场狭小又相互割裂，呈现碎片化局面。根据目前的情况和各成员国的政策规定，一方面高层次人才难以跨国流动，需要重新向新的就业和居住国申请，时间成本很高①；另一方面合法移民与所在国公民享有的权利存在较大差距，移民在这样的环境中也难以自由流动，这都不符合欧盟一直倡导的平等合作的价值观念。"蓝卡"计划正是体现出了欧洲移民政策一体化的趋势，将欧盟 27 国统合成一个大市场，为高层次人才提供了一个宽松的环境，并能实现自由流动。

三是欧盟必须加大技术人才的引进，以确保自身经济的持续增长和在国际上的竞争力。欧盟提出 20 年内，专业人才和技术工人的需求量达 2 000 万人之多，尤其需要计算机技术和工程人才。欧盟在一份备忘录中指出：外籍技术人才占美国劳动力总数的 3%，占加拿大劳动力总数的 7%，占澳大利亚劳动力总数的 9.9%，而

---

① 潘兴明. 欧盟"蓝卡"计划评析——兼论中国人才战略对策 [J]. 国际展望，2010 (3)：68 - 78，8.

在欧盟，这个比例只有 1.7%①。从全球来看，55% 的高技术移民去了美国，到欧洲的只有 5.5%②。而且欧盟成员国之间的差异也比较大。例如，爱尔兰、卢森堡、比利时、瑞典等国家接受过高等教育的移民占到外国出生人口比例的将近一半，而在希腊和意大利等南欧国家，比例则较低。因此，实施"蓝卡"计划将缩小差距，提升欧洲整体吸引力。

（二）"蓝卡"计划的主要内容

2005 年 12 月，欧盟委员会提出"合法移民政策计划"（policy plan on legal migration）。这是欧盟实现共同移民政策的一个重要步骤也是其重要组成部分，该计划提出了关于人才引进的战略措施。一年后，欧盟理事会批准了这一计划，欧盟委员会根据以上计划和要求，提出了具体的政策和建议。在 2007 年 10 月 23 日推出了"蓝卡"计划，在引进高技术人才方面迈出了重要的一步，同时也推动了欧盟共同移民政策的形成和确立。2009 年 5 月 25 日，欧盟理事会批准了这一计划，并规定 2 年后正式实施。"蓝卡"计划是专门发给技术移民的可延续的居留证和工作许可证，一般有效期为 2 年，最高为 4 年。欧盟"蓝卡"计划旨在限制非法移民、控制普通移民的同时，吸引外国劳工，鼓励高智商和高知识结构的人才到欧盟就业，努力改变欧盟就业人员的知识结构，促进欧盟经济社会发展。"蓝卡"计划在未来 20 年内能吸引至少 2 000 万来自亚洲、非洲和拉丁美洲的技术人才赴欧盟国家就业③。其中"蓝卡"计划

---

① Elizabeth Collett. The Proposed European Blue Card System：Arming for the Global War for Talent？［EB/OL］．［2008－01－07］．European Policy Centre，source@ migrationpolicy. org.

② European 'Blue Card' to Solve Problem of Aging Population？［EB/OL］．［2007－09－26］．http：//www. europeanunionbluecard. com/.

③ 陆晶．"蓝卡"助欧盟拉拢人才［J］．人民公安，2011（6）：56－57.

主要作出了以下方面的规定：

1. "蓝卡"申请条件

"蓝卡"申请人必须取得欧盟成员国认可的学历和文凭；拥有至少 3 年的工作经验；必须在欧盟境内找到工作并签订不短于 1 年的工作合同，其职位应为欧盟公民所不能取代的；工资额须是其前往供职的国家法定最低工资的 3 倍，薪金必须达到该国同等职种平均薪酬的 1.7 倍以上；不会对接收国公共政策、安全和卫生等方面造成威胁；由于欧盟希望吸收更多的年轻人才，因此 30 岁以下的人在申请"蓝卡"时将会更有优势。

2. "蓝卡"申请及批准程序

非欧盟成员国公民提出申请后，将在 30～90 天内得到回复。只要得到"蓝卡"，就可申请获得居住及工作许可。"蓝卡"一次申请后便可在所有成员国之间自由流动，不需要重复申请。这对高技术移民产生了很大的吸引力，使他们在工作选择以及其他流动方面不受诸多限制。其中在移民引进条件、引进数量以及申请许可的有效期规定上成员国还拥有决定权。同时"蓝卡"计划要取得欧洲议会及所有成员国的批准，成员国也有权利不参加这项计划。

3. "蓝卡"持有者享受的权益及保护

"蓝卡"持有者除了在助学金申请、住房和社会救助方面仍然受到限制之外，享受与接收国国民同等的待遇，包括社保、就业、教育和薪资待遇等权益，同时还有家庭团聚的权利和为配偶提供工作的待遇。另外，"蓝卡"计划还为申请者提供程序上的保护：在"蓝卡"申请提出 90 天后，成员国主管当局应通过一个完整的申请决定。任何无端驳回或者撤销欧盟"蓝卡"申请的决定都将受到成员国法律的限制。其中按照规定在第一个欧盟成员国工作满 2 年之后，"蓝卡"持有人前往其他欧盟国家就业、居住时与欧盟居民享有同等权利，只要持有人有工作，"蓝卡"就维持有效①。如果持有者失业，其所获得的"蓝卡"仍然保持三个月的有效期，即使决定返回原籍地，以后也可以自由进入欧盟工作。

4. "蓝卡"与成员国政府居住许可的区别

"蓝卡"在两个方面不同于成员国政府签发的居住许可：首先，"蓝卡"有效期为 1~4 年。其次，"蓝卡"还为持有者提供暂时失业保障，在工作条件、学历认证、社会安全、享用公共物品和服务上享有与成员国公民同等的权利。在最初工作的两年内，劳动力市场也不是没有限制的。"蓝卡"持有者除了要符合该计划提出的各项申请条件之外，还必须在"蓝卡"批准的工作领域内寻找职业。

5. "蓝卡"的续签事项

在"蓝卡"过期之前，持有人可以向欧盟委员会提出续签申请，义工、学生和从事受管制职业的人员至少要提前 30 天提出续签申请。一般的员工只需要在"蓝卡"失效前提交续签申请表即可，没有具体的时间限制。在 2010 年 4 月之前发行的"蓝卡"有效期为两年，这一日期之后发行的有效期为 3 年。欧盟委员会会在"蓝卡"过期前 16 周对持有人发出提醒通知。对于诸如提供给警察或者注册教师的豁免卡是没有固定期限的，也就没有过期之说。欧盟委员会重新审核续签申请时，只有雇主才有权获悉"蓝卡"续签程序的进程。

---

① 潘兴明. 欧盟"蓝卡"计划评析——兼论中国人才战略对策 [J]. 国际展望，2010（3）：68 - 78，8.

6. "蓝卡"的其他相关规定

　　成员国将决定"蓝卡"申请是由第三国国民提出还是由国内的雇主提出。不管是成员国之外的申请者，还是已经拥有居住许可或者长期签证的移民，其"蓝卡"申请都要接受审定。当申请人不满足申请条件，或者提交文件存在欺诈、伪造或篡改的情况下，成员国可以拒绝授予"蓝卡"。申请被拒还可能出于道德伦理方面的原因，例如，为了防止第三国的"人才流失"，或者雇主属于非法用工。欧盟委员会会长期监控"蓝卡"持有人的信息，如果持有人向警方提供的信息有变，就必须向自己的雇主、义工集团负责人或者校方人员及时报告，否则将面临折合 1 万美元的罚款。如果"蓝卡"持有人触犯了法律，欧盟委员会将扣留其"蓝卡"，对其发出警告通知，并在 7 日内收回其"蓝卡"，如果持有人在规定的日期内没有上交，将会面临折合 1 万美元的罚款。"蓝卡"被扣留者，除非就业资格重新恢复，否则不可以再继续工作。获得"蓝卡"的前 2 年，任何工作单位的变动都需要经过外管局的审批；原则上，当满足欧盟"蓝卡"的申请条件时，可以从另外一个居留许可申请转换为欧盟"蓝卡"，同时获得欧盟"蓝卡"之前不需要证明其语言技能，而且还可以通过雇主来加速"蓝卡"颁发流程①，而"蓝卡"持有人家属的居住许可最晚在"蓝卡"发放之后的 6 个月之内被批准。至于欧盟将发放多少"蓝卡"，将由各国自己决定，欧盟委员会不会干预。"蓝卡"在欧盟成员国每一国的颁发条件完全相同，这就使技术移民可以积累在不同国家的居留时间，以期最终获得长期定居身份②。

---

　　① 欧盟蓝卡 20 个你需要知道的问题［EB/OL］. https：//zhuanlan. zhihu. com/p/97752059？from_voters_page = true.

　　② 陆晶."蓝卡"助欧盟拉拢人才［J］. 人民公安，2011（6）：56 - 57.

三、促进研究人才流动政策

（一）欧洲研究员合作计划

为提升欧盟成员国的研究水平，在欧洲建成一个世界级的研究系统，欧盟提出了"欧洲研究员合作计划"。希望在促进人才流动方面与成员国建立伙伴关系，对欧洲的所有研究人员实行开放的用人体制、消除由于研究人员的流动而引发的社会保障以及医疗和退休金方面的制约或障碍、为研究人员提供最具有魅力的就职条件①。成员国需采取如下措施：系统的、公开的招聘机制；满足流动研究人员在社会保障和退休金方面的需要；为研究人员提供优厚的就职条件和良好的工作环境；为研究人员提供培训，提升其技能，丰富其经验。其中有关海外人才管理服务的内容具体如下：

1. 推动招聘公开化、拨款流动化

欧盟认为，研究人员不愿选择或无法继续从事研究工作，其主要原因在于缺少公开透明的工作机会。在其成员国中，由于过时法律和惯例阻碍了竞争性用人机制的建立，许多公共研究机构，尤其是一些大学，在用人方面缺乏自主性。虽然许多私营部门的招聘大多是公开透明、公平竞争的，但公共部门内部聘用的现象仍普遍存在。由于研究人员是数量较少、专业化程度高的劳动力，难以在单一机构内实现就业。因此，公共部门应广泛采用公开招聘机制。这样，研究人员就可以获取有关跨机构、跨行业和跨国界工作调动的信息。其中欧盟提出，至2030年，欧盟将在研究人员流动方面确

---

① 乌云其其格. 美国、日本、欧盟、澳大利亚科技人力资源建设动态与趋势 ［J］. 中国科技论坛，2010（6）：143 – 149.

保研究机构的自主性和公开公平透明的录用制度，使研究人员的流动增加2倍，各成员国20%以上的博士流动到欧盟其他国家工作。届时，在一个成员国拿到学位的年轻人将能够顺利地到另一个国家工作，到那时流动将成为惯例，而不再是例外①。

此前，几乎所有项目都要依托提供资金管理的国内机构才能获得拨款，为此，欧洲研究理事会通过了"资金跟随研究人员"的计划。该计划主要内容包括：各成员国需给予各个机构提供更大的用人自主权，确保研究人员招聘制度公开公平；各成员国和欧盟委员会要确保，所有由公共部门提供资金的研究人员的职位招聘信息，要通过相关平台在线公示；为在研究机构、各级部门和国家间流动的研究人员提供充足的信息和帮助；如能更好地满足研究需要，允许国内资助机构以及相关研究项目所提供拨款自由流动。

2. 满足流动研究人员社会保障和补充养老金的需求

欧洲各国有着较为完善的社会保障体系，该体系受欧盟的协调机制约束，以避免各国的不同法律规定对人员流动产生不良影响。然而，随着持有多项短期合同研究人员的日益增多，上述机制已经不适应现代人员流动的新情况。因此，需完善适用于研究人员的社会保障相关立法，如延长失业津贴跨国转移的期限，或延长原籍国法律的适用期。此外，各成员国与第三方国家也可以签订研究人员社会保障方面的双边和多边协议。例如工龄累计、在国外工作期间仍暂时服从原籍国家社保体系、归国后津贴跨国转移等。同时为解除社会保障对跨国劳动者自由流动造成的羁绊，有效维护跨国劳动者的社会保障权益，欧盟采取了海外劳工社会保障权益国际协调的做法，不仅明确了社会保障权益国际协调的基本原则和操作办法，

---

① 乌云其其格. 美国、日本、欧盟、澳大利亚科技人力资源建设动态与趋势 [J]. 中国科技论坛，2010（6）：143 – 149.

而且还规定了社会保障待遇的发放程序，以保证跨国劳动者享有的社会保障待遇不会低于始终在一国就业的人员①。

在养老金问题上，鼓励养老金提供者开放针对研究人员制定的泛欧盟养老金方案；鼓励各成员国企业对接其他成员国的养老金提供者。这样，在欧盟范围内，在他国工作的研究人员既能够缴纳原籍国家的补充养老金，同时也能遵守所在国家的劳动法和退休金法律。这是解决研究人员后顾之忧、加强其在欧洲各国间流动就业的有力保障。

（二）"欧洲研究区"计划

为缓解欧洲研发活动碎片化现象，消除欧盟成员国公共研究体系之间的隔阂，更好组织欧盟范围内的研发活动，提升其研发实力，欧盟委员会提出了"欧洲研究区"计划。《里斯本条约》中将欧洲研究区定义为：以内部市场为基础的面向全世界的统一的研究区域，研究人员、知识和技术在其中自由流通，通过其发展来加强联盟及成员国的科学和技术基础，提高竞争能力以及联合应对重大挑战的能力②。为实现这一目标，需解决以下相关问题：研究人员的跨国流动、欧洲研究基础设施的更新、欧洲专利一体化，以及政府间科研合作的协调等。但是，"欧洲研究区"概念的诸多方面都受到既定国家差异的制约。例如，各国的津贴标准各不相同；创建统一的欧洲专利涉及不同的法律体系的协调问题；本国人优先的招聘政策使得研究机构不能受益于来自他国的优秀研究人员的知识和经历。

"欧洲研究区"计划中与海外人才管理服务相关内容有：加快研究人员的跨国流动，着力去除束缚研究人员流动的障碍，为整个欧洲的研究人员创造平等的条件和机会。2012 年 7 月 17 日，欧盟

---

① 谢勇才. 欧盟海外劳工社会保障权益国际协调的实践及其启示 ［J］. 探索，2018（5）：138 – 146.

② Treaty of Lisbon，Article 179. 2007. 12. 1. 3.

委员会发布了《加强"欧洲研究区"伙伴关系，促进科学卓越和经济增长》的政策文件。根据此政策，欧盟成员国应采取必要措施，确保国家科研和创新资金在欧盟层面的开放性和流动性（能够随着获资助者的迁移而流动）；各国科研机构的空缺岗位应通过统一的网站发布，并确保招聘程序的开放、透明和公正；各国应采取措施促进欧洲统一专利制度的建立。欧盟委员会还和欧洲研发与创新组织联合会、欧洲大学联合会、北欧科研合作组织、科学欧洲等机构发表了《共建伙伴关系，建设"欧洲研究区"》的联合声明，要求共同促进科研信息的开放获取，即确保欧盟及其成员国免费使用公共资金资助产生的科研成果，从而促进科研成果的传播和应用。

同时欧盟通过"玛丽·居里行动计划"为处于职业生涯各个阶段的科研人员提供不同类型的资助和奖励，主要包括：构建科研启动期培训网络、终身学习和职业发展、建立产学界合作伙伴关系、国际合作经费（主要包括出访学者奖学金、来访学者奖学金以及国际科研人才回流资助）以及玛丽·居里行动奖励[①]。除此之外，欧盟层面还通过建设招聘信息平台来促进人才流动，设立了无欧洲人的工作（EURAXESS Jobs），鼓励科研机构通过该网站发布招聘信息。2013 年，在各方努力下，超过 7 500 家机构的 4 万多个研究职位信息发布到 EURAXESS Jobs 上，这一成就有效地促进了跨国学术职位的供需匹配[②]。

"欧洲研究区"计划的其他具体措施包括：一是对接纳欧洲和第三国科研人员的大学、科研中心、企业，特别是中小企业和网络进行支持，包括提供培训，建立长期培训网络等。二是对希望前往

---

① 韩芳，张生太. 欧盟人才引进政策 [J]. 人力资源管理，2013 (1)：34.
② 刘进，于宜田. 促进跨国学术流动：2000 年以来的欧洲研究区建设研究 [J]. 外国教育研究，2016，43 (3)：29 - 42.

另一个欧洲国家或欧洲外国家的欧洲科技人员和希望来欧洲的第三国高水平研究人员提供支持，重点是为有至少 4 年研究经验的研究人员提供长期培训，同时要解决好研究管理培训的需求。三是对向欧洲国家的研究人员开放的国家和地区进行资金支持。四是建立和发展由具有成为高水平研究人才潜力的研究人员组成欧洲研究小组，尤其是在前沿科学或交叉学科领域。五是对获得欧盟人才流动资金资助的研究人员的卓越工作给予科学奖。六是建立有助于研究人员回到原籍国或地区，以及促进其专业再集成的机制。

（三）"地平线2020"计划与"地平线欧洲"计划

2013 年 12 月 11 日，被命名为"地平线 2020"计划的第八期框架计划（2014～2020 年）正式发布实施，预算总额达到 770 亿欧元①。从 2014 年 1 月起，玛丽·居里计划（MCA）将重命名为 MSCA，计划在 2014～2020 年期间总预算为 61.62 亿欧元。MSCA 计划的目的是在全球范围内，支持所有学科领域中对研究人员进行在职发展和培训，着重创新能力的培养，同时为他们提供有吸引力的工作条件。MSCA 还将成为欧盟培养博士生的主要计划，"地平线 2020"计划期间将资助 2.5 万名博士。而在"人才广泛化，参与扩大化"计划中投入 8.16 亿欧元，优先考虑研究与创新领域的投入，使用更加精简和统一的方式，聚合优化每个成员国的优势。同时采取具体措施针对在研究和创新方面表现不佳的成员国，并在成员国中实施新的人才凝聚政策②。

　　"地平线欧洲"是欧盟将于 2021～2027 年间的第九个国际性综

---

① European Commission. Factsheet：Horizon 2020 budget［EB/OL］.［2018 – 03 – 10］. http：//ec. europa. eu/research/horizon2020/pdf/press/fact_sheet_on_horizon2020_budget. pdf.

② 钟蓉，徐离永，董克勤，夏欢欢编译整理. 欧盟"地平线 2020"计划（Horizon 2020）［EB/OL］.（2014 – 4）. https：//wenku. baidu. com/view/f1 e74e8f6e1aff00bed5b9f3f90f76c 660374c18. html.

合科技计划。该计划进一步整合了"地平线 2020"计划，凸显对创新、创业活动的高度重视，加大对创新活动的投入，预计总预算为 976 亿欧元。"地平线欧洲"形成了新的三大支柱，分别是开放科学、全球挑战和开放创新，并在三大支柱基础上，强化欧洲研究区的建设。其中，开放科学目标在于支持高质量前沿科学和研究成果的创造和扩散①，预算 258 亿欧元，用于欧盟研究理事会（ERC）166 亿欧元，支持前沿研究项目和科研人员兴趣驱动的研究，较"地平线 2020"增加了 36 亿欧元，在整个计划预算中的占比为17%；用于人才流动的"玛丽·居里行动计划"预算为 68 亿欧元，在计划中的占比从 8% 降到 7%；用于研究基础设施项目的预算为24 亿欧元②。此外，为了进一步吸引最优秀的研究人员和最具创新力的创业者，正式设立了欧洲创新理事会，在"开放创新"支柱下，支持最具创新性的初创企业和公司迅速达到国际先进水平③。

第五节　英国海外人才引进政策追踪

一、英国海外人才引进政策的进展追踪

（一）改革移民制度历程

英国曾有"日不落帝国"之称，19 世纪时其殖民地遍布五大

---

① 戴乐，董克勤．欧盟第八．九研发框架计划比较分析及影响和启示 ［J］．全球科技经济瞭望，2018，33（9）：47 – 53.

② 欧盟"地平线欧洲"计划提出 2021 ~ 2027 年研究与创新蓝图 ［EB/OL］．https：//www. sciping. com/23963. html.

③ 刘润生．欧盟第九期研发框架计划：演进与改革 ［J］．全球科技经济瞭望，2019，34（3）：1 – 8.

洲，因此，英国的移民历史主要是将人口输出国外，而不是从国外接纳移民①。1793 年英国第一个移民法案规定对来自不同地区、不同社会阶层的移民采取不同的态度。1925 年推出的特别限制条例意味着英国对待"有色"人种移民的种族主义原则在法律上开始得到确认②。二战结束后，为了继续维持与前殖民地国家的联系，英国颁布《1948 年国籍法》，该法规定英国不以种族对入境权和定居权进行区分。但《1962 年英联邦移民法》的颁布使非白人移民受到了限制，它标志着英国移民政策趋于严格。之后英国颁布一系列法案限制移民入境。《1971 年移民法》加大了国家驱逐权，强化了国家通过法律全面对移民进行控制。1981 年颁布的新国籍法大大缩小了英国公民的覆盖面，并将非白人获得英国公民权的可能性降低到最底限度。1988 年新移民法案在处理寻求避难者和非法移民问题上，防止了避难者多重申请，增加了对雇用、运输非法移民的严厉惩罚。这意味着英国移民政策一步步由接纳包容走向排斥。

21 世纪随着全球化进程加快，面对全球高素质人才竞争，英国的移民政策也有所调整。2002 年 2 月，英国政府发表了"入境事务"白皮书，彻底改革英国的入境和避难申请制度③。2007 年出台的《英国边境法案》提出计分制移民体系，对来自非欧盟国家的人员实行五级计分制，将年龄、学历、证书、以往的薪资水平、在英经历、英语水平、维持自我生活的积蓄等作为评分标准，并允许本国企业到国外招募所需人才④。2008 年为了限制移民数量，英国先后出台了打击非法劳工政策、逾期逗留者拒签的条例、指纹签证、身份卡（ID）、收紧外卖店厨师的劳工签证和移民积分制度等一系

①③　傅义强. 西欧主要国家移民政策的发展与演变——以德、法、英三国为例 [J]. 上海商学院学报，2009，10（3）：1 - 5.

②　续建宜. 二十世纪英国移民政策的演变 [J]. 西欧研究，1992（6）：21 - 26.

④　韩永强，樊燕. 发达国家高技能人才引进的经验及其启示 [J]. 河北大学成人教育学院报，2016，18（3）：71 - 76.

列紧缩政策①。2017 年英国修改移民积分系统，以年龄、教育背景、专业等指标对留学生或移民进行评估。新的计分方式对于申请人的语言、技术和资金要求更加严格，高级技术人才、教师、护士等英国紧缺职业的技术人才更容易获得英国公民身份②。

（二）推行技术移民政策

英国的技术移民政策主要体现在 2002 年 1 月出台的《英国高技术移民政策》（HSMP）之中。英国的高技术移民政策主要包括以下内容：一是运用计分制确定高技术人才的标准（最低 65 分或 75 分），从教育背景、工作经验、上一年收入、成就和突出贡献等方面做出规定。凡是评分在 65 分（28 岁以下申请人）或 75 分（28 岁及以上申请人），又能在英国找到工作或自谋职业的各行业人才均可申请高技术移民。二是高技术移民签证、续签及入籍规定。高技术移民申请人一旦申请成功，即可获得为期两年的工作许可；申请人在英国找到工作或自雇创办公司，即可继续获得 3 年高技术移民签证延签；在英国居留达 4 年并符合其他若干条件者，可以获得英国永久居留资格，第 5 年时，申请人即可申请拥有英国护照，成为英国公民。三是允许他们的配偶及年龄未满 18 岁的子女一同赴英，且签证期限相同③。

英国脱欧后移民政策出现重大改革，2018 年 12 月英国内政部发布的《英国未来技术移民白皮书》是英国利用脱欧时机发布的只基于技能而非国籍的全新移民体系，吸引移民的重点将转移到高技

① 潘俊武. 论英国移民法改革对中国移民法建设的启示 [J]. 河北法学，2010，28（1）：179 – 183.

② 罗剑钊. 国外人才政策对我国优化科技人才战略的启示 [J]. 科技创新发展战略研究，2017，1（2）：43 – 48.

③ 宋全成. 论欧洲国家的技术移民政策 [J]. 山东大学学报（哲学社会科学版），2012（3）：110 – 117.

术移民政策上，并取消现行高技术移民每年 2.07 万人的限制，而欧盟低技术工人将不再自动获得在英国工作的权利。如果低技术移民已经在英国找到工作，可以得到"临时"一年期的签证，签证过期后他们必须离开英国，至少 12 个月内不得重返英国①。

《英国未来技术移民白皮书》在总建议章节中提道：英国退出欧盟后，在执行期结束后，英国将终止欧盟实施的现行自由迁移制度，以便英国移民规则适用于欧盟和非欧盟移民，且只适用于基于技能的单一制度，而不是基于个人来自哪里。在第六章中阐明：英国未来的边境和移民体系将确保英国继续吸引和留住来英国工作并为英国带来重大利益的人，它将建立在人们拥有的技能和才能之上，而不是他们的国籍。同时英国目前保留了一份短缺职业清单，该清单优先考虑在当前高技术路线上限范围内的个人，如果移民从事短缺职业，该清单将免除他们定居所需的最低工资门槛②。此外，新移民政策还规定未来欧盟学生也需要申请签证才能在英国留学，并将普遍意义上的最低薪资门槛从 30 000 英镑降低到 25 600 英镑③，而对于高技能包含的工种也进行了调整，如"农业工人"将从"高技能"工种中删除，并新增木工、刷墙工人、照管儿童等方面④。

（三）实施投资移民政策

英国投资移民始创于 1994 年，2006 年英国内政部通过国家议

① 2021 年英国将取消高技术移民的限制［EB/OL］. https：//www. sohu. com/a/284119023_100183978.
② 吴文峰，李琦.《英国未来技术移民白皮书》的理念、特点及对中国的启示［J］. 武警学院学报，2019，35（7）：15－20.
③ 英国移民大革命！推出打分制、欢迎海外技术移民，大量欧盟公民将被拒之门外！［EB/OL］. https：//mbd. baidu. com/newspage/data/landingsuper? context＝%7B%22nid%22%3A%22news_9629322003360576076%22%7D&n_type＝1&p_from＝4.
④ 英国积分制移民政策重磅发布，来英工作门槛降低［EB/OL］. https：//mbd. baidu. com/newspage/data/landingsuper? context＝%7B%22nid%22%3A%22news_9704094656765667881%22%7D&n_type＝1&p_from＝4.

会修改了原有的英国投资移民项目，具体表现在：无严格资金来源要求，投资人无须解释资产的合法来源，而且可以自己直投或通过银行融资贷款方式解决；无经商管理经验要求，只要年满18周岁都可以作为主申请人进行申请；可自由选择主申请人，主申请人累计达到规定的居住年限，其配偶和子女就将自动获得永久居住权；无学历及英文能力要求；对于已在英国的留学生，无须离境即可在英国境内申请转换为投资移民签证；签证审批时间快、周期短；投资移民一旦申请成功，申请人登陆后立刻享受英国所有的优厚福利，包括全面且免费的国民健保体系服务（NILS）、儿童和孕妇福利、伤残、疾病福利、退休福利和社会基金等①。

而在2011年4月6日英国政府实施移民新政，向投资类移民伸出"橄榄枝"，大幅缩短了投资移民获得永久居留权的时间，以鼓励海外投资者来英国投资、定居。根据新规定，海外移民如果在英国投资1 000万英镑2年后可获得永久居留权；投资500万英镑则可以在3年后获得永久居留资格；而投资100万英镑并于5年后获得永久居留权的规定仍将保持不变。此外，移民新政还将投资移民申请者每年可在英国以外地区逗留的时间从90天延长至180天②。2014年11月6日英国进一步提高投资移民门槛，投资金额从之前的100万英镑增加至200万英镑，而投资购买英国国债即可获得英国居留权，投资额度越高，办理周期越短；同时新的移民政策规定取消以资产为抵押在英国贷款办理投资移民以及将25%投资额用于投资房产的方式③。

此外，从2019年3月29日开始，英国投资移民不再允许投资

---

① 英国投资移民全攻略［J］. 世界高尔夫，2010（8）：166－167.
② 移民新政4月6日即将登场英国：向投资移民伸出橄榄枝［EB/OL］. http：//news. sina. com. cn/o/2011－03－29/080022199181. shtml.
③ 英国投资移民政策解读［EB/OL］. https：//wenku. baidu. com/view/abd5624e4128915f804d2b160b4e767f5bcf802d. html？fr = search.

英国国债，只允许投资公司债以及股票；投资人在申请前所需的投资款存款时间从 90 天延长至 2 年，并且要求提供更为详细的资金来源解释；用创新类移民替换现有的企业家移民类别，投资额从 20 万英镑降低为 5 万英镑；提高英语水平，要求从 B1（欧洲委员会指定的欧洲语言教学大纲的水平）升至 B2（相当于雅思 5.5 分）；新的创新类移民还将加入官方背书机制，缩短了申请周期，最快 3 年即可申请永久居留权①。

（四）建立更新移民体系

英国仿效加拿大、澳大利亚移民法于 2008 年 10 月正式实施"计点积分制"的移民政策，只有达到一定分数才可以在英国申请签证、居住和入籍。新移民法将入境签证分为五类：第一类 T1（Tier1）高技能人士，指拥有高技能或大笔资金用于投资的人士，将参考"高技术移民计划"（HSMP）以及其他采用计分制国家的计分方式，重点考虑年龄、英语能力以及工作经验的技能。第二类 T2（Tier2）已获工作合同的普通技能人士，以及符合特别海外需求的人士（如受雇于外国政府驻英国机构、全权代表、外国记者、跨国公司内部调动、宗教界人士等）。第三类 T3（Tier3）填补低技能行业劳工短缺人士。第四类 T4（Tier4）学生，学生签证的计点积分满分为 40 分，递交的申请材料要经过学校和英国大使馆签证处的双重审核。第五类 T5（Tier5）其他临时类别，如访问工作者、培训、参与青年互访和文化交流等。此外，新移民法规定只有获得 T1 和 T2 类签证的人士在达到年限后才能申请永久居留权②。

---

① 英国投资移民新政策的核心变化，你需要知道［EB/OL］. https：//www. sohu. com/a/318703828_100119932.

② 潘俊武. 论英国移民法改革对中国移民法建设的启示［J］. 河北法学，2010，28（1）：179 – 183.

　　而脱欧后的英国仿效澳大利亚推出"打分制"的移民政策，从2021年1月1日起实施，将对技术移民、全球英才移民、留学生等采用"打分制"，目前针对技术移民的打分系统已有初步规划。在这个打分系统下，所有技术移民申请人（包括欧盟和非欧盟公民）都需要证明自己持有合格雇主提供的工作录用通知，英语要达到相应水平且该工作满足特定的技能等级，同时申请人的收入还需要满足特定要求，分数达到70分才可以提出申请。而且"打分制"的移民政策降低了申请人的技能门槛，从RQF6降低到RQF3，即对技术移民的学历要求从之前的本科学历扩大到A－Level学历（相当于国内高中），且还将会取消移民人数限制以及劳动力市场测试。

　　从表3－2可以看出，前面三项必要条件加起来已满足50分的要求，如果想要达到70分，则还需要满足：申请人年薪25 600英镑及以上（＋20分）；申请人工作录取通知（offer）所提供的岗位为英国移民咨询委员会（MAC）指定的特定紧缺职业，且年薪在20 480～23 039英镑（＋20分）；申请人具备与岗位相关的博士学位且年薪在23 040～25 599英镑（＋20分）；申请人具备STEM专业的博士学位且工作offer所提供的岗位与专业相关，年薪在20 480～23 039英镑（＋20分）。作为初步规划，英国内政部将根据经验继续完善该打分系统，且未来可能会扩充更多评分项，如年龄、在英国的学习经历等[①]。

表3－2　　　　　　　　　　　英国新积分系统草案

条件	内容	分数
必要条件	获得"经批准的担保公司"提供的工作	20
	拥有相应的工作技能	20
	英语达到相应水平	10

---

　　① 英国移民大革命！推出打分制、欢迎海外技术移民，大量欧盟公民将被拒之门外！［EB/OL］. https://mbd. baidu. com/newspage/data/landingsuper？ context＝％7B％22nid％22％3A％22news_9629322003360576076％22％7D&n_type＝1&p_from＝4.

续表

条件	内容	分数
薪资条件	年薪 20 480～23 039 英镑	0
	年薪 23 040～25 599 英镑	10
	年薪 25 600 英镑或以上	20
其他条件	指定的短缺职业	20
	与其职位相关的博士学历	10
	科学、科技、工程、数学领域的博士学历	20

资料来源：课题组根据公开资料整理所得。

（五）开放新学生签证

毕业后工作签证（post study work，PSW）旨在让拥有本科、硕士、博士文凭的国际留学生毕业后继续留在英国寻找工作，有效期为 2 年。在 2 年的时间内，国际留学毕业生可以自由试探英国就业市场，获取工作经历，而这一切不需要任何担保方，也没有任何的工作限制。2012 年 PSW 签证取消后导致英国国际留学生入学比率下降，于是英国政府于 2019 年宣布恢复 PSW 签证，规定 2020 年入学的英国本科和硕士留学生，将在毕业后继续留在英国两年寻找工作机会，且 PSW 签证不设数量上限，也没有专业要求，但英国政府也强调最新的 PSW 签证将更多开放给数学、工程和技术等学科的优秀毕业生[①]。同时从 2019 年秋季开始，博士生在英国寻找工作将免除 T2 签证，也不再受每月发放的技术工人签证数量上限的限制。

2020 年 7 月 1 日，英国政府为了让优秀的国际毕业生留在英国，规定从 2021 年夏季起，获得博士学位的国际学生可以在英国

① 重磅！英国恢复 PSW 工作签证，且数量不设上限！［EB/OL］. https：//www. so-hu. com/a/340321781_187247.

工作和生活 3 年，同时延长优秀学生申请签证的窗口，取消研究生的学习时间限制，并允许所有国际学生可以在英国境内转换其他签证类型①。2020 年 10 月 5 日英国提前开放新学生签证，将用全新的"学生路径"（student routes）来代替此前的 T4 学生签证，新学生签证适用于所有国际留学生（包括欧盟学生），没有人数限制，并实行新的"积分制"，学生需要满足 70 分。

（六）开启全球"抢人"计划

2020 年 1 月 26 日英国首相鲍里斯宣布了一项新的移民政策：为了吸引世界领先的科学家，向全球招揽人才，将为科学家、研究人员和数学家等推出快速通道签证计划，从 2020 年 2 月 20 日开始启动。全球人才签证政策是英国"向有才能的科学家开放"的新制度，它取代了英国的杰出精英签证（Tier 1 Exceptional Talent），其发放数量将不设上限（精英签证每年有 2 000 个配额的限制）。它将由英国研究与创新局（UKRI）进行处理，目的是缩短签证申请的处理时间，申请人无需获得工作机会就可申请该类签证，同时确保科研人员的家属可以在英国就业。而通过该签证得到认可的科学家和研究人员可进入加速定居通道，意味着满 3 年可享有永久居留权，而且全球人才签证持有者不需要为其去英国之外的国家做研究而解释工作目的，以确保他们在申请永久居留权时不会受到处罚②。

2020 年 7 月 1 日英国政府又推出最新的全球"抢人"计划，为了确保世界上最有才华、潜力和创造力的人能够定居英国，将增设唐宁街人才办公室，以简化全球顶尖科学家、研究人员和企业家

---

① 英国启动全球抢人！首相亲自督战，搞了个唐宁街人才办 [EB/OL]. https：//www. sohu. com/na/405259605_627135.

② 重磅！英国正式脱欧，开启全球"抢人"模式！留学生们注意啦！[EB/OL]. https：//baijiahao. baidu. com/s？id = 1657502590133980261&wfr = spider&for = pc.

进入英国的流程①。

（七）设立科技创新人才计划

在西方发达国家，英国的各类技术人才和专业人员占国家总人数的比例名列前茅，长期以来就有"科研在英国，开发在美国"的说法②。为吸引世界优秀创新人才，英国政府先后设立了一系列人才奖励资助计划，这些计划针对不同对象，从吸引国外优秀学生到英国接受高等教育、吸引国外中青年杰出人才到英国从事学术研究，涵盖了支持创新人才的全过程，具体包括：一是海外研究生基金计划，该计划为国际研究生提供与英国一流学术机构开展合作研究的机会，旨在吸引高质量的国际留学生来英国从事研究工作。二是牛顿国际人才计划，该计划由英国科学院和皇家学会共同管理，主要面向处于职业生涯早期并希望在英国从事研究的非英国科学家，为全世界最优秀的准博士后研究人员提供在英工作两年的机会。三是英国皇家学会（Wolfson）研究价值奖，该奖项由商务、创新和技能部联合出资，并由皇家学会进行管理，计划给予大学额外的支持，使它们能够吸引、聘用具有突出成就和潜力的著名科学家来英国从事研究工作。四是伊丽莎白女王工程奖，该奖项旨在体现工程学的独特性、多样性、创造性以及影响力，获奖者不限国籍，每两年授予一次，奖金为100万英镑③。

为将英国建设成为世界上科研、创新与商业环境最好的国家，特别是在脱欧后能继续保持世界一流的科学研究地位，英国政府更加重视国际科技合作，积极融入全球科技创新体系。一方面继续加

---

① 英国启动全球抢人！首相亲自督战，搞了个唐宁街人才办 ［EB/OL］. https：//www. sohu. com/na/405259605_627135.

②③ 望俊成，邢晓昭，鲁文婷. 英国吸引和培养国际优秀科技人才的举措和特点 ［J］. 科技管理研究，2013，33（19）：28－32.

强同欧美国家的合作，吸引其优秀的科学家到英国工作，另一方面为降低英国脱欧后与欧盟国家科技合作的影响，出台了《科技创新合作面向未来的伙伴》报告，表达继续与欧盟国家保持科技合作关系的愿景，承诺继续执行欧盟现有的资助计划①。此外，英国为了培养更多的科技创新人才，将由政府和企业共同出资在未来5年内增加1 000个新的博士学位，并设立总额为3 600万英镑的图灵人工智能研究基金，开创人工智能研究新方法②。英国政府还推出基于全国的人才保留计划（talent retention solution，TRS），搭建全国性的网络平台，促进先进制造业领域的人才流动，促进相关工程技术人才就业③。

2020年7月1日，英国政府发布了最新的英国科研白皮书（UK research and development roadmap），该白皮书的重点包括：增加对科学研发的资金投入，培养多元文化，减少官僚主义；增设创新专家小组，以改善政府从研究阶段到产品开发的支持方式，从而确保英国在研发上取得更好的经济效益；拨款资金支持企业家和初创企业，利用竞争性和比较优势，让英国可以在关键产业和技术上处于世界领先地位；推出一项针对国际和英国本地技术人才的创新奖学金计划，以帮助政府运用学术界的尖端科技来提供更好的公共服务；同时通过寻求参与欧盟研发计划来达成公平协议，确保与欧洲国家保持紧密联系；此外还强调未来将会推出英国研发地区战略，以确保最大化地释放英国各地在研发方面的增长潜力和社会效益④。

———————

① 姜桂兴. 英国面向2030年的科技创新政策研究 [J]. 全球科技经济瞭望，2018，33（1）：1-6.

② 《英国教育动态》2019年第15期（总376期）[EB/OL]. http：//england. lxgz. org. cn/publish/portal132/tab6768/info143126. htm.

③ 罗剑钊. 国外人才政策对我国优化科技人才战略的启示 [J]. 科技创新发展战略研究，2017，1（2）：43-48.

④ 英国启动全球抢人！首相亲自督战，搞了个唐宁街人才办 [EB/OL]. https：//www. sohu. com/na/405259605_627135.

二、英国海外人才引进政策的有益经验

(一) 促进人才全球自由流动

英国在人才战略方面采取放任自由的宽松政策。由于英美高等教育体系及人才市场的总体差异，学术人员在英国所赚取的工资普遍少于美国，因此，每年都有不少英国高科技人才受优厚薪资和福利的吸引而流向美国。对此英国并不刻意限制，而是执行"来去自由"的政策。但是随着英国注重基础科学研究，将重点放在创造良好的研究氛围和高标准的学术质量上，使英国的文凭越来越受到国际的认可和尊重。所以英国政府采取一系列措施为高端人才的回流创造宽松的环境和创业条件，使许多在美国大学任教的教授最终回归祖国①。

(二) 奉行全球化的人才观念

英国在不断输出人才的同时，也开放性地从全球吸引人才。它有一套完整的移民政策，英国移民署在高层次人才和高素质有技能的劳动力人员签证方面具有完善的机制，对人才签证的类型具有明确的规定，申请者按照政策指南填写申请。政府的代理机构根据移民署的分配名额，做好申请者的审核、汇总、联系、管理等相关工作。同时英国也在不断改革和调整移民政策，让高技能人才更容易到英国工作，从而为英国的科技事业和国家发展做贡献②。另外英国还将人才引进视线扩展到欧盟以外，加大了从亚洲、非洲等第三世界的人才引进力度。例如，英国文化协会发起了英印教育研究倡

---

① ② 望俊成，邢晓昭，鲁文婷. 英国吸引和培养国际优秀科技人才的举措和特点 [J]. 科技管理研究，2013，33 (19)：28 - 32.

议、非洲教育伙伴关系等多项计划，同时英国的许多大学还在海外设立分校并与当地大学合作办学来加强教育联系，此外英国边境署专门设立了"土耳其工商签证"，为在英国建立公司和工作的土耳其公民提供了更大的留英机会①。

（三）重金聘请全球顶尖人才

英国政府通过发布国家科技发展白皮书，制定调整吸引人才策略。对高科技、基础研究和高等教育领域中优秀人才实行倾斜政策，国家拨专款大幅度提高他们的工资待遇，其中由英国政府锁定的几百个杰出人才，年薪达到 10 万英镑以上。另外，英国政府对人才的定义也更加宽泛和有弹性，包括金融、科技、教育、信息、法律、医学等各个领域，辨别人才的标准也下放到全英的著名大公司和研究机构，他们拥有自己签发工作许可证的特殊权利，而不再看他们是否已获得硕士文凭。同时英国建立高级人才招聘计划，重金聘请顶级人才。政府认为，花很长时间和大量金钱培养急需的高技术人才不如购买高技术人才和他们所创造出的成果。政府还与沃尔森基金会、英国皇家学会合作，每年出资 400 万英镑作为启动资金，高薪聘请 50 名世界顶级科学家，以保持英国在世界研究领域中的领先地位②。

（四）重视"多元文化"与"多民族共存"

语言和文化在移民融合和迁入社会的进程中发挥着关键性作用。纵观世界各国的移民政策，都或多或少地反映出那种与生俱来

---

① 刘洋，蓝志勇．英国科技人才政策的战略走向［J］．天津行政学院学报，2014，16（5）：89 - 95.
② 鄢圣文．国外人才引进政策的主要做法与经验借鉴［J］．中国证券期货，2012（9）：246 - 247.

的民族排他性情感，大多数国家在对外来移民的选择和接纳中表现得较为含蓄，所以"族群认同与社会融合"这一理念在移民体系的建设中就显得十分重要。《英国未来技术移民白皮书》中提出：移民必须学会说和理解英国的语言，并充分利用英语来成为英国社区的一员。随着英国离开欧盟，这一点只会变得更加重要，人们必须团结起来成为一个整体，消除一切障碍，与广泛的利益攸关方合作，包括社区、志愿组织和宗教组织①。而且英国重视的是全球的人才，不仅局限于培养与使用本国的人才，大量的外国人在英国工作，已经成为英国人才市场的一大特征②。

（五）协同创造良好人才发展环境

英国人才策略注重政府与企业和代理机构之间的分工合作，协同创造良好的科学环境。英国政府注重打造公共基础设施，营造公共舆论，增强公共意识，打造制度环境，鼓励科技人才的成长和发展，为科技人才提供良好的社会环境。这也是英国政府注重人才的战略走向，从科学环境和制度环境等方面培养人才、鼓励人才、支持人才，引进人才并容留人才。英国政府鼓励企业与高校合作，鼓励产学研结合，很多高科技产品在高校研发，在企业完成生产销售，使企业与高校良好的合作带来各种效益。另外，英国政府的代理机构有权限针对特殊的科技人才进行招聘，这些人才通过招聘到政府部门就职，从而为政府服务③。

---

① 吴文峰，李琦.《英国未来技术移民白皮书》的理念、特点及对中国的启示［J］. 武警学院学报，2019，35（7）：15－20.

② 熊汉宗. 英国、新加坡人才资源开发与管理政策及对我国的启示［D］. 太原：山西师范大学，2013.

③ 刘洋，蓝志勇. 英国科技人才政策的战略走向［J］. 天津行政学院学报，2014，16（5）：89－95.

第六节　澳大利亚海外人才引进政策追踪

一、澳大利亚海外人才引进政策的进展追踪

(一) 从自由移民到多元文化移民

澳大利亚的移民历史经历了自由移民、限制禁止移民、种族同化移民和多元文化移民四个发展阶段。1790 年第一批来自英国的自由民移居澳大利亚，正式开启了澳大利亚的移民历史。19 世纪 50 年代由于"淘金热"的兴起，国内劳动力紧缺，政府开始雇用中国人、印度人作为契约劳工，之后越来越多的移民奔赴澳洲。但随着白人和非白人的矛盾日益尖锐，1854 年产生了《维多利亚排华法案》，政府通过立法形式来限制华人移民。之后随着澳大利亚民族资本主义经济的形成以及澳大利亚联邦政府的成立，政府又通过《限制入境移民条例》来全面推行"白澳政策"。二战后，面临劳动力再一次紧缺的局面以及政府意识到"白澳政策"的不合理性，于是在 1945 年澳大利亚增设了联邦移民部，开始放宽对有色人种移民及入籍的条件，并提出"移民就是繁荣"的口号。20 世纪 60 年代，澳大利亚移民在立法层面上逐渐放弃了种族歧视的移民政策，这时种族同化的移民政策被澳大利亚政府推上历史舞台。1972 年惠特拉姆领导的工党上台之后宣称采用无种族、肤色和国别背景歧视的移民政策，标志着"白澳政策"的正式废除；同时在多元文化政策的指导下，联邦政府引进了技术移民理念，再次重申

了种族移民政策的终结①。

（二）技术移民

1. 技术移民发展历程

技术移民是澳大利亚政府移民计划的核心要素。1973 年惠特拉姆政府实行一种新的结构化选择评估机制，对移民申请者的技能进行综合评估。1979 年弗雷泽政府实行一种更加细化的量化多因素评估体制，该体制将移民的申请条件进行量化，增加移民申请者技能的权重②。而在《1982 年移民法案》中简化了原有技术移民积分的计分程序，放宽了技术移民的准入条件，更加重视移民申请者的教育背景、英语能力和专业技术能力③。1996 年霍华德联合政府上台执政后，将永久性移民计划的重点从家庭团聚类移民转向技术类移民，其主要表现包括增加技术移民名额和完善技术移民选择标准。2007 年陆克文政府及其后的吉拉德政府继续推进澳大利亚的技术移民政策改革，改革的重点是优先挑选最适合澳大利亚经济发展的雇主和州、领地政府担保类技术移民，其主要表现为：第一，增加雇主担保类移民配额；第二，提高州、领地担保移民的权限；第三，调整技术移民优先申请顺序；第四，严格申请独立技术移民的条件，减少独立技术移民配额；第五，实行技术移民选择模式（Skill Select）④。陆克文—吉拉德政府将霍华德政府时期确立的以独立技术移民为主的"供给—导向"型技术移民政策转变为以政

---

①③ 苏佳卓.19 世纪初到 20 世纪 90 年代澳大利亚移民政策回顾 [J]. 滁州学院学报，2016，18（3）：23 –26.

② 于明波. 当代澳大利亚技术移民政策调整与中国新移民 [J]. 八桂侨刊，2016（4）：19 –26，47.

④ Skill Select 是澳大利亚吉拉德政府于 2012 年开始实施的一种全新的技术移民甄选系统，它将原来的技术移民自由申请制转变为选择邀请制。

府、雇主担保类移民为主的"需求—驱动"型技术移民政策①。

2. EOI 打分邀请制

澳大利亚现行的技术移民政策主要依据每年由移民和边防管理局公布的最新《职业技术列表》和统一担保职业列表，以及相对应的积分评价体系和签证体系。申请人对照列表信息和技能评估情况，通过技术选拔系统在线填写相关信息，递交移民意向书（EOI），而根据最新的移民政策，职业评估、英语语言能力测试、年龄等各项内容总分达到 65 分才能递交 EOI 申请。进入在线系统的移民意向表达信息可供澳大利亚联邦政府、州政府和领地政府以及用人单位检索。在发现人才后，澳大利亚联邦政府可向人才提出邀请，州及领地政府需要提名该人才，用人单位需要提名或提供担保，被邀请、提名或担保的人在满足其他规定条件、获得足够的打分后即可正式递交签证申请。最后经移民和边防管理局审核通过后才能发放赴澳移民签证②。

2019 年 11 月 16 日澳洲技术移民 EOI 打分系统全面升级，从新打分系统来看（见表 3 - 3），大多数的加分情况保持不变，主要变化体现在 STEM 学历加分、配偶加分和指定地区州政府担保或亲属担保加分。在澳洲完成 2 年以上的 STEM 专业的硕士或者博士加分增至 10 分；配偶或伴侣如满足和主申请人同样签证类别的基本要求，可以加 10 分；申请人如果单身，或者配偶已经是澳洲公民或有永久居留权，可以加 10 分；申请人的配偶并不符合同样签证类别的基本要求，但是雅思成绩 6 分以上，可以加 5 分；偏远地区州

① 于明波. 当代澳大利亚技术移民政策调整与中国新移民 ［J］. 八桂侨刊，2016（4）：19 - 26，47.
② 仪周杰. 澳大利亚引进海外人才经验对我国的启示 ［J］. 决策探索（下），2018（12）：92 - 93.

政府担保或亲属担保加分也增至 15 分，同时 491 签证持有者在偏远地区居住 3 年以上，并且每年收入达到 53 900 澳币就可以申请转191 永居签证①。

表 3-3   澳洲技术移民 EOI 打分

打分项	打分细则	新政分数	当前分数
婚姻状况	单身无配偶	10	0
	有配偶，配偶有职业评估，有雅思 4 个 6 分或同等英语水平	10	5
	有配偶，配偶是亲属（PR）或公民（citizen）	10	0
	有配偶，配偶无职业评估，有雅思 4 个 6 分或同等英语水平	5	0
	有配偶，配偶无职业评估，无雅思 4 个 6 分或同等英语水平	0	0
偏远地区提名或担保	偏远地区 491 州政府提名或亲属担保	15	10
STEM 学历	制定专业的硕士研究或博士学历	10	5
年龄	18~24 岁	25	25
	25~32 岁	30	30
	33~39 岁	25	25
	40~44 岁	15	15
	45~49 岁	0	0
英语（托福、IBT、PTE、OET、CAE 同样认可成绩三年有效）	雅思 4 个 6 分或同等水平	0	0
	雅思 4 个 7 分或同等水平	10	10
	雅思 4 个 8 分或同等水平	20	20
与提名职业相关的澳洲工作经验	过去 10 年内 1 年澳洲相关工作经验	5	5
	过去 10 年内 3 年澳洲相关工作经验	10	10
	过去 10 年内 5 年澳洲相关工作经验	15	15
	过去 10 年内 8 年澳洲相关工作经验	20	20

---

① 2020 年澳洲技术移民 EOI 打分表 [EB/OL]. https://zhuanlan. zhihu. com/p/101620462.

续表

打分项	打分细则	新政分数	当前分数
与提名职业相关的海外工作经验	过去 10 年内 3 年海外相关工作经验	5	5
	过去 10 年内 5 年海外相关工作经验	10	10
	过去 10 年内 8 年海外相关工作经验	15	15
学历	海外认可的学徒身份/专科/澳洲三级证书/澳洲文凭课程	10	10
	本科及以上学历（包括荣誉硕士和硕士）	15	15
	博士	20	20
澳洲学习经历	在澳大利亚完成最少两年全日制学习	5	5
其他	社区语言（NATTI 认证或 CCL）	5	5
	职业年（Professional Year）	5	5
	偏远地区 2 年学习	5	5
	190 州政府担保	5	5

资料来源：课题组根据公开资料整理所得。

（三）主要签证类型

澳大利亚现在主要有四种移民签证类型：商业创新及投资移民签证（188）、独立技术移民签证（189）、州担保技术移民签证（190）和偏远地区技术移民签证（491）。其中 EOI 计分系统包含 189、190 和 491 签证，需要得到最低 65 分才有资格获得邀请。

188 商业创新和投资移民签证是获得澳洲 888 永久居留签证的第一步。申请者通过技术选拔系统提交移民意向书，并且获得提名。该签证包括五个类别，分别为商业创新类别（188A）、投资者类别（188B）、重大投资者类别（188C）、高端投资者类别

（188D）和企业家类别（188E）①。而 189 独立技术移民签证无需州担保和雇主担保，移民成功后可以去澳洲任何地方工作、学习和生活，是一步到位的永久居留签证。189 签证既可以在澳洲境内申请也可以在境外申请，前提是所从事的职业必须在 189 职业清单中，并且通过职业评估，同时要满足 65 分的打分标准②。190 州担保技术移民签证适用于职业在澳洲技术移民短期职业列表（STSOL）或澳洲技术移民中长期职业列表（MLTSSL）上的人，同时必须拿到澳大利亚某个州的提名函，否则评分为 65 分也不能申请，而拿到提名函之后可以在 EOI 打分系统中获得额外 5 分的加分③。2019 年 11 月 16 日，澳大利亚关闭偏远地区州担保 489 签证申请通道，正式引入 491 新偏远地区技术移民签证。491 签证是 5 年的临时居留签证，需要主申请人和家人在指定偏远地区工作和居住满 3 年才能转永久居民签证，同时 EOI 打分达到 50 分就可以申请（不包括州担保加分），但要满足不同州政府对于 491 提名的具体要求④。

（四）全球人才计划和南澳大利亚创新计划

全球人才计划旨在面向全球引进澳大利亚现有签证政策无法满足其发展需求的高技能紧缺人才，以及具有全球竞争优势的尖端技能项目。该计划包括两个子项目：一是引进具有尖端技能的高技能人才，二是引进具有尖端技能的创新型人才。此流程适用

---

① 澳洲 188 商业创新和投资移民签证简介 ［EB/OL］. http：//www. austargroup. com/news/info_17889. html.

② 澳大利亚 189 独立技术移民——全面讲解 ［EB/OL］. https：//www. douban. com/note/731078727/.

③ 【190 签证】州担保技术移民流程详解 ［EB/OL］. http：//www. andyyimin. com/application/190. html.

④ 最新！澳洲偏远地区新 491 签证详解，内附新 491 与 489 签证对比 ［EB/OL］. http：//www. austargroup. com/news/info_20664. html.

于基于技术或 STEM 相关领域的初创企业[1]。2019 年澳大利亚联邦政府在新的全球人才计划上投资 1 290 万元，每年将预留 5 000 个名额提供给优秀的技术移民及其家人，获得资助的技术移民将获得为期 4 年的临时技能短缺签证，并可在 3 年后申请在澳永久居留权[2]。

南澳大利亚创新计划旨在引进海外创业型人才和初创企业，有助于支持南澳大利亚吸引外国企业家提出创新想法，推动经济和创新发展。同时这一计划还在商业创新和投资项目中补充现有的初创企业和企业家签证，确保澳大利亚保持开放和竞争力，吸引最优秀的创业人才[3]。为此，南澳推出了一款没有经商背景、投资、语言技能要求同时还能转永久居留的新签证——SISA408 签证。该签证的有效期最长为 3 年，申请条件必须满足申请人未满 45 岁，有一个创新战略计划或想法，雅思至少达到 4 个 5 分，还要得到南澳大利亚州政府贸易和旅游投资部的认可，以便在南澳大利亚推行创新理念[4]。

（五）吸引国际留学生政策

留学生是澳大利亚引进海外人才的重要途径。根据澳大利亚统计局（ABS）公布的数据，2018 年，69.38 万国际学生为澳大利亚经济贡献了 376 亿澳元，比 2017 年增长 15%，创造了超过 24 万个就业岗位，国际教育连续 5 年保持两位数增长。在国际教育方面澳大利亚也具有良好的声誉，2019 年 QS 世界大学排名中，澳大利亚

---

[1][3] 仪周杰. 澳大利亚引进海外人才经验对我国的启示 [J]. 决策探索（下），2018（12）：92 - 93.

[2] 2019 年澳洲为吸引优秀技术移民出台新政 [EB/OL]. http：//www. austargroup. com/baike/info_3876. html.

[4] 2019 年澳洲移民新政策的变化：南澳 SISA—408 临时签证 [EB/OL]. https：//www. sohu. com/a/291485853_99904584.

现有 39 所大学中的 26 所进入世界前 500 强，这离不开澳大利亚政府推出的一系列吸引留学生的优惠政策，如简化签证手续、允许兼职工作、制定针对留学生的医疗保险制度、实行技术移民政策、提供优厚的奖学金等。

在 2020 年澳大利亚宣布推出 1 950 万澳元的"目的地澳大利亚计划"（Destination Australia Program）奖学金计划，鼓励留学生去偏远地区的大学或职业院校读书。同时澳大利亚的技术移民政策对海外学生具有极大的吸引力，留学生独立技术移民签证使得全额付费的海外学生不需要离岸即可申请永久居住权，毕业生技术移民临时签证（485 签证）允许外国留学生结束学业后可在澳大利亚居留多达 4 年，在澳洲获得 STEM 专业和信息通信技术专业研究型硕士或博士可获得额外的 5 分技术移民加分。此外澳大利亚政府为了在全球范围内推广其教育，在目标国家举办教育展览会、新闻发布会、学生论坛等海外营销教育，同时政府开设"留学澳大利亚"网站，用 12 国语言发布，为未来的国际学生提供在该国学习的大量信息，并借助海外的信息中心向国际学生提供外展服务，打造"留学澳大利亚"国家品牌[①]。

（六）完善的福利保障体系

澳大利亚能够吸引大量海外移民涌入，更重要的在于其完善的社会福利保障体系，如首次置业津贴、青少年津贴、学生生活费、疾病津贴、护理津贴等[②]。在教育福利方面澳洲实行 12 年义务教育，大学期间政府提供低息助学贷款，只要是 24 岁以下正在学习

---

① 兰洪. 澳大利亚国际教育与技术移民举措对我国的启示 [J]. 教育评论，2020（2）：164 - 168.

② 赵昌. 从官方统计资料看国际移民政策对澳大利亚人口问题的调控作用——兼论中国国际移民政策体系的建构 [J]. 人口与发展，2016，22（5）：61 - 68，50.

或者接受学徒训练的澳洲公民都可以享受青年津贴。在医疗福利方面澳大利亚政府推出国民保健计划，包含了免费看病、免费治疗、买药打折等一系列福利措施，看专科医生可报销85％，还会通过"医药补贴计划"为病人提供处方药补贴。在养老福利方面澳洲政府一直鼓励纳税人将更多自有资金投入养老金，福利署也会每年给65岁以上的老人发放政府养老金。而且澳洲还是一个鼓励生育的国家，每生育一个孩子政府会给予一定的生育补贴，首个新生儿享受1 595.23澳币补助，其余补助金额为每个新生儿532.35澳币，同时新生儿家庭还可享受税务减免①。

二、澳大利亚海外人才引进政策的有益经验

（一）树立国际视野，加强国际合作

澳大利亚引进海外人才主要有两种模式，一种是用人单位通过移民政策，在技术选拔系统中检索有移民意向的海外人才；另一种是通过网络发布招聘信息、国际猎头或工作关系介绍引进海外人才，签订劳动合同并办理赴澳工作签证。其中澳大利亚内政部在制定移民签证计划前会对国际人才市场进行充分的调研，调查全球产业发展概况、人才流动趋势，并征求国内移民审理委员会等相关部门的意见，确定移民签证签发计划。同时澳大利亚还通过移民政策进行宏观调控，充分发挥市场主导作用，促使用人单位、人才中介、海外人才能够相互配合，从而促使优秀的海外人才流向澳大利亚各行各业②。

---

① 移民澳大利亚必知的福利制度［EB/OL］. https：//www. sohu. com/a/248905405_295978.
② 仪周杰. 澳大利亚引进海外人才经验对我国的启示［J］. 决策探索（下），2018（12）：92－93.

（二）按需引进，筛选引进高技能人才

澳大利亚根据本国经济社会发展和劳动力市场对外国人才的需求建立与之相适应的移民职业清单制度和积分评估体系，通过移民职业清单制度确定本国劳动力市场需求的高技能人才，凭借积分评估体系从职业技术资格、工作经验、年龄、受教育程度等各个方面对这些高技能人才进行筛选，先后公布了《澳大利亚优先职业清单》（POL）、《技术移民职业清单》（SOL）、《技术移民优先职业清单》（MODL）、《优先处理职业清单》（CSL），同时打分系统和打分标准也随着本国劳动力需求市场的变化而进行调整[①]。

（三）因地制宜，出台服务于不同区域发展的引才政策

澳大利亚在引进海外人才方面针对不同的区域实施不同的移民政策。澳大利亚 3/4 以上人口集中在新南威尔士州、昆士兰州和维多利亚州，其余地区人力资源极其紧缺。为支持澳大利亚偏远地区的发展，澳大利亚政府出台了鼓励向偏远地区移民的政策。其重要做法是通过颁发地区技术临时签证、地区技术签证、地区担保移民计划签证，提供更加便利的移民条件和申请流程来吸引海外人才到澳大利亚偏远地区就业，从而获得澳大利亚永久居留签证或国籍。此外澳大利亚还在奖学金计划方面投入更多的资金鼓励留学生去偏远地区的大学或职业院校读书[②]。

---

① 郭鑫鑫. 发达国家移民政策中的人才筛选及启示 [J]. 北京劳动保障职业学院学报，2014，8（4）：23 - 26.

② 仪周杰. 澳大利亚引进海外人才经验对我国的启示 [J]. 决策探索（下），2018（12）：92 - 93.

第七节　国际海外人才引进战略的发展趋势和经验借鉴

在科技创新驱动经济发展的大背景下，各国都加大了对海外人才尤其是高层次人才的争夺。在西方发达国家，自 2008 年金融危机以来，伴随着经济发展动力不足，次级劳动力市场①失业现象逐渐突出，而主要劳动力市场供给不足。因而，要通过大力吸纳高素质人才，如带项目、带资金、带技术的科技创新人才来激活劳动力市场，并进而实现创新驱动发展。美国、日本、英国、法国、德国等发达国家和印度、巴西等发展中国家，都把大量吸收全球知识资本和科技人才作为国家科技战略、人才战略和创新战略的重要支点。在一些发达国家，由于人口总量供给不足，吸纳高层次科技创新人才的诉求更为强烈。纵览海外主要国家的人才政策，技术移民政策、长期居留权、留学生制度、绿卡制度等较为普遍，从本质上来看，这类政策更加凸显了其海外人才政策的"长效机制"，因为这些政策能够给海外人才以稳定的预期。

一、国际海外人才引进政策趋向

相比中国在进入 21 世纪以来短时间内密集出台人才计划，国外尤其是发达国家的高层次人才政策相对稳定，且主要表现在为海

---

① 次级劳动力市场概念来自二元制劳动力市场分割理论。该理论认为，劳动力市场存在主要劳动力市场与次级劳动力市场的分割，前者市场中的劳动者收入高，工作稳定，工作条件好，培训机会多，有良好的晋升机制；而次级劳动力市场则与之相反，劳动者收入低、工作不稳定、工作条件差、培训机会少，缺乏晋升机制。

外人才提供居留资格和生活保障上，而真正为海外人才提供全方位的创新创业支持的国家或政策反而不多。在发达国家，这种情况的出现更多是源于其较为完善的市场经济环境。在欠发达国家，这种情况可能更多的是无力为之或尚未进入政策视野的表现。需要注意的是，由于发达国家和地区没有类似中国这样密集出台海外人才政策，相关政策中对创业创新或者在人才使用主体上的区分并不明显。所以，下面的论述更多的是从综合性的角度来看，但在引进强度和力度上，中外具有相似性①。

无论是发达国家还是发展中国家，进入 21 世纪以来都明显加强了对高层次人才的争夺，但高层次人才从发展中国家向发达国家流动的总趋势没有得到根本改观，发展中国家在高层次人才争夺战中依然处于绝对劣势。例如，中国科协 2008 年报告指出，自 1985 年以来，清华大学高科技专业毕业生 80% 去了美国，北京大学这一比例为 76%。美国《科学》杂志把清华大学、北京大学称作"肥沃的美国博士培养基地"②。截至 2019 年 10 月 31 日，清华大学和北京大学 2019 届毕业生出国深造比例分别为 15.3% 和 14.79%，其中大约 60% 的学子选择赴美深造③。但近年来，在发达国家经济相对疲软的情况下，发展中国家海外人才回流甚至是本国之外人才流入的情况逐渐多了起来，尤其是以"金砖五国"为代表的新兴市场经济体，吸纳海外人才的强度明显加大。下面简单总结梳理全球其他国家海外人才尤其是高层次人才引进政策。

---

① 本节内容根据相关中文材料进行整理，简明起见，不涉及核心观点类内容不再一一说明。

② 曾航. 美国反思后 911 人才战略：限制技术移民吞苦果［N］.21 世纪经济报道，2009 - 08 - 26，第 20（IT）版.

③ 清华北大发布毕业生就业质量报告，超六成预留学生选择美国深造［EB/OL］. https：//www.sohu.com/a/367109427_816431.

（一）精英移民政策连根挖才

经济全球化背景下，国际人口迁移数量日益扩大，出现精英移民剧增现象。发达国家优势相对明显，主要源于其完善的市场经济环境以及优越的创新创业氛围。北美、欧洲以及日本、韩国等国家纷纷改革移民法、国籍法以及推出各种工作签证制度，企图以这种"连根挖取"或"釜底抽薪"式的人才政策变"外国人才"为"为本国效劳的公民"，实现海外高层次人才战略引进。海外高层次人才政策层面的鼓励移民，是政策施行国攫取海外人才比较彻底的手段，通过使之落地生根来达到长期性引入，有长远的战略性意义。

美国历史的一个显著特征，就是依靠大量移民来实现国家建立、发展和融合，并逐渐形成了文化上的开放型和多元化特点。吸附大量创业移民，不但有助于其形成开放多元的文化氛围，而且为经济社会发展直接带来了高端智力支撑，同时为精英移民政策的实施奠定了坚实的社会基础。9·11事件之后，美国收紧了移民相关政策，吸纳海外高层次人才受到不小影响。但是近年来随着这一事件不良影响的逐渐消散，美国又重新放宽了移民、留学和国籍政策，以避免被其他国家占据引进全球高端人才的先机。尤其是吸引和保留自然科学和工程类技术人才，始终是美国海外高层次人才的主要对象。而特朗普执政后，美国移民政策趋向收紧，他要求全面改革美国现行移民制度，主要内容包括每年移民总量减半、亲属移民政策改革和实行绿卡申请积分制（标准包括学历、收入、工作年限、年龄等），这一系列措施将意味着美国移民政策从"量"向"质"的改变①。

精英移民在欧洲国家的海外高层次人才引进工作中也开展得比

---

① 黄红，杨宁，潘地震. 加大海外高层次人才引进力度［J］. 党政论坛，2019（4）：32 - 35.

较成熟。虽然欧洲国家是老牌发达国家，但人口负增长现象的日益严重和创新能力相对不足凸显使得其越来越意识到吸纳海外高层次人才的重要性。因此保守的英国、严谨的德国、浪漫的法国纷纷改变自己的移民政策和国籍政策，力图吸引全世界优秀人才。

2000 年德国修改国籍法，凡在德国连续居住 8 年以上，并在德国获得永久居留权 3 年的人，其子女出生后自动享有德国国籍，成年之后可以再选择国籍或者双重国籍。2005 年出台《移民法》及《居留法》，其中居留法规定了外国移民获得德国工作和居留许可的有关规定。2012 年通过实施"蓝卡计划"吸引欧盟国家以外的高技术人才，为国外人才提供就业岗位，解决德国专业人才短缺问题①。2020 年德国的《技术移民法》开始生效，这是德国第一部真正反映对专业人才需求的法律条款，从而最大限度地保证工作移民进入德国的可能性②。

2006 年，法国开始实施《优秀人才居留证》，旨在接纳科技、经济、体育、文化等各领域的高层次人才，证件持有者可以享有工作权利、自由出入法国并享有法国公民同等待遇。其中"优秀人才居留证"适用于所有非欧盟国的公民，主要面向高水平的学生和研究人员、企业家、艺术家及运动员。2007 年法国通过《新移民法》，使得出类拔萃的高层次人才能够享受法国国民待遇，同时法国规定居住 5 年就可以加入法国国籍，并可以保留双重国籍，为赴法留学的外籍学生提供更多便利条件。2015 年通过移民权益法草案设立多年居留证，其有效期为 2 ~ 4 年，同时为技术人才设立人才护照，这样使得不同专业类型的外国人才能够获得统一的居留

---

① 刘渤. 人才引进看德国［J］. 科学新闻，2016（6）：62 - 64.
② 都说德国新《技术移民法》是重大突破，到底新在哪里？［EB/OL］. https：//www. deutschland. de/zh - hans/zaideguopeixunyugongzuo.

证①。2017 年随着法国新移民法的正式实施，法国领事部门开始发放"人才通行证"长期居留证，持有该证的人可以简化前往法国的相关手续，同时在进入法国两个月后可以申请居留证②。2019 年法国又通过新的技术签证向海外科技人才敞开大门。

2002 年英国开始试行"高技术移民项目"（HSMP），允许有特殊技术和工作经验的外国人到英国工作。该项目试行计分制，从学历、工作经验、现有工资等方面计分，达到一定分值可以在英国申请居住、找工作、自雇或者从事商业活动，2007 年，英国教育部签发"国际毕业生计划"（IGS），从 2007 年 5 月开始，在英国获得本科或者以上学历的任何专业的国际留学生，没有任何专业限制，都可以在毕业后留在英国一年寻找工作，1 年之后可以继续居留。2008 年英国正式实施"计点积分制"，其中一类为"高技能人士"能够直接获得英国长期签证，进而移民英国。2018 年英国内政部发布《英国未来技术移民白皮书》，其吸引移民的重点将转移到高技术移民政策上，同时限制低技术移民数量③。2020 年英国将实施全球人才签证，推出"打分制"移民政策，增设唐宁街人才办公室等一系列政策措施向全球招揽人才，同时简化高技能人才进入英国的流程。

由于亚洲是全球人才流失最为严重的地区，所以新兴发达国家和发展中国家如日本、新加坡和韩国也开始通过优惠移民政策不断引进高层次人才。

2010 年，日本采用"高级人才优惠制度"，并引用积分制度，着力引进外国高层次人才，其实行永久签证，持证者除了选举权和

① 苗思雨. 20 世纪 70 年代以来法国移民政策研究［D］. 武汉：华中师范大学，2018.

② 法国出台人才通行证多年度居留证新规［EB/OL］. http://www.ccpit.org/Contents/Channel_3875/2017/0303/769453/content_769453.htm.

③ 吴文峰，李琦.《英国未来技术移民白皮书》的理念、特点及对中国的启示［J］. 武警学院学报，2019，35（7）：15-20.

被选举权外享有与日本公民完全同等的义务和权利。2014 年 6 月，日本通过了《出入境管理及难民认定法》修正案，将外国高级人才获得永久居留权所需要的居留时间，从 5 年降低到 3 年。日本实施了吸引高级人才的新法规，不仅缩短了具备高学历、拥有高技术的外国人获得永久居留权所需时间，还允许高级人才的配偶在日本就业，父母和家政人员随行。由于日本工作环境和社会福利比较好，如就医、子女上学、户口迁移等都很方便，降低"绿卡"门槛后，增加了对人才的吸引力①。而在 2018 年日本正式出台了《外国人才引进法案》基本方针，其中包括针对人才稀缺领域，设立新的两种在留资格，分别为从事需具备一定技能知识、经验的"特定技能 1号"和从事需熟练掌握某项技能的"特定技能 2 号"。为了帮助外国人才适应日本生活，政府还将在全国设置 100 所咨询窗口。这一法案在 2019 年 4 月开始正式施行，预计未来 5 年内最多引进 34.5万名外国劳动者②。

以色列推行高层次人才多国籍政策，其国内顶尖人才通常拥有2～3 个国籍，这使以色列可以充分利用其他国家优秀的犹太裔人才资源，成为世界上少有的能将"人才流失"困境扭转为"人才流通"有利形势的国家之一。当然，这与国家文化开放、国际化程度高、海外人才素质较好、科技水平先进有密切关系。

韩国是发展中国家引才的杰出代表，2000 年开始实行"金卡"制度，希望可以吸引到 20 万高科技人才。此外，为防止本国人才外流和吸引外国高层次人才，韩国实施有条件的双重国籍政策；从2001 年起，韩国政府允许海外高级人才结婚移民者、65 岁以上高龄海外同胞持有双重国籍。而在 2014 年，韩国政府表示，在韩的

---

① 王辉耀. 人才竞争，大国各显神通［N］. 人民日报，2015 - 01 - 22.
② 日本正式出台《外国人才引进法案》基本方针，14 个行业总计 34 万人［EB/OL］. https：//www. sohu. com/a/284560690_157309.

外国人比重目前约为2.5%，预计在2020年会倍增至5%左右。为了有效地集中管理外国人、争取海外优秀人才，借此增强国家的发展动力，并解除文化冲突等副作用，需要设置一个专门掌管移民和多文化政策的移民厅。根据这一需求，政府将研究发达国家的相关事例，考虑采用其中可适用于韩国的政策。韩国财政部表示，考虑生产人口减少和移民增加的社会成本，将推算各产业和领域的人力需求，针对未来的增长动力和具有发展潜力的产业，树立吸引海外优秀人才的方案。

在制定移民政策时，新加坡也同样是为了应对因人口出生率下降所带来的压力及加强国家经济竞争力。与传统大国不同，新加坡是个小国，缺乏充足的天然资源和国内市场，对外来人才的需求和依赖性远远强于英、法等大国，因此，移民政策成为整个国家发展政策中至关重要的部分。新加坡近年的"外来人才政策"，强调外来人才可以在三个不同层面为新加坡经济作出贡献：一为顶尖人才，如公司总裁、科学家、学者、艺术家；二为专业人士，如工程师、会计、资讯人员、教师、行政人员；三为技术工人。政府希望改变外国人口格局，吸引更多受过教育的移民，以填补私人银行业和金融等服务行业、生物科技和教育方面的职位。政府希望他们中许多人成为新加坡公民或永久居民。

而在人才引进方面新加坡实行政府指导与市场有机结合的方式，在人力部专设"国际人才局"，每年更新新加坡需要引进的专业技术人才的关键技能列表，由经济发展局和人力部共同成立国家猎头公司"联系新加坡"，提供有关新加坡就业机会及行业发展的最新信息，而落户新加坡的世界500强企业，既为新加坡带来了许多新的发展机遇和就业机会，也为新加坡带来一个更加强大的国际人才网络。同时政府推动国家创新发展，成立由政府、私人企业及民间组织共同组成的国民融合理事会来吸引人才落户①。

（二）鼓励国际人才中短期流动

经济全球化深入发展，世界各国尤其是发达国家不断地在经济、文化等社会各个层面上对外开放，发展中国家也逐渐被卷入这场全球化运动中来。北美自由贸易区、欧盟、亚洲经济合作发展组织等国际组织的建立使得各国联系更加紧密，资源在全世界范围内的自由流动也更加便利，国际间人才的中短期流动也成为经济全球化的一个突出特点，这也是"人才环流"概念的主要背景。为了促进本国某些学术或科技、经济领域的发展，除移民政策之外，很多国家通常通过设立高额奖学金或者提供高额的科研基金或者建立科研合作组织来支持人才到该地区研究机构进行长期或者中短期的研究，以此来带动该领域或产业的发展。如新加坡，以及 2009 年沙特成立的阿卜杜拉国王科技大学（KAUST），就是典型代表②。

2009 年德国联邦教育研究部向 8 位从海外引进的杰出科学家颁布了"亚历山大·洪堡教席"奖学金，奖金高达 500 万欧元，用来资助引进人才为期 5 年的科学研究，主要用于科研梯队建设、实验室设备更新，同时也为引进的高层次人才提供一份具有竞争力的薪水。保罗奖和国际研究基金奖设立于 2001 年，以德国粒子物理学家、诺贝尔奖获得者沃尔夫冈·保罗的名字命名，是德国联邦教育与研究部设立的"德国政府未来投资项目基金"的一部分，由洪堡基金会和德国的学术交流中心（DAAD）管理。联邦教研部希望借此向世界表明德国吸引全球人才的决心和努力，表明德国是优秀的

---

① 心得体会：新加坡人才战略及其启示［EB/OL］. https：//wenku. baidu. com/view/e348705c951ea76e58fafab069dc5022abea4604. html.

② 邹晓东，吴伟. 创新驱动与海外高层次人才区域政策［C］//科教发展论丛（第三辑），浙江大学出版社，2015：35.

科研基地，努力"吸引全世界最好的头脑"。保罗奖是德国直接支持研究人员的最高奖金，最高可获数额达 230 万欧元，超过诺贝尔奖一倍多。该奖资助各个领域内世界上最著名的学者到德国最好的研究机构，在一流的研究条件下进行为期 3 年的自由研究，相应的研究机构为引进来的学者提供相应的学术环境和其他辅助条件。而自 2018 年起马普学会和洪堡基金会共同设立新的马普—洪堡研究奖，该奖由德国联邦教研部资助，获奖金额为 150 万欧元，新的马普—洪堡研究奖将颁发给一位来自国外的科研人员，从而为德国高校或科研机构吸引具有创新力的国际科研人才①。

日本则通过"外国人特别研究员制度"吸引海外高层次人才，吸引获得学位 5 年内、35 岁以下的年轻学者来日本从事 1～2 年的博士后研究工作，除此之外，日本还设立了以促进国家交流为目的的"外籍特别研究（短期 14～60 天）"制度和以促进交流加强合作研究为目的的"外籍聘用研究员（长期 2～20 个月）"制度。为了促进日本大学和研究机构的国际化，日本还设立了"外籍著名研究员招聘制度"，招聘获得诺贝尔奖或在学术领域有突出贡献的学者来日合作。利用这些制度，日本邀请取得卓越成就的科学家等来日本访问，与日方研究机构进行交流，取得了良好成效。此外，为了集聚人才和获取最新的科技信息，日本还实施了"亚洲科学技术战略推进项目""战略性国际科学协力推进事业""尖端研究据点"等一系列科技合作项目，积极开展国际共同研究②。

美国富布赖特项目始于 1946 年，旨在促进"美国学者和其他国家学者之间的相互理解"，目前已经成为世界上规模最大、声誉

---

① 房强. 德国设立新的马普 – 洪堡研究奖 吸引国外科研人员［J］. 世界教育信息，2017，30（20）：79.

② 王挺. 日本吸引海外人才的政策与措施［J］. 全球科技经济瞭望，2009，24（5）：28 – 36.

最高的官方国际交流计划。而事实上，富布赖特项目逐渐成为美国短期吸纳全球智力的重要手段，特别是针对具有重要发展潜力的中青年学者和专业人员，与德国洪堡计划齐名。在美国政府赞助的国际学术交流项目中，"富布赖特项目"是持续时间最长、参与人数最多、影响最大的项目之一，是一个推动国际间双向交流的旗舰项目。在 2014~2015 学年的诸多变化中，未来 5 年最终学位为博士的科学家将有更好的机会赢得富布赖特项目的青睐，并且还会将一些机会预留给青年学者①。此外，美国还与世界上 70 多个国家签署了 800 多个科技合作协议，凭借其优越的科研条件和生活环境，大力实施《共同教育和文化交流》计划，通过讲学和合作研究项目的形式邀请外国专家、学者到美国从事科研工作，同时在"互利原则"下通过国际研究项目利用他国人才资源进而为美国经济和科技的发展提供各类有用人才②。

（三）推动本国流失人才归国

这一点主要针对人才净流失国（特别是发展中国家）而言。从全球高层次人才流向上看，从欠发达国家流向欧洲、大洋洲和亚洲部分地区，再从这些地区流向北美地区。发达国家凭借其在经济、科技、社会资源等方面的优势，大量吸引精英人才，而发展中国家特别是欠发达国家一直是国际人才流动的利益受损者。中国和印度作为人口大国，已经成为发达国家留学生政策、移民政策的战略重心。但也正因如此，这些国家族裔人口在海外的保有量十分可观，吸引其回流为本国服务的潜力巨大。

---

① 美国富布赖特学者计划_生物 360 网站 [EB/OL]. http：//www. bio360. net/news/show/6o19. html.

② 李其荣，倪志荣. 当今世界人才争夺战的最大赢家——美国人才引进战略及对我国的启示 [J]. 人民论坛·学术前沿，2012（8）：46－53.

随着发展中国家对创新人才的需求日益增长，发展中国家希望能够首先吸引流失到海外的优秀本国人才回归，并进而吸引纯粹海外人才到来。事实上，在近年来发达国家经济发展相对疲软的情况下，加上部分发展中国家特别是金砖五国的快速发展和政策大力扶持，在全球人才"基本流向"之外，也出现了人才回流、人才环流等"次要流向"。基本流向加次要流向，或者说，"人才流失""人才回归""人才循环"构成了全球人才流动的全貌。当然，"次要流向"并未完全改变前者。加里·皮萨诺和威利·史对美国通过培养大量海外留学生并进而吸引他们留在美国服务的人才战略抱有深深的担忧，因为人才的"流失率"可能会上升，这来自两个方面的因素：一是随着印度和中国等国家继续发展本国的技术密集型产业并建立其科技基础设施，将对这些国家中去美国学习的本国公民越来越具有吸引力；二是美国的移民政策，特别是签证有效性随时在变化，而签证发放数量的增减会对经济中高水平创新产生重要影响①。

20 世纪 80 年代中期，印度政府开始下大力气鼓励海外人才回流，并实施了长期的人才投入计划，举办了多种海外人才"科技创业营"，设立"科技创业辅导员"，实施多项科技创业人才培训计划等。20 世纪 90 年代，印度设立海外印裔科技专家联络中心（IN-RIST），旨在通过政府机构、非政府组织等建立与海外人才的连接，实现海外人才与国内发展需求的对接。此外，印度还实行对等承认双重国籍政策，准许居住在发达国家的印度裔人才拥有双重国籍，允许他们在国内工作、生活、购买房产，为海外人才回国发挥了重要作用。为了吸引人才回国创业，优化投资和科研环境，印度政府设立专门化科技园区，发布"软件技术园区计划"（STP）和"特

---

① 加里·皮萨诺，威利·史.制造繁荣：美国为什么需要制造业复兴［M］.北京：机械工业出版社，2014：183.

别经济区计划"（SEZ），为海外人才回国开办软件企业或从事软件行业实施一系列优惠政策，同时提高回国人员待遇，大幅度提高科技人才薪金，高科技企业还普遍引入股权优先认购计划①。

为了吸引旅居海外的高层次人才回国工作，泰国有关部门从1988年开始投入大批资金，实施了一项"智囊回流"计划。"智囊回流"计划首先从30万居住在美国的泰国人开始，其中10万人是科技人员。泰国有关部门专门派出一个工作小组到旧金山、洛杉矶、休斯敦等7个美国主要城市，在使馆的帮助下，小组介绍泰国经济发展和人才需求情况，广泛会见泰国科技人员，逐一解决他们的问题，细致的工作收到了很好的效果，在参加会面的人中，有80%表示愿意回国效力②。而且，泰国政府为了促进人才回流将给予优厚待遇，政府规定具有博士及以上学位且具有国外两年以上工作经验的留学生，如愿意回国服务，政府将适当补给其在国外的学习生活费用，平均每人约350万铢泰币③。

（四）注重情感孵化留住人才

人才引进工作成功与否的评判不仅仅是通过一个时期引入人才的数量来衡量，而是更大程度上体现为最终能够留住多少人才。"情感孵化"使得引进人才对引进地产生强烈的依赖感，利于长期保持人才并充分发挥人才作用。在海外高层次引进工作的成功经验中，相关国家不仅注重人才成功进入阶段，同时也注意通过后期营造良好的人才成长环境作为辅助措施，力图"以情留才"，其中关键的因素有人才赖以发展的事业环境和生活环境。所以加大科技投

---

①　王瑞雪，沙炜娟，阎光才. 日韩印吸引国外留学人员回国发展的经验和借鉴［J］. 中国高校科技，2013（10）：56 - 58.

②　杜红亮，任昱仰. 新中国成立以来中国海外科技人才政策演变历史探析［J］. 中国科技论坛，2012（3）：18 - 23.

③　李建钟. 国外吸引人才的主要策略［N］. 中国人事报，2009 - 01 - 21.

入、建立完善的科研资助体系、为人才搭建良好的事业发展平台，同时兼顾人才旁系因素（如配偶工作安置、子女就业等）的影响，解除高层次人才创新创业的后顾之忧，为其创建良好生活环境等措施是吸引人才留住人才的通常做法。

巴西政府采取一系列完备的用人制度，如职称分类制、评审制以及相关工资福利制度来吸引和留住人才，政府科技部制定了"博士扎根特别计划"，旨在通过奖学金和津贴等方式鼓励高级科研人员留在国内企业和科研机构服务，以解决巴西人才流失问题。该计划第一年的预算为1 000万雷亚尔，资助对象为国内外在生物、信息、农业等领域工作的博士和高级研究人员。巴西政府通过"巴西科学家协会"等社会团体，积极引进国外优秀人才到巴西服务；通过联合国开发署提供的"依靠侨居海外的本民族专家转让知识"项目资金，邀请侨居海外的巴西专家学者回国工作①。此外巴西科技部还制定了相关政策，通过奖学金和津贴等方式，鼓励高级科研人员留在国内企业和科研机构，并承诺保障海外人才的配偶和子女在当地的生活和就业。

韩国在相关政策中最具有特色的就是推行配套人才引进后续安置工作机制、政府相继出台"韩国科技研究所援助法""科技成就法""技术开发促进法""工程人员晋升法"等一系列法律条例，将保护与促进科技、人才发展上升到法律高度，从宏观环境中为争取高科技人才的回归和引进创造了动力。对于外国高技能人才，韩国不但针对性地缩短了办理入境手续的时间，为其发放"金卡"，并且规定在韩国居住5年以上的外国人甚至可以参与地方选举。从2003年起，韩国政府大幅度降低在韩工作的外国人个人所得税以及外商投资企业的公司所得税，个人所得税平均降低20%，企业所

---

① 各国人才战略一览：培养人才＋留住人才＋争夺人才［EB/OL］.［2003－12－19］. http：//www. chinanews. com/n/2003－12－19/26/382938. html.

得税"免七减三"。同时，韩国政府为回国的科技人员提供了回国旅费、搬家费、住房费、子女教育津贴和国内教育津贴，韩国科技研究所还在政府支持下率先实行新的工资标准。

韩国政府为了进一步让海外人才能够稳定地留在国内，相关部门共同制定了一系列改善方案。第一，为引进的海外人才提供稳定优质的生活和工作条件。未来部计划以"科学商业中心"和"研究开发特区"为中心构建能够吸引全球优秀人才的科研环境，在科学商业中心内设立"外国人支援服务中心"，为外国人及其家属的生活提供一站式服务。此外，为解决海外人才子女的教育问题，产业部、教育部与地方政府联合打造并引进优秀的外国基础教育机构。第二，法务部与安全行政部修订出入境制度。如扩大实施网上签证签发制度，居住签证（F-2）的最长居留期间由3年增加到5年，开设出入境管理办公室的绿色通道，给居住在国内的外籍韩国公民发放"绿卡"等措施来留住海外人才。第三，未来部等相关部门计划构建尊重文化多元性的国际环境。在大学、研究机构、企业内提倡亲善外国人的组织文化，并逐步推广到全国①。

此外，其他很多国家在人才保持方面都出台了很多优惠措施，不仅表现在为海外高层次人才创造良好的事业环境，降低税率，提供好的实验室和高额的资金支持，为企业创造良好的投资环境以外，还着力改善居住环境，包括生活配套设施、就医入学、社会保障、户籍居留、旅游休闲，使海外人才找到"家的感觉"。从整体上来看，由于发达国家已经走过了引进海外人才的初级阶段，"情感孵化"的手段用得相对较少，而发展中国家或欠发达国家和地区则更多地体现出了这方面的诉求。

---

① 李秀珍，孙钰. 韩国海外人才引进政策的特征与启示［J］. 教育学术月刊，2017（6）：81-87.

（五）科技创业集聚区汇聚人才

科技园、创业园、研究平台建设可以在长期内形成高端人才、高新产业相互促进和相互凝聚的作用，这些特殊区域的形成通常是依托一所或者几所创业型大学，由政府前期推进、市场力量主导的形式发展起来的。科技创业区域对海外人才引进最大的意义就是可以形成人才集聚，进而形成一种吸纳海外高层次人才的独特"魔力"，一旦形成创业高地，甚至不用更多宣传和支持，自然会吸引到合适的、高水平的海外人才，形成海外高层次人才政策的良性机制，特别是成熟的人才市场机制。在海外高层次科技人才引进中，科技园区是人才集聚的重要平台，是知识集聚和创新的重要平台，是创新主体集聚的重要平台，也是政策创新、服务创新的重要平台[①]。

美国的大学研究园（如北卡三角、普渡研究区）吸引并培养了具有专业素养和开发能力的复合型人才，并通过建设有利于创新的文化氛围，赋予科技园以特色文化内涵，来吸引和留住创新人才。美国硅谷和北卡三角是典型的以科技创业集聚人才的案例[②]。斯坦福研究园依靠斯坦福大学雄厚的知识、技术、人才资源吸引各种企业、机构入园，多年来斯坦福研究院不断地吸引着全世界许多最成功、受人尊敬的科技企业，为人才创新和个性提供了重要的发展渠道，形成了一个全世界高精尖端人才的聚宝盆。北卡三角依托北卡罗来纳大学、北卡罗来纳州立大学和杜克大学而建成，是目前美国仅次于加州硅谷的第二大科技园，园区中绝大多数机构是以研发为主的，聚集了全世界最优秀的一批科研人员，因此被称为以研发为导向的"智能型工业园区"。

①② 汪怿. 引进海外高科技人才比较研究——以新加坡和我国香港、台湾、上海为例 [M]. 上海：上海社会科学院出版社，2012：160 – 162.

　　而美国的科技园总数位列世界第一，大学科技园也被视为新的经济增长点，它充分利用了大学和企业的各自功能，并迅速有效地将研发的科研成果通过如下三种途径转化为现实生产力：第一，大学将自己的科研成果直接应用于大学科技园的企业；第二，通过大学科技园内的研发机构转化科研成果；第三，以高科技为依托创建企业。通过大量科技园区的兴起，美国吸引和接纳了一大批外国优秀专家，为经济的发展注入了智力支持，高科技人才又为高技术产业的发展提供了帮助，这极大地促进了科研、教学和生产三位一体的快速发展，从而也推动了经济贸易的不断扩大，给美国的经济发展带来了前所未有的活力①。

　　英国剑桥科技园依托著名的剑桥大学，是英国最重要的技术中心，形成了以大学、新兴公司和大型跨国公司密切合作的产业网络中心开展业务的极具创新特色的经济形态，不断吸引着全世界的人才和投资。该地区的 GDP 占英国全国的 15.8%，每年为英国增加 500 个就业机会，园区每年国民生产总值增长率达 6.3%，远远高于英国 3.4% 的平均增长率，形成了独特的剑桥现象，赢得了"硅沼"的名声。继 1969 年率先开拓"大学公司"新路并成立剑桥科技园后，剑桥大学于 2000 年又联合 MT、英国石油（BP）公司、英国电信等成立剑桥—麻省理工学院研究院（CMI），充分挖掘官产学合作优势，提高科研成果转化效率，并由此提高英国经济创业能力和科技竞争力。这一案例充分说明高校、企业、人才之间的相互作用，并进而对地区经济发展产生重要推动作用的基本规律。2019 年根据英国研究与创新署发布的消息，有 2 000 万英镑的款项被用于支持剑桥大学等 20 所高校设立大学创业园，这一举措旨在开发利用大学的科技成果，扶持孵化面向未来发展的新兴产业，加

---

　　① 曹永红.美国吸引国外科技人才的政策及对我国的启示［J］.现代营销（学苑版），2012（3）：98－100.

强高校与企业的合作，为当地创造更多的就业机会，吸引更多的科技创新人才①。

韩国创办大德科技园区，制定《技术开发促进法》，对于留学人才的技术采取了多种优惠政策，其中包括：对于技术开发准备基金实行免税，对于发展设备投资费用的10%和采取新技术的费用实行免税，对于试验和研究设备的初步投资的90%允许特别折旧等。1997年，韩国政府还允许公立研究所建立自己的研究生院，使得海外回归人才不仅拥有教授的声望，而且在研究事业上拥有众多的发展机会。

而韩国大德科技园区在发展建设过程中，始终把吸引和留住既懂技术又懂企业的"两栖"优秀人才作为首要任务。除了注重基础设施建设和美化周边环境外，还特别强调为科研人员提供优厚的待遇，并围绕科技与产业的主要功能，建设完备的配套设施和支撑体系。园区还采取多种支持政策和措施，鼓励园内大学、研究机构、企业开展国际化科研合作，吸引国外优秀企业的研发（R&D）中心入驻园区。目前园区共有高级研发人员2万多名，具有博士学位的人员占韩国的11%，园区基本上集中了韩国电子、通信、生命科学、精细化工、宇航等高科技领域的精英人才，这些人才对于推动园区的技术研发、技术扩散及技术流动起到了积极的促进作用②。

印度政府投资1.25亿美元，专门划拨约101公顷土地，建设科学城，作为海外人才回国工作、为国服务的永久性基地，举办多种海外人才科技创业营。软件业是印度经济产业结构中不多的具有世界水平的亮点，其良好发展更是离不开海外人才的有力支撑。印

---

① 英国教育动态 ［EB/OL］. http：//england. lxgz. org. cn/publish/portal132/tab6768/info143126. htm.

② 顾建平，陈鹏，李建强. 韩国大德科技园区的发展及其推动技术转移的启示 ［J］. 中国高校科技，2014（6）：58 – 61.

度多个地方都建有软件技术园区，其中 1991 年建立的班加罗尔软件园区被称为"印度的硅谷"，吸引了大量在美国硅谷或其他地方工作的印人口和外流人才回国创业或工作，为印度带来了大量的资本、先进技术、经营管理经验以及富于创新精神的企业家，依靠他们与海外的密切联系和协作，印度形成了一个广泛的国际人才资源网络，促进了软件产业的发展①。除了班加罗尔软件技术园享誉全球外，印度 1995 年建成的海德拉巴软件园同样声名远播。这里不仅有微软建在海外的第一个软件开发中心，IBM、爱立信、摩托罗拉、通用电气等全球知名公司也纷纷向海德拉巴抛出橄榄枝。为了推动软件业的发展，印度政府还推出了财税刺激政策，包括财政投入支持研发、税收优惠和政策性金融支持等，同时印度政府还鼓励以软件产业为重要投向的风险投资，从而创造更好的投资环境和吸引更多人才②。

（六）充分挖掘海外留学生资源

吸引留学生并留住留学生是较发达国家普遍性的海外人才政策，一个重要原因在于可以弥补其科学、工程、技术领域高端劳动力数量不足的严峻现实。同时，在美、英、澳、德等吸纳海外留学生的国家中，留学生群体毫无疑问属于科技智力集中度较高的人才群体，且如果政策得力，留学生将会对其留学目的国产生较强的情感依赖，并进而成为其本国精英居民。所以，不少发达国家都在挖空心思吸引、留住并保持留学生群体为其服务。

2014 年 12 月，美国白宫官网发布消息称，奥巴马政府将通过

---

① 阎光才，王瑞雪，沙炜娟. 日韩印吸引国外留学人员回国创业的经验和借鉴 [Z]. 教育部科学技术委员会《专家建议》，2013（12）.

② 张严冰，黄莺，司文. 印度吸引海外印裔人才回流的措施和成效 [J]. 国际研究参考，2014（11）：1-8.

多种手段改革移民体系，其中一个重要方法就是人才移民程序简单化，如方便科学、技术、工程和数学专业的优秀留学生获得绿卡，创立新的签证类别，以及根据国家安全需要，留住一些在联邦政府中关键科学实验室工作的稀缺型移民人才等。特朗普上台后，"美国优先"的国家战略使得美国留学生教育政策在招生、收费、实习、毕业滞留、就业等方面都发生了一系列变化，如加强对 F1 学生签证的审核，计划增加留学生部分收费项目，加强专业实习项目审核制度，颁布新的非法滞留规则，改革 H-1B 抽签制度等①，这些政策大大降低了留学生获得美国高校入学资格和通过学习签证的概率，进而挫伤赴美留学意愿和积极性。但美国在大幅收紧外国留学签证的同时，加大了对高技术人才的吸引和优惠政策。针对就读美国高校 STEM 专业的留学生，一方面毕业后可在获得一年专业实习选择性实习训练（optional practical training，OPT）的基础上，额外获得 2 年的 OPT 延期；另一方面加强对 STEM 专业留学生获得 OPT 的审核标准，以确保留学优化政策真正落实到美国最需要、最优秀的人才上②。

法国在科研方面具有雄厚的实力，多年来吸引了大量人才来法求学研究并取得了良好的效果，法国在 2006 年 7 月通过了关于外国移民融入法国的新法律，其中重要一项就是发放面向非欧盟国家公民的"优秀人才居留证"。根据规定，凡持有此居留证者，在获得赴法签证的同时，自动获得在法国居留 3 年的权利。此外，法国政府还特别规定，外籍科研人员与本土同级研究人员必须薪资一致，在福利方面也享受同等待遇。除了"优秀人才居留证"，新移

---

① 姬芳芳，吴坚，马早明. 反全球化背景下美国留学生教育政策的新变化［J］. 比较教育研究，2020，42（5）：35-43.

② 安亚伦，谢佳. 特朗普政府留学生接收政策对美国留学教育的影响［J］. 国际经济合作，2019（6）：142-152.

民法还为其他留法的知识型人才提供了种种优惠，例如，外国留学生毕业后可在法国续居留 6 个月；驻法外国公司的外国职员有权获得 3 年有效的居留证等。2007 年 3 月，法国外交部和教育部成立法兰西校园管理局，改善对外国留学人员的接待水平。此外，法国外交部还与大企业强强联合，共同培养优秀外国学生。法国外交部的职能之一是负责法国对外援助事务，其中一项重要举措是资金将向高水平或高科技方面的人才倾斜，最终吸引他们在法国工作。在 2018 年，法国政府推出旨在增强高等教育国际吸引力和影响力的"欢迎来法国"战略，制定了多项留学优惠政策，并设立"欢迎来法国"基金，将 1 000 万欧元启动资金用于扩大高层次人才的引进范围①。

从 2007 年开始，日本政府大幅度开放接收海外留学生，福田内阁更是顶住了国际金融危机的巨大压力，在 2008 年公布了"30 万留学生"计划。同时，为了能够留住留学生，日本还将修改入境管理条例，准备最长居留期从现行的原则上 3 年延长到 5 年，为"具有专门知识和技术"的外国科技人才提供在日本就业的机会。2013 年 12 月，日本开始计划建设"国家战略特区"来吸引和留住海外人才，并计划实行留学生毕业包分配政策。为了让更多海外学生了解日本大学，日本通过与驻外使馆和独立行政法人的海外事务所、大学海外办事处进行联系，提供关于日本留学的各种信息。同时改善入学考试、招生和移民政策，简化大学入学管理制度。为了促进毕业生在日本社会定居，通过以下政策积极推进产学研协作的就业支持：设置大学等专业组织来加强对留学生的就业支持；通过灵活运用实习工作、扩大就业咨询窗口等产学研相结合的方式加强对就业的支持；明确在留资格，灵活处理在留期限等事宜；维持和

---

① 张梦琦，刘宝存. 法国提升高等教育国际吸引力的政策措施及逻辑要义 ［J］. 教育科学，2020，36 （1）：58 - 65.

加强人际网络，鼓励日本留学生作为日本的理解和支持者，以加强回国后的后续行动①。

在经济欠发达阶段，国家一般没有条件吸引到真正的海外留学生，甚至难以使本国海外留学生大量回归。但随着经济环境的改善、知识产业的集聚，移民与留学政策逐渐成为海外高层次人才政策体系中最为重要的部分。其中亚洲新兴发达国家和地区基本上都在"汉文化圈"内，其在 20 世纪借助于国际产业转移而实现经济腾飞，文化和发展过程的相似性，使其国际人才竞争战略尤其具有借鉴意义②。

二、国际海外高层次人才引进竞争概况

当今世界，各国之间激烈的经济竞争、综合国力的竞争，在很大程度上表现为科学技术的竞争，而归根到底又是人才尤其是高端人才的竞争。知识经济时代的到来使得经济社会发展对人才特别是高端人才的需求不断增加，能否在全球人才大战中争得先机，将成为是否能够在新一轮经济和产业革命中获得竞争优势的决定因素。而随着经济全球化日益深入，高端人才的国际流动日趋频繁，世界各国都在争抢有限的全球人才存量资源。

（一）世界各国的多样化人才竞争手段

总体来讲，国际上高层次人才的引进具有竞争态势白热化、竞争手段多样化两个基本特征，而竞争手段多样化是竞争态势白热化

---

① 齐小鸥. 日本高等教育国际化政策：演进与趋势［J］. 上海教育评估研究，2018，7（3）：43－48.

② 王辉耀. 新兴发达国家和地区的国际人才竞争战略［J］. 国际人才交流，2012（4）：52－55.

的重要表现。竞争手段多样化主要是引进方法和手段的创新，以及在"不求拥有，但求有用"诉求下以智力引进为代表的柔性引才模式的确立。竞争手段多样化表明，海外高层次人才政策在人才使用中的工具功能十分强大。竞争手段的多样化使得国际高层次人才在国家间流动的规模更庞大、渠道更多元、方式更加丰富，形成了错综复杂的网络关系。

1. 健全移民政策和签证制度

多年来，发达国家一直是国际高端人才争夺的受益者，特别是美国，通过适当的移民和签证制度，一直吸引着大量的外国留学生和海外移民。2009 年统计数据表明，美国 2/3 的物理学和工程学博士学位是由外国学生获得的，而为留住这些人才，美国进一步放宽对潜在科技力量的移民限制。移民政策作为美国吸引外来人才的最重要手段，主要包括职业移民政策和非职业移民政策两大类。目前美国的职业移民主要包括优先技术劳工、受过高等教育的特殊专业人士、专业研究人员、特殊移民和投资移民等 5 类人群；同时，非职业移民也是美国吸引人才的重要方式，美国通过颁发大量的临时签证来满足美国对各类人才的需要，而美国的非移民签证种类众多，共计 48 种①。

对广大发展中国家或地区而言，通过提供各类优厚待遇和创新创业机会，吸引本国裔的海外人才回国，也成为提高高端人才竞争力的重要手段。面对国际日益激烈的高端人才争夺，考虑到经济产业转型的迫切需求，能否吸引到众多的高科技人才，将关系着中国在未来几十年的经济社会发展状况。中国具有最为庞大的潜在海外智力资源储备，通过制定正确的引才政策，最有可能吸引全世界范

---

① 郭哲，王晓阳. 美国的人才吸引战略及其启示 ［J］. 科技管理研究，2019，39（23）：60 – 66.

围内一定数量的海外华裔和非华裔高端人才回国（来华）工作。

2. 利用跨国企业引才

利用跨国企业争夺海外高端人才是海外高层次人才引进竞争的重要表现。跨国企业本地化，通过兼并联合、重组收购等方式，跨国企业成为重要的海外智力吸附器，特别是全球行业领先企业在投资国借助于其强大的企业影响力，成为其母国利用海外高端智力资源的重要抓手。跨国企业在充分利用投资国人力资源，无形中与其投资国之间形成了纷繁复杂的竞争关系。

美国通过本国跨国公司实施"人才本土化"战略，大量招募分支机构所在国的优秀人才，设立海外研发机构网罗研发人才，海外兼并企业招聘高级经营人才，进而集聚全球高级人才，为美国实施其科技战略意图提供有力的人才支撑[1]。例如惠普、IBM、摩托罗拉、英特尔等美国大型的科技公司纷纷到成本低廉的发展中国家或地区设立产品研发中心，聘用当地的人才为其服务；此外，美国还将跨国公司作为中介，提供各种优越的科研工作条件来吸引当地人才赴美国本土服务，如提供股票期权、各种高额奖励、配备一流的实验室和提供充足的科研经费等[2]。

日本企业不仅把拥有丰富人才的新兴国家作为制造基地，更是将其作为加以灵活运用的"大脑"，日本互联网（IT）行业已经雇用了中国和印度等国大量技术人员，这种雇用方式也迅速向制造业扩散，在中国大量网罗、培养企业发展所需的研发和经营管理人才以及技术工人。日本还鼓励企业在海外投资建立研究机构或进行资

---

① 郑永彪，高洁玉，许睢宁. 世界主要发达国家吸引海外人才的政策及启示 [J]. 科学学研究，2013（2）：223 – 231.

② 郭哲，王晓阳. 美国的人才吸引战略及其启示 [J]. 科技管理研究，2019，39（23）：60 – 66.

助等方式网罗人才和引进技术。如日本电气股份有限公司（NEC）在美国建立的实验室，每年投入高达 2 000 万美元经费，以高薪和优厚待遇聘请美国专家为其开展高技术研究开发①。日本还总结出一套适合本国国情的重金招揽人才的方法，这就是通过购买、吞并外国企业或公司，将被购买或吞并的企业或公司里的人才据为己有，还通过购买或资助的方式，占有或部分占有美国名牌大学的实验室，在那里获取美国高级人才的智力资源②。

3. 实行高薪引才

在海外高层次人才政策模式框架中，高薪引才早已不在话下，各国政府和大学所建的重大科研装置、科技条件保障、社会基础设施竞相比拼，研发经费不断提升，考虑到国外尤其是发达国家人头费在科技研发投入中的较高比例，其实际上的引才相关投资之高不难想见。近年来，不仅仅是日本、韩国、新加坡等国家实施高薪引才措施，传统欧美发达国家也积极投入这种争夺中，只不过其更多的是借助于大学和企业的力量来引才。合作研究是近年来又一个比较普遍的措施，通过合作研究可以达到柔性引才的目的，使得高端智力资源自然流入本国，同时还可以提升本国科技研发水平、提升创新的全球影响力，最大限度地获得科学家、工程技术人员的知识经验和富有创造性的成果。当然，这种模式更多是针对高层次科技创新人才，而非高层次创业人才。

4. 推动猎头引才

猎头引才是国际间引才竞争的重要创新，在发达市场经济

---

① 阎光才，王瑞雪，沙炜娟. 日韩印吸引国外留学人员回国创业的经验和借鉴[Z]. 教育部科学技术委员会《专家建议》，2013（12）.
② 张洪费. 发达国家人才战略的比较[J]. 科技潮，2009（8）：22-23.

体中运用比较广泛，猎头产业可以提升到执行和落实国家海外高层次人才战略的高度。这种看上去像是拆东墙补西墙的猎头行当，客观上起到了"人尽其才"的作用。据统计，世界上70%以上的高级人才通过猎头调整工作，90%以上的大企业利用猎头择取人才。世界上90%的猎头公司都集中在美国，各大猎头公司铺开了一张张大网，层层打捞全球的人才，也促成了高层次人才的流动。

随着经济复苏，新加坡在科技、电信、化学和银行业缺乏大量人才，于是大量猎头公司开始敏锐地寻找市场所需要的高薪专业技术人员，来满足越来越多公司愿意重金聘请"千里马"的要求，并收取高额佣金。"联系新加坡"（contact Singapore）是新加坡经济发展局与人力部共同成立的联盟，为服务有兴趣到新加坡就业与投资的新加坡侨民及海外人士成立的官方窗口，积极为在新加坡创业人才与工商界搭建交流平台，以支持主要产业发展。"联系新加坡"在全球各地都设有分支机构和联络办公室，事实上发挥着猎头公司的作用。另外，新加坡还定期举办"新加坡职业博览会"，在全球各大城市巡回展出并现场招聘①。

日本的猎头公司大多是以人才派遣公司的名义存在的，而且数量非常巨大。其中既有面向全国的机构，也有面向不同地区的机构。这些人才派遣公司主要从事两种业务：一是面向个人提供就业单位的信息；二是面向企业，为其寻求、提供所需人才。前者类似于我国职业介绍所的功能，后者更侧重于为公司企业"挖掘"人才的猎头公司。近年来，越来越多的日本人通过因特网与猎头公司联系以转换工作，目前日本的猎头公司大致分为日资机构和外资机构（总部多在欧美国家）两类。而日本政府为了支持和扶植本土猎头

---

① 孔娜. 韩国、新加坡引进高层次人才战略现状分析及对我国的启示［J］. 科技信息，2012（14）：83－84.

公司，鼓励猎头公司之间通过收购兼并做大做强并在全球扩张，通过猎头公司大量邀请外国科学家到日本参观、旅游、讲学，从中吸取他国的科研成果，同时鼓励猎头公司追随日本跨国公司，在国外开办企业或购买吞并外国企业，就地雇佣当地人才①。

5. 建设海外人才网络库

信息化手段是近年来讨论较多的一个海外引才途径或手段，主要是建立人才信息平台，宣传海外人才政策，提供创新创业信息等。信息化水平的提升，可以有效改善海外引才中的信息孤岛现象，保障资源共享，提升海外引才行政资源配置效率。

韩国政府建立海外人员数据库与人才信息库，实现海外人才与国内需求的对接。20世纪70年代初，韩国教育部在美国和欧洲组织了韩国科学家和工程师专业协会，80年代扩展到日本、加拿大、中国和俄罗斯。这些协会在韩国国内与海外人才之间架起了信息沟通渠道，实现国内需求与海外人才的对接，增进海外人才对韩国的了解。90年代，韩国政府建立海外人员数据库（brain pool），旨在帮助大学和研究机构（公立和私立）雇用海外人才在韩国从事1~3年的研发工作，原则上要求他们处于事业发展的中期，具有5年以上的研究或教学经验。所以该数据库能够根据韩国国内人才市场的需要，使得韩国大学和研究机构迅速锁定目标引进海外高层次韩裔人才。

从20世纪60年代起，印度政府就开始投资创建"科学人才库"吸引并接纳海归人才，该人才库覆盖了主要发达国家，用于接纳愿意回国工作的海外印度人，尤其是能为国家重点项目解决难题的人才。人才库的建立，使印度政府可以掌握海外人才分布，根据

---

① 程贤文，张婷婷. 日本的猎头产业 ［J］. 国际人才交流，2008（3）：53-55.

国家发展需要，有针对性地吸引人才回流。同时根据已有的数据库资料，科学与工业研究委员会还出版了《专家指南》，供全国范围的研究机构和高校参考使用①。而随着全球化和信息化的发展，印度在 2009 年第七届 PBD 上将海外专家人才库扩展到全球印度人知识网络，成为建立在信息技术基础上的"虚拟智库"②。

为了方便印度商人才回国工作，印度自 2005 年开始向海外印度商发放"印度商卡"和"海外公民证"，共 1 100 万张，这一政策收效极好，极大地促进了海外印度商人才的回流。20 世纪 90 年代，"非印度裔科技人员网界"（interface for non – resident Indians scientists and technologists）项目启动，旨在通过政府机构、非政府组织等建立与海外人才的连接，实现海外人才与国内发展需求的对接。

印度总理莫迪 2014 年访美期间，在纽约麦迪逊广场对约 2 万名印度裔美国人发表了激情洋溢的演说。莫迪呼吁他们一起携手为印度服务，宣布将要简化对他们的签证手续。印度亚洲新闻社报道称，印度政府已于 2014 年 10 月 7 日宣布现在印度裔所持有的"印度裔卡"将终身有效，此前这一证件的有效期为 15 年。同时，印度内政部决定，印度裔到访印度停留时间即便超过 180 天，也无须向当地警察局报告，此举意在吸引海外印度人归国创业投资，为其经济发展服务。

（二）典型国家和城市聚集国际高层次人才的做法比较

综观国内外一些发达国家典型城市的发展，发现它们都在吸引和集聚世界范围内高层次人才方面采取了很多措施，与此同时，这

---

① 张严冰，黄莺，司文. 印度吸引海外印裔人才回流的措施和成效 [J]. 国际研究参考，2014（11）：1 – 8.

② 任雯. 印度科技创新人才的吸引政策研究 [J]. 商情，2019（15）：48.

些城市经济繁荣的背后在绝大程度上也是仰赖其人才战略的成功，可以说国际性高层次人才为推动这些城市的发展发挥了重要作用。例如，引进海外高层次人才已经成为新加坡整个社会的共识，新加坡前总理吴作栋曾说过，在某种程度上而言，新加坡的成功仰赖于吸引外来人才的能力。

　　我国可以学习借鉴国际城市人才集聚的经验。表3-4中列举了美国纽约、日本东京、新加坡和中国香港四个国家（地区）在吸引人才方面的做法，以及可以提供给中国的借鉴经验。对于这些发展中共性的东西，如合理的高端产业结构、开发与包容的城市文化、先进的教育和移民政策等，也是中国吸引海外高端人才、建设世界城市努力的方向①。

表3-4　　典型国家（地区）聚集国际高层次人才的做法

比较及其借鉴意义

国家（地区）	引才政策和措施	借鉴意义
美国纽约	（1）高端产业结构（如金融业、创意产业、商业服务业等） （2）完善的制度、法律保障 （3）先进的教育制度/高科技移民政策 （4）通过国际学术交流与科技合作吸引人才	（1）加强高端产业发展 （2）加强各方面立法，尤其是涉及高端人才切身利益的法律 （3）提高教育的国际化程度与水平 （4）重视科研投入与评估
日本东京	（1）高度繁荣的产业结构（服务业、商业、金融业、文化创意产业） （2）文化/教育战略（世界一流的教育水准，繁荣的文化市场，国际文化交流活动等） （3）政府政策的积极推动（政府引导和干预，政策促进与激励） （4）建设世界级研究机构吸引人才（设立尖端研究基地计划）	将政府与市场相结合，利用市场人才流动规律来实现高端人才的聚集

---

　　① 张伯旭. 首都开发利用国际高端人才资源研究［C］//北京人才发展报告（2017），社会科学文献出版社，2017.

续表

国家（地区）	引才政策和措施	借鉴意义
新加坡	（1）产业结构的战略性调整（劳动密集型产业向知识密集型产业转移） （2）灵活的产业政策（税收优惠） （3）高效廉洁的政府 （4）先进的双语多元化教育模式	（1）进行产业升级 （2）净化城市社会环境 （3）增强政府政策制定透明度和政策执行力 （4）推动完善外籍人才社会保障体系
中国香港	（1）核心产业优势（国际金融、国际贸易、国际旅游、国际商务交流、国际物流等） （2）文化的包容性、国际性强 （3）自由的体制、宽松的政策、健全的法制环境、公平开放的竞争环境 （4）政策吸引（低税率政策，吸引高端人才的优惠政策等） （5）发达的国际化的教育产业	（1）培育特色城市文化 （2）健全法制 （3）注重利用政策吸引高端人才

资料来源：课题组自制。

三、世界各国海外人才引进政策的经验借鉴

人才争夺战争的成败，最终决定一个国家在全球化背景下走向世界的命运。随着全球人才争夺战的升级，各国海外人才管理的政策创新力度不断加大，力图通过更加主动、更加长效、更加系统、更加开放的政策来吸引和留住全球的高层次人才，营造人才集聚的区域系统。表3-5列举了美国、德国、新加坡、英国、澳大利亚五个发达国家在海外人才引进工作中的一些重要亮点，以及可以提供给中国的借鉴经验。

世界各国和典型城市的海外人才引进工作各具特色，其措施和经验值得我们借鉴：

一是要树立全球化的人才观，以世界眼光谋划吸引高层次人才工作，推动入境工作、长期居留、移民入籍等移民制度系统化。二是必须加强政府规划引导，从战略层面上进行规划布局，从法律法

表3－5　　美国、德国、新加坡、英国、澳大利亚海外人才
引进工作的亮点比较及借鉴意义

国家	海外人才引进重要工作亮点	借鉴意义
美国	（1）改革移民制度，改善移民制度的法治化水平 （2）引进STEM领域外国毕业生，及时调整签证配额（奥巴马时期，每年留550 000个绿卡名额给那些在美国高等院校获得STEM专业的硕士及以上学历的毕业生。特朗普时期，计划按照市场需求缩小STEM专业范围。拜登时期，给在美国攻读STEM领域、获得博士学位的外国毕业生直接发放绿卡） （3）依托人才服务机构在全球搜寻人才（美国有着遍布世界的人才流动服务机构和高度发达的信息网络，为人力资源的配置提供了条件） （4）以改善科技创新环境提升吸引力（政府可以影响科研机构，使全国科技工作成为一个整体；科研资金渠道多；政府尽力为企业和个人营造适合创新的政策环境，大力推动科技创新和科研成果产业化；加强对知识产权的保护）	（1）持续推动移民制度改革 （2）推进人才体制机制改革，提高人才制度竞争优势。注重多维人才政策的协同创新 （3）引进外籍人才突出靶向性。注重引进高层次和急需紧缺人才 （4）完善科技创新创业环境，打造优良环境"集聚人才" （5）加强外籍人才法律体系建设，完善知识产权法。修订移民法规"开门迎才"
德国	（1）实施IT人才"绿卡"计划（2000年8月1日起陆续给2万名非欧盟国家的计算机及IT专业的专业人才发放最长期限为5年的长期工作签证及居留许可） （2）促进职业资格互认（2012年4月德国政府颁布了"改善国外获得的职业资质确定及承认法"，简化和完善了对在德国境外取得的职业资质的评估、认证手续） （3）加速高素质移民的社会融入（针对外来移民开设职业导向语言促进班和语言文化类融合课程，提供移民咨询，在全国范围内推进"以进修促融合"项目以及"以培训促融合"项目） （4）实施"蓝卡"计划（2012年8月引入"蓝卡"计划，持有此卡的人可在德国居留4年，2～3年内即可获得永久居留证，该计划实施半年后，德国共发出4 126张"蓝卡"） （5）制定"高技术战略"吸引人才（"高技术战略"是德国联邦政府制定的综合性国家科技发展战略，其首要目标就是通过创新来提高德国的竞争力）	（1）发挥各级政府在人才战略和规划制定中的主导作用。 （2）制定有产业针对性的外籍人才引进政策。瞄准产业发展"养育人才" （3）破除现有的人才发展体制机制障碍，为优秀外籍人才提供具有国际水准的薪资待遇和服务保障 （4）建立高效的外籍人才融入机制。帮助外籍人才快速融入本国社会生活 （5）建立研发机构和科研奖项来招聘海外优秀人才

续表

国家	海外人才引进重要工作亮点	借鉴意义
新加坡	（1）建立人才引进政策体系（工作许可、居留、子女保障政策、外来人才居住计划） （2）设立国家猎头机构（"联系新加坡"是新加坡吸引经济领域人才的主要政府机构） （3）聚集国际猎头公司（新加坡共有1 100多家职业中介机构、国际猎头和本地猎头，世界排名前十的国际猎头公司中有5家在新加坡设立了区域总部或办事处） （4）吸引跨国公司总部（截至2015年，新加坡有6 000多家跨国公司的区域总部、分公司或办事处） （5）打造国际化知识中心（通过打造世界一流大学、设立国际一流研究中心、联合各所高校设立多项国际生奖学金项目，吸引全球各地的师资和科研人才，以及优秀的留学生作为人才储备） （6）实施税收优惠政策（新加坡是个人所得税税率最低的国家之一。"海外工作者纳税人计划"、与多国签订避免双重征税协议） （7）建立外籍人才融入机制（促国民融合理事会；国际学生项目、健康服务浸濡式项目、国际研究者俱乐部、新加坡公民之旅） （8）根据国家不同的发展时期调整移民政策（自由移民阶段、选择性移民阶段、积极引进海外人才阶段、全球金融危机后的最新调整与发展阶段）	（1）建立需求导向的外籍人才引进机制。设置特色政策"超前揽才"。实施针对性"柔性引才" （2）政府参与、市场配置相结合，扩宽渠道在全球"搜猎人才" （3）发展总部经济，聚集全球优秀人才 （4）为外籍人才提供税收等政策优惠 （5）设立研发机构"就地取才"，增强对科技人才的虹吸效应 （6）国家主导下的多维行政架构人才政策。将人才战略作为国家战略，由政府高层直接推动，对于人才战略的发展方向始终坚持综合性、总体性、规划性 （7）建立全方位的人才生活保障体系
英国	（1）完善技术移民、投资移民政策（发布只基于技能而非国籍的全新移民体系，吸引移民的重点转移到高技术移民政策上） （2）从"计点积分制"到"打分制"的移民体系（2008年10月正式实施"计点积分制"的移民政策，2021年1月1日起实施"打分制"的移民政策） （3）恢复PSW签证，设立全球人才签证（2019年恢复PSW签证，规定拥有本科、硕士、博士文凭的留学生毕业后能继续留在英国寻找工作，有效期为两年。全球人才签证政策是英国"向有才能的科学家开放"的新制度，其发放数量不设上限） （4）科技创新人才计划（设立人才奖励资助计划、增加科研基础设施投资、加强国际科技合作、推出基于全国的人才保留计划）	（1）奉行全球化的人才观念 （2）人才来去自由，不通过政策约束外流趋势 （3）以优厚的条件和待遇聘请国外人才 （4）"多元文化"与"多民族共存"的人才政策 （5）政府、企业协同创造吸引人才的环境

续表

国家	海外人才引进重要工作亮点	借鉴意义
澳大利亚	（1）EOI打分邀请制（现行的技术移民政策主要依据最新公布的《职业技术列表》和统一担保职业列表，以及相对应的积分评价体系和签证体系来执行） （2）设立不同的签证类型吸引人才（商业创新及投资移民签证、独立技术移民签证、州担保技术移民签证、偏远地区技术移民签证） （3）全球人才计划和南澳大利亚创新计划（全球人才计划旨在面向全球引进高技能紧缺人才和尖端技能项目。南澳大利亚创新计划旨在引进海外创业型人才和初创企业） （4）完善的福利保障体系（青年津贴、生育津贴、医药补贴计划、养老福利等） （5）制定吸引国际留学生的优惠政策（简化签证手续、允许兼职工作、实行技术移民政策、提供优厚的奖学金）	（1）树立国际视野，加强国际合作 （2）基于劳动力市场需求筛选高技能人才 （3）因地制宜，出台服务于不同区域发展的引才政策

资料来源：课题组自制。

规层面上推陈出新，从政策层面上予以制度支持，管理手段从以政策规范为主向以法律保障为主转变，将我国目前人才战略和人才计划的精神制度化、法律化，着力打造具有国际竞争力的人才制度优势。三是要多措并举、多管齐下引进国内外优秀人才，从政策体系、渠道平台、管理机制、服务保障、社会环境等多方面建立立体化全球引才格局。四是要发挥市场配置人才资源基础作用，支持培育一批高水平人才服务中介机构和猎头公司，加大引才引智信息平台建设力度，将引才触角延伸至全球。五是要加强与国际各类人才机构的合作，包括国际猎头协会、国际移民组织、世界大都市协会等，以及与各国的人才组织交流人才政策、分享引才经验、加强沟通合作，促进国际人才的"环流"。六是必须采取灵活的薪金制度，对于国家紧缺的海外人才可考虑为其提供高出国际同行水平的薪资待遇。七是要更加重视人才使用环节管理创新工作，大胆采用灵活多样的用人制度，通过聘任制实现专才专用。八是要加强对海外人才的服务保障，提供一流的科研和教育条件、优良的生活环境、低财政税赋、强法律保障，营造良好的创新创业环境。同时，进一步完善解决海外人才后顾之忧的机制，帮助海外人才解决办理绿卡和社保、住房、子女就学等问题，解决包括归国外籍华人在内的海外专家在国内的退休待遇问题，建立海外人才社会保险机制等。九是要建立高效的海外人才融入机制，帮助海外人才快速适应本国社会生活，增强他们的社会融入感。十是人才吸引政策照顾到不同层次和不同类别人才，注重吸引人才分类分层。制定的人才政策不仅要吸引科学人才，而且还要吸引艺术、教育、商务或体育方面的人才；不但吸引顶尖人才，而且给正在就业市场成长的人才和未来潜在人才（留学生）以政策关怀，形成可持续的人才供给①。

人才是 21 世纪国际竞争的主要力量，未来的中国更迫切需要全球的"高精尖"人才。因此，中国要进一步扩大开放，积极参与国际人才争夺战②，在"聚天下英才而用之"的基础上做好海外及港澳台人才引进工作，吸引更多海外及港澳台人才以更大的热情、更深层次地参与到提升我国产业链和创新链的活动中去，为中国创新驱动发展提供有力支撑③。

① 易丽丽. 发达国家人才吸引政策新趋势及启示 ［J］. 国家行政学院学报，2016（3）：45 － 49.

② 王辉耀. 海归潮中高精尖人才仍偏少，中国"人才逆差"何时变为"人才顺差"［N］. 半月谈，2018 － 10 － 15.

③ 吴帅. 我国引进海外人才政策创新研究 ［M］. 北京：党建读物出版社，2015.

第四章

当前我国海外及港澳台人才引进存在的问题、成因及建议

近年来，随着我国经济社会发展水平的提高和海外及港澳台人才引进工作的持续推进，我国对海外人才的吸引力逐渐提升。然而，总体上，海外人才的聚集度仍然不高，主要表现在三个方面：

一是海外人才规模有限。我国自 2004 年起实施的外国人永久居留制度，曾被调侃为"世界上最难拿的绿卡"。近年来，这一制度的开放度有所提升，2016 年共批准 1 576 名外国人在华永久居留，较上一年度增长 163%；2018 年国家移民管理局成立后，审批量再度大幅提升，2018 年上半年共批准 2 409 名外国人在华永久居留，同比增长 109%。然而，相比其他具有外国人永久居留制度的国家，在华永久居留的外国人占中国总人口的比例依然较小。从地区层面看，一线城市和部分新一线城市中获得外国人来华工作许可的在华外国人占城市总人口比例也均在 0.4% 以下，与发达国家的国际人才高地差距巨大（见图 4 - 1）。

二是外籍外裔人才引进少。我国当前从国家到地方的各类引才政策措施主要引进的是外籍华裔人才，但外籍外裔人才非常有限。例如，外国专家"千人计划"自启动起，每年与"千人计划"其

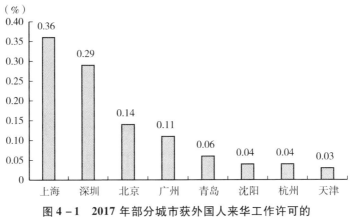

图 4 - 1　2017 年部分城市获外国人来华工作许可的
在华外国人占城市总人口比例

资料来源：根据国家统计局人口数据和原国家外专局外国人来华工作许可数据整理
而得。

他各分项引进的人才数量都呈现明显差距。中关村外籍人才申请在
华永久居留积分评估政策也主要引进了外籍华裔人才，截至 2017
年底，非华裔人才仅约占入选者总数的 5.3%。

　　三是无论是外国人来华工作许可制度还是各类、各层次引才计
划和工程（以下简称引才工程），主要"引进"的是已经在华的海
外人才。以一线城市 2017 年 4 月 1 日至 2018 年 4 月 27 日在中国境
外申请外国人来华工作许可的外国人数量占申请总量为例，北京为
19.2%、深圳为 16.6%、广州为 15.5%、上海为 13.9%，各一线
城市在境外申请外国人来华工作许可的外国人数显著少于在境内申
请的人数①。

　　本部分在文献研究、实地调研、专家研讨的基础上，对比发达
国家和地区引进海外人才的相关政策措施和经验做法，梳理分析我
国在海外及港澳台人才引进工作中存在的主要问题以及呈现问题的

---

① 国外人才信息研究中心. 成都市外国人才引进数据分析报告［R］. 2019.

表现，并探究其成因，为建立具有中国特色的技术移民制度提供基本问题导向。

第一节　当前我国海外及港澳台人才引进工作的问题表现

下面从引才政策工程、评价筛选工作、工作程序和引才主体几个方面，分析我国在引进海外及港澳台人才工作中存在的主要问题。

一、海外及港澳台人才引进政策碎片化

历史上，海外人才引进工作主要由原外国专家管理局组织开展，其制定实施的人才政策相对统一。1998 年，中共中央组织部牵头从国家战略的高度实施"千人计划"，大力引进海外人才。此后，各部门、各地方政府开始积极参与到引才工作中，其政府参与范围和工作力度不断扩大，引才政策和工程层出不穷。

在取得一定成绩的同时，政策碎片化的问题也日渐凸显，表现为同级政府部门间政策碎片化、各级政府部门间政策碎片化、地方政府部门间碎片化以及政策的时间维度碎片化。一是同级政府部门间政策碎片化，表现在组织部门、人社部门、教育部门、科技部门、工信部门、工商部门、公安部门、外交部门、统战部门、侨务部门等之间的政策和工程缺乏统筹协调，政出多门，政策之间相互交叉重叠。例如，外国人来华工作许可制度与外国人在华永久居留制度之间尚未建立衔接贯通机制。二是各级政府部门间政策碎片化，表现在上中下各级政府部门的政策和工程缺乏协同、贯通和配套，下级部门落实上级政策不够到位。例如，"千人计划"入选者

按规定享受的医疗待遇在基层没有得到很好落实。三是地方政府部门间政策碎片化，表现在一些地方引才政策和工程同质化，缺乏地方特色。例如，"苏锡常"制造业都很强，所以引才政策和工程纷纷瞄准制造业人才①。四是政策的时间维度碎片化，表现在一些引才政策和工程的稳定性较差，频繁修订或更迭，政策或工程之间缺乏时间上的延续和衔接。例如，一些引才政策出台或更新后，仅覆盖政策出台或更新后的人才，对此前来华的人才产生不公。

而且政策碎片化也带来了一系列的问题。从政府角度看，政策碎片化导致各部门之间和各层级之间的引才政策和工程合力不足；一些地方政府之间恶性竞争，竞相抬高政策优惠幅度，靠拼资金、拼待遇吸引人才，"引才价格战"频频升级；甚至有些地方政府急功近利，简单地将引进海外及港澳台人才数量设置为考核目标，忽略了人才质量和人才与用人单位及地方产业的匹配度。从用人单位角度看，政策碎片化问题给海外及港澳台人才所在单位带来人才引进和管理工作上的困扰，其中比较突出的问题是本土人才与海外及港澳台人才待遇不平等带来的管理困难。一方面，一些享受优惠政策的海外及港澳台人才其福利待遇明显高于本土人才；另一方面，根据现行财政规定，事业单位不能将外国人才的工资标准参照体制内人员进行合理增长，一些外国人才工资逐渐低于本土人才。从海外及港澳台人才自身角度看，一些海外及港澳台人才面对纷繁复杂的政策和工程无所适从，政策的不稳定性也给他们的就业带来了不确定性因素。其中一些人则借此牟利，在多地政府之间游走联系，待价而沽②，甚至同时享受多项优惠政策，重复入选多地引才工程。还有一些人为了获得欠发达地区的配套资助，将公司注册地设在欠

---

① 荣智慧. 中国"引才计划"的本土化难题［J］. 南风窗，2019（12）.

② 柳学智. 引进外国人才：如何来得了、待得住、用得好、流得动［N］. 光明日报，2018－04－08.

发达地区，但其专长却并不能在当地发挥最佳作用①。

二、引才政策的可操作性不强

当前，我国部分海外及港澳台人才引进政策文本中的一些规定和表述的原则性过强，甚至模糊，政策的可操作性有待提升。例如，一些从工作许可过渡到永久居留的通道虽然制定了相关规定，但是十分笼统，可操作性不强，特别是缺乏明确的从下一阶梯进入上一阶梯的条件、程序和操作办法②。又如，政策文件中"高层次人才、重点领域人才、持有国际通用最高等级职业技能资格证书、持有国际通用职业技能资格证书、高级技师或相当、技师或相当、高级工或相当、有特别突出成就的人其年龄条件可适当放宽"等说法没有判定标准。再如，外国人分类管理政策中对 A、B、C 类各层次外国人之间的划分界限、评价标准和引进规模的规定原则性较强。这一系列问题给政策执行部门带来困难，也给政策能否有效落地增加了不确定性因素。其中中国国际人才交流与开发研究会于2019 年对全国范围内277 个雇用外国人的用人单位的问卷调查结果显示，34.4%的在华外国人所在单位认为"政府部门在管理外国人才工作上存在的最突出的问题是，有些政策法规过于原则，甚至过于模糊，缺乏操作性"，这一问题在所有选项中占比最大。

三、海外及港澳台人才的评价筛选困难

海外及港澳台人才引进过程中的评价环节至关重要，事关能否

---

① 赵玲玲. 深圳国际化人才引进政策的现状、问题及对策［J］. 特区实践与理论，2019（2）：92-96.
② 柳学智. 构建中国特色外国人才引进制度体系［J］. 中国人事科学，2018-1-2（Z1）：57-61.

精准引进国家实际需要的"高精尖缺"人才，然而我国在实际评价工作中仍然存在筛选困难的问题，在评价内容、标准、方式和周期方面均存在若干突出问题。

从评价内容看，缺乏全面科学的评价指标体系，目前主要以海外及港澳台人才过往的学历和资历为主要评价内容，但这并不能够全面反映出海外及港澳台人才的综合表现。相比之下，发达国家更为看重的是海外人才的工作实绩，特别是在目的国的工作实绩，通过工资水平、税收情况、雇主认可情况，加之学历、资历等情况进行更加综合和准确的评价。

从评价标准看，一方面，一些引才工程为了实现预计入选数量目标，相关部门不惜降低评价标准，"矬子里面拔将军"。对照香港的"优才计划"，香港对人才引进抱有宁缺毋滥的态度，其评审标准和程序非常严格，虽然该计划每年面向全球开放 1 000 个名额，且申请人数众多，但每年获批来港的优才都不足 400 人，通过率仅在 20% 左右①。另一方面，一些地方政府制定的评价标准不符合当地发展水平。例如，一些地区并不具备为高层次人才或某些热门行业人才提供发展平台和条件的基础，却一味追求"高精尖"，刻意将评价标准瞄准这些人才，盲目引才，造成人才浪费。对照加拿大"首席研究员计划"，其引进人才后的续任评审机制不仅评审人才本身，还评审人才所在单位，而续聘首席研究员的单位要从三方面接受评审：一是工作环境，包括与其同行合作的机会；二是对首席研究员的支持力度，包括办公场所、行政支持、支持首席研究员申请额外资助，以及保证其科研工作量不受教学和行政事务所影响；三是首席研究员资历及其科研项目建议书与单位科研战略规划的契合程度。这样既可以保证人才的可持续发展，又可以避免人才因为其

---

① 香港优才计划 [EB/OL]. https：//www. globevisa. cn/zt/zt_64. html#bphx - xgymy-cty - 01344 - pc？ bd_vid = 12392100609165380449.

所在单位的不合格或者不适合的科研条件而导致人才无用武之地①。

从评价方式看，当前的评价方式还较为粗放，不少海外及港澳台人才引进政策和工程仍然采用"一刀切"的人才评价方式，缺乏分层评价和基于各专业、行业属性和特色的分类评价。例如，以人才的博士就读或毕业学校的综合排名为主要评定标准，忽略学科专业排名的影响。

从评价周期看，我国引才过程中的评价可谓是"短平快"。由于规定时间有限，评委只能凭借候选人已经具备的"帽子"和头衔迅速做出判断，形成赢者通吃局面，并且可能会错失潜在人才。而发达国家对外国人的评价通常是长周期，甚至全周期的，对于申请永久居留和入籍的海外人才，更是采用分段、分层、长周期的评价，以此得出有效性更高的评价结果。

以上这些问题导致一些实际引进的海外及港澳台人才与国家、地区和用人主体之间的供求匹配度差强人意，低配、高配和错配并存。其中在调研中发现，某知名高新科技跨国公司中的多数高管由于学历不够高仅被评为 B 类人才；还有企业提出，一些被评为限制引进的 C 类外国人往往是企业急需紧缺的人才，甚至在同行中具有不可替代性。《人民日报》曾报道，入选前三批国家"千人计划"的创新类人才的到岗率为 82%，即 18% 的入选者并没有按照规定履行义务，还有一些入选者甚至出现两头挂职、学术造假等问题。还有研究发现，一些对创业扶持政策需求高的人反而创业能力素质较弱，这些人往往更加精心地包装申请材料②，甚至在一些地方引才工程的入选者中，出现个别名不副实、蒙混过关、套取政府资金者。

---

① 冯凌. 加拿大首席研究员计划的启示：全球引才更要公平竞争［N］. 光明日报，2015－12－08.

② 程俊华."逆淘汰"定律对政府引才工作的启示［J］. 今日科技，2014（9）：51－53.

四、引才程序不够优化和便利

我国一些引才工程及永久居留的申请和审批的程序还不够优化和便捷，其中，永久居留证的申请程序冗长复杂，且无法预知签发时间。例如，不少引才工程为海外人才提供的创新创业启动资助款到位过慢；某一线城市外国人永久居留证的办理时间过长，规定90天办结，但是实际从市到省，再到公安部至少需要半年。由于永久居留证申办时间长，海外人才有预知签发时间的需要，以便对其工作和生活进行安排，然而，我国尚未提供对审理时间进行估算的服务。但在加拿大，联邦移民局已于2018年改进了估算五类移民项目审理时间的方式，使估测结果更加精确。之前的估算依据主要是基于对往年80%申请案处理时间的统计得出，而改进后的方式除了往年统计数据之外，还计入了目前等候处理的申请数量，以及在《多年移民水平计划》中列入的预计配额量。此外，我国在入境、居留、申办各类证件的整个引才过程中，还存在海外人才以及相关部门需要重复填报和审核个人信息的问题。

以上这些问题导致政府和用人单位引才效率不高，海外人才的融入体验欠佳。在调研中，某人才管理改革试验区的一些海外人才表示，申请永久居留证的时间过长，手续烦琐，融入体验欠佳，甚至有人在此过程中决定放弃申请，打道回府。其中中国国际人才交流与开发研究会于2019年对全国范围内551位在华就业的外国人的问卷调查结果显示，针对出入境和签证办理便利度问题，43.6%的受访者表示不够便利，其中12.9%的人认为所需材料太多，10.8%的人认为程序太耗时，9.7%的人认为程序太复杂，5.9%的人认为程序/说明不够清楚，具体情况如图4-2所示。

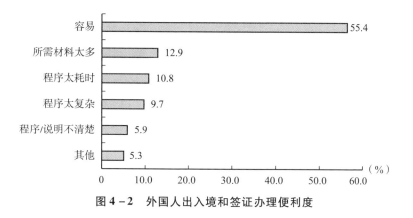

图4-2 外国人出入境和签证办理便利度

五、市场和社会力量参与度低

我国的引才工作长期由政府主导，各级、各地、各部门政府机构制定实施了大量的引才政策和工程，对引才的各个环节具体工作亲力亲为，甚至提供"保姆式"服务。相比而言，用人主体、中介机构和社会组织的参与度较低，即使是市场化程度较高的深圳市，学术界、产业界的组织参与度也不高，市场上专业机构的作用发挥不充分[①]。

政府主导引才工作由于引才渠道有限、引才方式不够灵活，导致如下问题：一是引才覆盖面较小，对"体制外"的用人单位覆盖不足。二是供求匹配的精准度较低、覆盖面较小[②]。三是由于政府的过度介入，市场和社会的参与空间被挤占，导致市场和社会引才活力不足，不利于形成多元主体共同参与、优势互补的引才工作局面。

———————————

① 赵玲玲. 深圳国际化人才引进政策的现状、问题及对策 [J]. 特区实践与理论，2019（002）：92-96.

② 柳学智. 构建中国特色外国人才引进制度体系 [J]. 中国人事科学，2018-1-2（Z1）：57-61.

第二节　当前我国海外及港澳台人才引进
　　　　工作的问题成因

　　下面针对以上人才引进工作的问题表现，对照参考一些典型国家引进海外人才的相关政策措施和经验做法，分析产生上述问题的主要原因，包括制度建设、评价机制、部门协同、技术手段以及市场化和社会化机制等方面的原因。

一、人才开放的理念意识

　　在民众层面，我国公众对来/在华外国人的接受程度逐渐加深，但仍在一定程度和一定范围内需要提高。一方面，由于一些人对多元人才融合开放的意识薄弱、理念滞后，他们会片面地认为人才引进来会挤占国内就业市场，增加公共服务压力。另一方面，一些关于在华外国人融入中国社会的反例致使一些人形成排外情绪。

　　在政府层面，相关部门对引进海外人才长期持谨慎态度。因涉及国家安全、民族利益、国际关系等方面，中国外来移民事务一直以来被视为高度敏感的问题，对外国人相关工作无论态度上还是做法上都会相对保守①。近年来这种情况有所好转。

二、引进海外及港澳台人才的制度建设

　　党的十九届四中全会审议通过的《中共中央关于坚持和完善中

---

　　① 吕红艳，郭定平. 全面构建外来移民治理体系——新时代中国国家治理的新课题［J］. 国家治理，2018，197（29）：29-40.

国特色社会主义制度、推进国家治理体系和治理能力现代化若干重大问题的决定》，特别强调了制度建设在新时代中国特色社会主义发展进程中、在推进国家治理体系和治理能力现代化进程中的重要地位。我国长期以制定政策和实施工程为海外及港澳台人才引进的主要方式，国家授权一些发达或典型地区先行先试，逐步推广可复制的政策措施，但总体上缺乏制度建设，引进海外及港澳台人才的部门政策和地方政策多为部门规章和地方规章，法律位阶较低[①]，没有制度架构的规范和引导，引才政策往往呈现碎片化和短期化，引才工程重复建设、无序发展，各部门之间引才工作缺乏合力，各地之间的引才工作缺乏协同。

相比之下，传统移民国家经过长期探索和积累，已经建立起了健全的技术移民制度、坚实的法治保障和有力的长效机制。横向上，积分评估制度、技术移民资格职业清单制度、雇主担保制度、劳动力市场影响评估制度等子制度有力支撑起整体移民制度的四梁八柱。纵向上，从外国人获得留学签证，到获得工作签证，再到获得永久居留证，最后加入国籍，均有制度保障这四个阶梯的三次身份转换通道。各地、各部门以及用人单位的引才工作有章可循，有法可依，有条不紊。从海外人才自身角度讲，其移民过程也是可规划，可预期的，从而增加了这些国家对海外人才的吸引力，形成国际人才高地。

三、海外及港澳台人才评价筛选机制

海外及港澳台人才评价筛选困难主要是因为我国评价海外及港澳台人才的制度化、专业化、国际化和市场化程度总体上还不够完

---

① 柳学智. 构建中国特色外国人才引进制度体系［J］. 中国人事科学，2018，1，2（Z1）：57－61.

善，现有评价机制不能满足"聚天下英才而用之"的需要。人才评价筛选机制的不完善有以下两点影响。

（1）政府在海外及港澳台人才引进制度建设上存在缺位。这使引才过程中的评价机制往往孤立存在于某项引才政策或工程中，没有嵌入整体制度框架中，致使评价内容不全面，评价周期不完整，进而无法综合有效地筛选出符合国家、地方和用人主体所需的海外及港澳台人才。

（2）在专业化和国际化方面，虽然采取国际通行的"同行评议"方式选才，我国的"同行"多是由政府组织和引导，专业共同体的角色不突出，也少有外国评委参与，国内同行评国际同行，大同行评小同行，甚至外行评内行的现象。而发达国家的专业共同体发展成熟，在人才评价中发挥主导作用，无需政府介入，严格由小同行专家实施同行评议，专家的专业化和国际化程度较高，专家以自身信誉担保，用心给出负责任的评审结果。在市场化方面，市场主体参与空间被挤占，其选才鉴才活力无法充分释放。

四、政府部门的引才工作协同

当前，多个部门同时参与海外及港澳台人才引进、管理和服务工作，相关职能、事务、权限分散；工作体制在一定程度上存在权限不清、分工不明、交叉办公的现象；工作机制缺乏统筹协调[①]。这些原因导致了上述引才程序烦琐、过程冗长，也导致了引才政策碎片化，上级政策落实不到位，部门之间信息难以共享共用等问题，这使得海外及港澳台人才在办理相关事务时难以适从，相关权益难以保障[②]。

---

①② 柳学智. 构建中国特色外国人才引进制度体系［J］. 中国人事科学，2018 - 1 - 2（Z1）：57 - 61.

而对照一些海外人才聚集度高的国家，他们的引才工作格局相对健全、优化，相关职能明确且集中，与其他相关部门的职责分工有较为清晰的法律界定。例如，自20世纪初期始，英国议会正式确定了以英国内政部为管理移民事务的核心部门，随着移民管理科学化和系统化的发展，签证与移民署、移民执法局、移民服务委员会及移民咨询委员会等机构相继成立，形成了以内政部为中心，多部门协作的移民管理体系。而美国的移民事务涉及不同国家部门间的协作与协调，这些部门包括国土安全部、国务院及劳工部等。其中，国土安全部是移民法的执行部门，国务院领务局负责外国人签证的发放，劳工部则负责劳工证及劳动状况申请的审批与发放①，而且各部门责权范围有法可依，分工清晰，衔接得当，见图4－3。

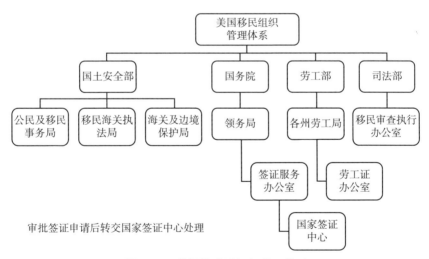

图4－3　美国的移民组织管理体系

资料来源：柳学智，熊缨. 技术移民制度比较［M］. 北京：党建读物出版社，2017。

———————

① 柳学智，熊缨. 技术移民制度比较［M］. 北京：党建读物出版社，2017.

五、引才工作中支撑的技术手段

面对来/在华外国人日趋增长、多样、复杂和不稳定的挑战，以及国际人才竞争愈加激烈的形势，我国的引才技术手段尤其是信息技术开发工作推进迟缓。而海外人才引进涉及移民、人社、教育、科技、外事、公安、海关、边检、税务等多个部门，他们在各自职责范围内采集了大量外国人签证、停居留、通关、边检、年龄、国籍、学历、职业资格、工作经历、职业、职务、薪资、税收、专利、论文、荣誉和表彰等信息，但是，各部门之间、各地之间缺乏对这些信息的集成、共用和共享机制，更缺乏交叉综合利用信息的机制和工具。这将会导致一系列问题，包括引才程序便利化程度不高，审批和供求对接效率低；海外人才重复填报个人及其单位信息，影响融入体验；一些人可能同时享受多地优惠政策；更有甚者利用这些漏洞伪造学历、资历等。此外，从国家到地方层面还广泛存在外国人"底数不清、情况不明"的状况，从而掣肘管理服务效率效果的提升，也使政策制定缺乏数据基础。由于海外人才信息不能共享、海外人才引进缺乏统一平台，各地区、各部门、各用人单位仅能在各自的领域内评价、选拔、引进海外人才，真正需要的人才难以脱颖而出①。

相比之下，发达国家从战略高度重视移民信息技术开发，一些国家耗费大量人力、财力和时间构建了基于互联网和大数据的技术移民信息平台，在方便政府采集技术移民各类信息的同时，帮助有意愿移民的外国人和有意愿雇用外国人的单位高效便捷地搜索相关信息，并提交相关申请。例如，美国的客户档案管理系统（custom-

---

① 柳学智．构建中国特色外国人才引进制度体系［J］．中国人事科学，2018－1－2（Z1）：57－61.

er profile management system）可以核查申请人的身份和背景，并自动生成所需文件，其中美国公民与移民事务局发布的《2019～2021年的战略规划》提出，要进一步提升移民相关信息的传输效率。而加拿大"快速通道"（express entry）即加拿大技术移民申请人筛选在线系统，加拿大移民部利用该系统筛选高分申请人并邀请其申请移民签证，"快速通道"还嵌入了省提名系统，方便各省根据自身发展需要提名申请人并为其加分，提升了供求对接效率和效果①。

六、市场化和社会化引才机制

从政府角度分析引才工作中市场和社会力量参与度低的原因可以发现，建立市场化和社会化引才机制中需要政府发挥引导、培育、规范、监督作用尚且不足。首先，如上所述，政府主体直接进行海外及港澳台人才引进，对市场形成冲击和挤压②，中介机构的利润空间小，积极性不高。其次，引才工作中的体制分割局面较为明显，政府尚未建立起通过合作、采购和放权的方式引导和培育中介机构和社会组织发挥作用。最后，政府尚未建立起规范和监管用人主体、中介机构和社会组织引才行为的有效机制，致使政府对于将引才工作放权于市场和社会，依然持谨慎保守态度。

比较海外人才聚集度高的国家，他们往往是通过制度建设促使政府、市场和社会多元主体共同参与人才引进，较为成熟和通行的制度包括雇主担保制度和社会组织推荐制度。雇主担保制是指在申请就业优先类永久居留签证或临时工作签证前，雇主提供工作机

① Government of Canada. Express Entry［EB/OL］. https：//www. canada. ca/en/immigration - refugees - citiznship/corporate/publications - manuals/express - entry - employer. html.

② 柳学智. 构建中国特色外国人才引进制度体系［J］. 中国人事科学，2018，1，2（Z1）：57 - 61.

会，为雇员申请劳工证或进行劳工状况申请，并提交就业优先类永久居留签证或临时工作签证的申请表，其中政府对雇主的资格和相关责任都有详尽的法律规定。社会组织推荐制是发挥行业协会、学术组织、投资机构等在各自领域的专业水平，开展人才评价发现工作，并推荐人选给相关政府部门。例如，加拿大的创业签证政策的主要签发条件是申请者获得三类加拿大授权组织对其创业构想的采纳，包括风险投资基金组织、天使投资基金组织和企业孵化器①。英国的杰出人才签证签发给英国皇家学会、英格兰文化艺术委员会、英格兰皇家工程院、英国人文和社会科学院在各自领域推荐的顶尖海外人才②。

第三节　当前我国海外及港澳台人才引进工作的对策建议

当前，在经济进入"新常态"的大背景下，经济发展的关键词已经从"高速增长"转向"创新驱动"。在"新常态"之下，人才是发展新动力。面对新常态，海外及港澳台人才引进政策要从过去的政府直接参与转向引导、鼓励和支持市场发挥决定性作用，充分发挥用人单位的主体作用，主动利用市场中介服务机构的市场化作用，积极调动民间组织和社会机构的活力，将涉及人才活动各个方面的服务要素整合起来，形成一个联系紧密的升级版海外及港澳台人才引进政策创新体系，为海外及港澳台人才提供集群服务及全方

---

① Citizenship and Immigration Canada. Designated Organizations［EB/OL］．［2014 - 09 - 21］．http：//www. cic. gc. ca/english/immigrate/business/start - up/eligibility/entities. asp，2014/09/21.

② UK Boarder Agency［EB/OL］．［2013 - 02 - 09］．http：//www. ukba. homeoffice. gov. uk/visas - immigration/working/tier1/exceptional - talent/，2013/02/09.

位的支持。

一、创新海外及港澳台人才引进机制

海外及港澳台人才引进工作要秉持"高精尖缺"导向，大力引进具有重大原始创新能力的科学家、具有推动重大技术革新能力的科技领军人才、具有世界眼光和开拓能力的企业家和我国经济社会发展急需紧缺的其他各类人才，不断提高出国（境）培训的质量和效益，使引进海外及港澳台人才和智力的规模、质量、结构与我国经济社会发展要求相适应。

（一）高度统筹海外人才引进工作

人才引进前期工作需更高层面的统筹。目前的"千人计划"由海外高层次人才引进工作小组组织领导、统筹协调，并由中共中央组织部、人力资源和社会保障部与教育部等多个部门组成。而吸引海外高层次人才需要专业的部门在全球搜索、关注、接触、挖取人才，解决其后顾之忧，并对人才来华后的服务工作等方面进行专业化操作，这就要建立更高一级的机构来进行高度统筹。同时，高层次国际人才引进工作应该进一步放开门槛、细化规则，增加弹性和人性化设计。例如，大批优秀高精尖留学人员，有些已超过55岁，也是我们需要争取的对象。为此，可以出台"资深人才计划"等方式，吸引55岁以上的资深海外人才。

（二）大力发展国际引才中介机构

在具体引才方面，应通过"人才猎头"这一国际通用的方式引进海外及港澳台人才。中国可以大力发展国际引才中介机构，尽快建立一大批猎头公司、劳务公司和人才公司，直接与相关人才联系，这样不仅可以得到国际上的认可，还能更加精准地吸引海外及港澳台人才，创造良好的"人才引进生态环境"。

（三）积极探索"柔性引才"弹性政策

实行海外及港澳台人才智力引进弹性政策，即聘请、阶段性聘用高科技人才为本地出谋划策。重点开展"大中企业科研院校行活动"，做好"走出去"和"请进来"两篇文章。把高技术企业的实验室、研究所办到先进发达地区、国内外的大专院校、科研院所里去，使高技术企业成为院校、科研单位的成果转化基地和产品生产基地，同时聘请国内外专家和科技人员担任高技术企业的技术顾问、总工程师，并通过与科研院所进行项目合作等方式，柔性引进海外紧缺急需人才和海外高层次人才[①]。

（四）加快建立引进海外及港澳台人才分析研判机制

建立完善海外及港澳台人才数据库和信息服务平台，制定并定期调整引进海外及港澳台人才指导目录，促进人才与资本、项目有效对接。切实发挥重大引才工程高端引领作用，坚持质量第一，优化引才结构，延伸工作链条，扩大实施效果。积极搭建引才聚才合作平台，探索建立与国际接轨的全球人才招聘机制。建设境外聚才用才载体，支持国有企业、民营企业科研机构等在境外设立研发机构、产业化基地等，就地吸引使用海外及港澳台人才[②]。

（五）加快编制海外及港澳台人才工作指导目录

"就业清单"或"工具目录"是国际上对引进海外人才进行宏观调控的通用工具。随着我国引进人才规模的不断扩大，制定海外

---

① 史豪度. 突破高技术产业人才培养瓶颈［N］. 中国组织人事报，2013－05－13.
② 张建国. 引进用好外国人才［N］. 学习时报，2018－02－02.

及港澳台人才工作指导目录，对海外及港澳台人才就业进行调控和引导已经成为大势所趋。下一步，我们应深入研究学习发达国家较为成熟的经验和做法，编制海外及港澳台人才工作指导目录，加强对海外及港澳台人才引进的宏观引导①。

在建立健全我国引进海外及港澳台人才制度时，切不可照搬照抄西方做法，必须根据我国的实际情况，紧紧围绕经济社会发展目标，制定并定期更新海外及港澳台人才工作指导目录，及时、准确反映国家对高端、紧缺、急需海外及港澳台人才的需求，引导和调节国家人才需求和海外及港澳台人才供给。从中国劳动力实际情况看，中国中低端劳动力十分丰富，缺乏的主要是高端人才，在制定海外及港澳台人才工作指导目录时，应重点考虑海外及港澳台人才的技术水平，这一点与传统移民国家有很大区别，特别是在经济结构转型的大背景下，应该鼓励各地探索主要依据技术水平引进海外及港澳台人才的做法，当然，要发挥指导目录有针对性的指导作用，还必须对职业类别进行适当的分类，鉴于我国职业分类大典不够完善和劳动力调查制度尚未建立，这种分类宜粗不宜细。因此，应结合中国实际情况，坚持以技术水平为主、以技术类别为辅的原则，制定海外及港澳台人才工作指导目录②。

（六）设立开放公平竞争的国际引才计划

加拿大的首席研究员计划同时对海内外人才开放，不受国籍、居住地等任何限制，并且采用同一评审标准。建议中国借鉴加拿大首席研究员计划的相关经验，设立以同一评价标准同时向海内外人才开放的引才计划，激发更多人才的积极性，避免本土人才的不平衡心理，促进公平竞争，同时有利于从侧面对国内外的科研人才质

---

① 吴帅. 我国引进海外人才政策创新研究［M］. 北京：党建读物出版社，2015.
② 柳学智. 海外引才应按需下单［N］. 光明日报，2015－09－15.

量进行比较。

（七）逐步完善我国引才计划的退出机制

加拿大首席研究员计划通过设定固定任期和严格的续任评审机制，确保合格的人才长期发挥实际作用，不合格者则在续聘时被淘汰，把资源让给更优秀的人才。公平竞争不仅是人才之间的公平竞争，还应涵括用人单位之间的公平竞争。首席研究员计划的续任评审对象不仅是人才本身，还有人才的用人单位。其中续任候选人需重新经历一次和首次申请一样严格的同行评审程序，而续聘首席研究员的用人单位则要从工作环境、对首席研究员的支持力度，首席研究员资历以及科研项目建议书与单位科研战略规划的契合程度三方面接受评审。这样，既可以保证人才的公平竞争和可持续发展，又可以避免人才因为其所在单位的不合格或者不适合的科研条件而导致人才无用武之地，甚至被当成花瓶摆放，而更适合人才发展的单位却没有引进人才的机会。

为维护人才和用人单位的公平竞争，建议中国借鉴加拿大首席研究员计划中的相关经验，大力推广和深化"千人计划"实施的人才退出机制，不仅是违法、违纪和违背社会诚信的人需要退出，没有发挥应有作用者也要退出；同时还要建立聘用海外及港澳台人才单位的退出机制，即评审用人单位对海外及港澳台人才的管理和使用情况，如果评审结果不合格，政府则需停止或弱化为该单位配置海外及港澳台人才的服务，并协助海外及港澳台人才调换工作。

二、完善海外及港澳台人才使用机制

在探寻合理化的海外及港澳台人才使用政策支持的道路上，要转变用才观念，打破身份壁垒，以更大的气魄放手使用海外及港澳台人才，给予其充分的空间参与到中国的发展和建设中来，共享"中国机会"、共筑中国梦。

（一）缩小海外及港澳台人才职业禁止范围

在确保国家安全的前提下，适度缩小海外及港澳台高层次人才的职业禁止范围，逐步开放一些重要岗位。可学习加拿大"首席科学家计划"的一些做法经验，设立"首席科学家"制度，在科学技术领域，除涉及主权安全和国家机密等领域外，允许国家重点创新领域、重大创新项目和重点实验室聘请优秀海外及港澳台人才担任项目的首席科学家。另外，可学习新加坡全球招聘的成熟经验，鼓励高校、科研院所和企事业单位面向全球人才市场聘请优秀海外及港澳台人才担任领导职务。

（二）建立双边资格互认体系

探索建立与国际接轨的双边资格互认体系，实现专业技术人才和技能人才（执业）资格互认。要区别对待不同工种，对在某一领域具备突出技能和超凡知识结构体系的海外及港澳台人才，要注重审核的灵活性，专业技术领域和技能领域人才都予以合理认可，确保在海外及港澳台人才的使用上不会因为僵化的制度约束而阻碍科技创新，为最大限度地发挥引智工程的作用"开绿灯"。

（三）支持海外及港澳台人才领衔承担各层级科技项目

针对海外及港澳台人才不能领衔承担一些国家级、省部级等各级科技计划项目的问题，建议除涉及国家安全等重大或敏感项目外，支持在我国从事科研工作、并将知识产权在中国落地的海外高层次人才领衔承担我国各层级科技计划项目。这将扩大海外及港澳台人才在我国科研领域发挥作用的空间，同时有利于进一步吸引海外及港澳台人才来中国大陆（内地）发展。

（四）支持海外及港澳台人才担任新型科研机构法定代表人

建议对取得永久居留资格的海外人才及取得居住证的港澳台人才，在我国的自贸区内开展担任新型科研机构法定代表人的制度试点，为新型科研机构直接引进的顶尖海外及港澳台人才争取国际科技竞争主导权提供政策支持。

（五）建立对海外及港澳台人才用人单位的评审机制

为避免海外及港澳台人才因为其所在的高校院所不合格或者不适合的科研条件而导致人才无用武之地，建议建立对海外及港澳台人才用人单位的评审机制。评审内容包括办公场所、行政支持、与其同行合作的机会、海外及港澳台人才研究方向与单位科研战略规划的契合度等，如未通过评审，则可协助海外及港澳台人才调换工作。

（六）打造区域创新创业平台

遵循人才集聚规律，加快打造一批区域性创新创业平台。海外及港澳台人才的集聚需要平台和载体，一些科技园、产业园、创业园建设和发展的经验告诉我们，打造一批区域性创新创业平台，有助于为海外及港澳台人才提供更大施展才能的空间。下一步，我们应进一步研究海外高层次人才集聚规律，根据创新型人才和创业型人才的不同特点和需求，进一步建设好留学生创业园、高新技术产业园、工业技术研究院以及其他各类产学研合作平台，拓宽海外及港澳台人才使用空间。

（七）争取科研设备和信息使用便利化政策

当前，根据《关于"十三五"期间支持科技创新进口税收政策的通知》，对科学研究机构、技术开发机构、学校等单位进口国内不能生产或者性能不能满足需要的科学研究、科技开发和教学用品，免征进口关税和进口环节增值税、消费税；对出版物进口单位为科研院所、学校进口用于科研、教学的图书、资料等，免征进口环节增值税①。然而，该政策覆盖范围不能满足我国各省市各级各类机构的实际发展需求，建议国家进一步扩大对北京、上海、广东等先进地区的机构进口免税政策覆盖范围，助力海外及港澳台人才更顺畅高效地开展创新活动。同时，对技术先进、尚未列入国家鼓励类外商及港澳台商投资项目的企业进口境内不能生产或性能不能满足高层次人才企业需要的生产设备，给予进口关税和进口环节增值税税收优惠。

此外，针对国（境）外科技信息的可得性不足和跨国（境）

---

①《关于"十三五"期间支持科技创新进口税收政策的通知》政策覆盖范围包括：（一）国务院部委、直属机构和省、自治区、直辖市、计划单列市所属从事科学研究工作的各类科研院所。（二）国家承认学历的实施专科及以上高等学历教育的高等学校。（三）国家发展改革委会同财政部、海关总署和国家税务总局核定的国家工程研究中心；国家发展改革委会同财政部、海关总署、国家税务总局和科技部核定的企业技术中心。（四）科技部会同财政部、海关总署和国家税务总局核定的：1. 科技体制改革过程中转制为企业和进入企业的主要从事科学研究和技术开发工作的机构；2. 国家重点实验室及企业国家重点实验室；3. 国家工程技术研究中心。（五）科技部会同民政部核定或者各省、自治区、直辖市、计划单列市及新疆生产建设兵团科技主管部门会同同级民政部门核定的科技类民办非企业单位。（六）工业和信息化部会同财政部、海关总署、国家税务总局核定的国家中小企业公共服务示范平台（技术类）。（七）各省、自治区、直辖市、计划单列市及新疆生产建设兵团商务主管部门会同同级财政、国税部门和外资研发中心所在地直属海关核定的外资研发中心。（八）国家新闻出版广电总局批准的下列具有出版物进口许可的出版物进口单位：中国图书进口（集团）总公司及其具有独立法人资格的子公司、中国经济图书进出口公司、中国教育图书进出口有限公司、北京中科进出口有限责任公司、中国科技资料进出口总公司、中国国际图书贸易集团有限公司。（九）财政部会同有关部门核定的其他科学研究机构、技术开发机构、学校。

数据传输实时性不足的问题，建议国家给予特定区域及国家核定的高科技企业虚拟专用网络（virtual private network）的使用权限，即在公用网络上建立专用网络，进行加密通信，并进行监控，一旦发现滥用特权行为，即列入黑名单，为人才提供更加便利快捷的互联网服务。

三、强化海外及港澳台人才激励体系

从人才国际流动的动机来看，薪酬待遇、税收优惠、股权和期权收益、精神激励是海外及港澳台人才关注的四大方面。

（一）创新税收激励政策

税收政策因其直接影响着人才的经济利益，因此是引进海外及港澳台人才政策创新的重要内容。由于中央统一的税收政策难以突破，过去一段时间，不少地方通过补偿、奖励等税收返还的方式对引进的人才"变相"降低税负，起到了立竿见影的作用。但是，从长远来看，这种做法只能算是"权宜之计"，仍需在可能的范围内研究制度化、规范化的税收优惠政策。众所周知，新加坡的税收政策是其吸引全球人才的重要"利器"，其中某些做法可供参考和借鉴。

我国于 2019 年 3 月联合出台了对粤港澳大湾区个人所得税优惠政策。在此基础上，建议尽快制定实施细则，对税收优惠的具体形式和税收认定机制衔接等问题作出明确规定。在形式上，建议避免先征后返，即人才需先足额交税，再提出申请，后经税务部门核算后返还多出部分。因为此法程序上比较烦琐，耗时较长，不符合海外及港澳台人才流动性较大的特点。

（二）加强薪酬激励政策

借鉴国外的经验，实现海外及港澳台人才薪酬市场化乃是大势所趋。所谓薪酬市场化是指，由市场供需关系调节海外及港澳台人才的个性化"身价"，在引智的薪酬设计中加大创新力度、区别不同的职业和岗位贡献，实现一流人才一流待遇、做到以价值体现人才价值①。引才政策要与国际接轨，首先应当形成与国际接轨的人才薪酬管理体系，逐步推行项目制的薪酬、成果薪酬和价值后评价薪酬等国际惯用契约制度，积极实施具有较强外部竞争力的激励措施，实现人才薪酬分配形式多元化，形成秩序规范、注重公平、监管有效的市场化薪酬制度。用人单位聘用海外及港澳台人才可采用协议工资制，根据实际贡献确定薪酬水平，逐步建立符合国际惯例的薪酬体系。同时，加快完善收入分配和产权激励制度，健全海外及港澳台人才创新创业利益回报机制，完善知识产权收益分配制度。

（三）试点股权期权激励政策

我国要落实以人才驱动创新的目标，必须在股权期权激励政策上大胆创新。要通过改革，将人才的创新创业成果与其收益挂钩，允许人才本人持有股权、期权，让创造性劳动的价值得到更好实现。

2014 年 7 月 2 日召开的国务院常务会议作出深化科技成果使用处置和收益管理的改革试点的决定，提出通过改革允许科技人员持有股权、期权②。下一步，中央将在国家自主创新示范区和自主创新综合试验区选择部分中央级事业单位，开展为期一年的科技成果

① 郑晓波. 引入市场化薪酬制度探索高管员工持股 ［N］. 证券时报，2012 - 03 - 23.
② 李克强. 通过改革允许科技人员持有股权期权 ［EB/OL］. ［2014 - 07 - 02］. http：//www. gov. cn/xinwen/2014 - 07/02//content_2711202. htm.

使用、处置和收益管理的改革试点。在此基础上，我国应该以海外及港澳台人才为突破口，推进科研成果处置权和收益权改革，制定海外及港澳台人才股权激励试点方案审批细则，完善海外成果转化的股权、期权激励和奖励等收益分配政策，促进科技成果转化，通过股权期权在资本市场的变现，增加海外及港澳台人才的合法收入。

（四）完善精神激励政策

除了物质激励之外，精神激励对于海外及港澳台人才也有着一定的吸引力。需要强调的是，政府通过期权股权激励海外及港澳台人才创新创造，但基础科学研究的积极性同样需要激励。因此，在用股权、期权奖励科研成果转化者的同时，也要加大力度支持鼓励那些甘愿"静下心来坐冷板凳"的基础科研工作者，在其他激励方式上向从事基础研究的海外及港澳台人才适度倾斜。"友谊奖"是我国授予来华工作外国专家的国家级最高荣誉奖项，用以感谢和表彰外国专家在我国社会发展和经济、技术、教育、文化等建设事业以及人才培养中所作出的突出成绩和奉献精神。自1991年设立以来，"友谊奖"在海外人才中产生了很好的反响，一定程度上促进了我国海外人才引进工作。下一步我们应在继续做好"友谊奖"的同时，加大创新，一方面完善奖励政策，建立公开提名、科学评议、实践检验、公信度高的人才奖励机制。可在不同的专业领域增设面向海外及港澳台人才的专门奖项。另一方面增强海外及港澳台人才的参与感，允许他们参与国家奖励表彰评比，强化对高层次海外及港澳台人才的奖励导向，对成就特别突出的优秀海外及港澳台人才可授予国家级功勋和荣誉称号。同时，我们还可研究支持和规范社会力量设奖的有关政策①。

---

① 吴帅. 我国引进海外人才政策创新研究［M］. 北京：党建读物出版社，2015.

四、创新海外及港澳台人才评价机制

（一）完善引才政策的评价发现机制

建议完善我国各级各类引才政策的评价发现机制，进一步贯彻中央提出的注重引入国际同行评价，发挥小同行评议的作用，加强评审专家数据库建设，建立评价责任和信誉制度等要求（《关于深化人才发展体制机制改革的意见》《关于优化学术环境的指导意见》）。下一步，海外及港澳台人才评价政策创新的重点可以放在建立准入性评价与水平性评价相结合的评价体系上，以弥补国内人才资源不足为原则，尽快在国家层面制定基于海外及港澳台人才准入评价指标体系，把好人才"准入关"，同时加快形成以用人单位为主体的水平性评价系统，全面放开职业资格认证准入和水平评价，除国家有专门规定以外，允许海外及港澳台人才参加我国职业资格评价并取得相应资格。逐步实现海外及港澳台人才的社会化评价，采用国际通用的同行评价方式科学评价海外及港澳台人才，发挥各类专业性机构在人才评价中的作用。

（二）优化海外及港澳台科技人才评价机制

在海外及港澳台科技人才的评价方面，应加快建立以科研能力和创新成果为导向的科技人才评价标准，改变片面将论文数量、项目和经费数量、专利数量等与科研人员评价和职称直接挂钩的做法，根据基础研究、应用研究以及产业化开发等不同类型科技活动的特点，注重科技创新质量和实际贡献，制定导向明确、激励约束并重的评价标准和方法，通过定量与定性评价相结合的方式对不同类型人才进行加权评价，重点突出其国际视野以及科技创新的领先水平、应用前景以及转化价值。其中，基础研究以同行评价为主，特别要加强国际同行评价，着重评价成果的科学价值；应用研究由用户和专家等相关第三方评价，着重评价目标完成情况、成果转化情况以及技术成果的突破性和带动性；产业化开发由市场和用户评价，着重评价对产业发展的实质贡献。另外，还要建立评价专家责任制度和信息公开制度。对顶尖人才和特殊人才实行"一事一议"、精准引进。研究制定特殊领域的特殊评价指标、标准和方式。例如，深圳市政府建立的由行业杰出人才举荐人才的制度值得推广，即组建举荐委员会，突破既定评价标准，不拘一格评价发现人才。

（三）制定差异化的海外及港澳台人才积分评估标准

建议授权并鼓励我国的自贸区在一定程度上根据各自发展需求制定差异化的海外人才在华永久居留积分评估标准，引进各片区发展实际需要的海外人才。此外，建议各地加快落实国家《关于深化职称制度改革的意见》，将经认定的港澳台专业技术人才和获得永久居留的外籍专业技术人才纳入我国职称评审范围，对符合条件的高层次海外及港澳台人才可依据其贡献和实际水平，破格申报评审高级职称。同时，将此类人才的从业范围进一步扩大至企业和社会组织，发挥职称评定的激励作用。

（四）提高海外及港澳台人才评价的有效性

为提高海外及港澳台人才评价的有效性，建议提供国际通用职业技能资格证书指导目录及与各级技师相当的对应标准。鉴于个别中介机构多次提供自行翻译的错误翻译材料（多见将副学士、大专学位翻译为学士学位），建议明确非中文证明材料需提供有翻译资质机构出具的翻译件，并指定一些较权威翻译机构供各市审批单位复核存疑翻译件。

五、健全海外及港澳台人才服务保障体系

创新海外及港澳台人才服务政策的目的是为海外及港澳台人才创新创业发展提供全方位、个性化、高品质的服务。一方面，要积极发挥人才服务机构的服务职能，在社会保障、就业创业、政策咨询、信息服务等方面为海外及港澳台人才提供便捷和温馨的服务；另一方面，探索建立社会化人才档案管理服务系统，健全政府购买公共服务制度，加强对人才公共服务产品的标准化管理，充分发挥市场机制在人力资源配置中的基础性作用，将人才服务工作做到家，充分满足海外及港澳台人才服务的多样化需要。

（一）制定人才服务业管理的"负面清单"

"负面清单"管理通过制度创新，将权力交给企业、放给市场，激发市场主体活力、进一步融入了经济全球化要素[①]。借鉴清单管理模式，对于实施一系列的海外高层次人才引进重大工程，增强对海外人才的吸引力和凝聚力具有创新意义。制定海外人才服务业管理的"负面清单"，可以从问题导入，针对反映普遍的签证问题、居住证问题，按照"非禁即入"原则，规定不能开放的事项，例如，规定不能发签证的种类、规定不能随职业签证的家属对象、规定外籍留学生不符合签证要求的类别、规定不能在本区办理出入境手续的情况、规定用人单位不能聘雇外国人从事的岗位、规定外籍人士不能申请中国永久居留的情况等。除此之外的，就要纳入人才服务管理范畴，全面支持人才服务政策的执行，为海外人才提供优质的工作、生活环境。

---

① 封晓. 负面清单管理的难点与对策 [J]. 现代商业，2014（27）.

（二）统筹海外及港澳台人才资源信息库建设

人力资源供求信息是人力资源配置的关键环节。我们可以在高层次海外及港澳台人才（特别是留学生和华裔人才）比较密集的区域常设海外及港澳台人才联络交流机构，以其为依托，积极与各类海外及港澳台人才建立广泛联系，并为其来我国工作提供完善的全程服务。在构建海外及港澳台人才信息库方面，可借鉴印度的经验。20世纪60年代起，印度政府就开始投资创建"科学人才库"，吸引并接纳海归人才。为此，印度政府在主要发达国家都建有外籍专家人才数据库，尤其关注那些能为印度重点项目解决难题的人才。这种人才库的建立，使印度政府可以有效掌握外籍人才分布，根据国家发展需要，做到有的放矢，从而更有效地利用这一资源，有针对性地吸引人才回流或者使其为国服务。

为了全面提升引智工作的效率和水平，我们必须大力加强海外及港澳台人才资源的信息建设。当前最重要的是要整合分散在各地区、各部门、各单位的海外及港澳台人才信息资源，形成海外及港澳台人才资源信息共享机制和全国大网络体系。印度的经验告诉我们，建立海外高层次人才信息库，并适时动态更新，及时跟踪出国留学生、华人华侨以及一些非华裔科技人才、金融人才、管理人才的动态，可以为我国引才、用才提供全面权威及时的信息，给予引才工作有力支撑。尽快搭建起多部门协同整合的海外及港澳台人才资源信息库实为当务之急。

（三）提升对海外及港澳台人才的公共服务质量

政府不仅要在政策上予以强化，更要在实际开展工作中广泛联系高等院校、科研院所、企业和各类人才机构，大力提升面向海外及港澳台人才的公共服务水平和质量，推进落实专业技术职务任职资格的互认和衔接工作，积极开展异地人事代理，推进行政审批制度改革，简化审批程序、规范审批流程、降低收费标准，努力做到程序最简、时间最短、收费最低，逐步将人才的社保承办者由单位转向社会，让个人直接向社会投保，人才的福利、就业、社保都交给社会管理，尽快建立统一、连续、标准的社会保障体系，使人才流动不受社会保障的影响，促进人才合理流动，解除人才的后顾之忧①。

（四）探索海外及港澳台人才公共服务外包途径

市场化运作的模式下，人才公共服务要走专业化道路，就需要有专人承包服务的提供。在公共信息发布、人才吸引服务、人才培训服务、人才中介服务、呼叫中心服务、在线申报服务、校企合作服务、高端人才服务、人才生活服务、人才外包服务等领域完善工作模式，通过市场机制，提供公共产品和公共服务、市场服务，利用市场最优秀的专业化团队承接公共服务业务，依靠我国加入世界贸易组织后迅速增长地对外国智力的需求空间和中介组织的人才、信息、品牌等优势，参与公开、公平竞争，降低公共服务生产成本，提高公共服务效率，进而强化政府的引智工程核心竞争力和环境应变能力，达成海外及港澳台人才公共服务供给的最佳模式。政府要做好引智工作中介机构的资质审查和管理工作，对机构设立进行审批，对机构资质进行复核，对经营情况进行验证，规范引进海外及港澳台人才的市场交易，结合人事执法活动开展市场清理整顿，制定并发布标准合同，通过聘用合同审查和争议仲裁保障双方的权益。统筹人才市场监管体系，要对擅自从事人才中介服务活动以及擅自扩大人才中介服务业务范围的违法违规行为依法查处，通

---

① 盛晖．政府人才引进制度的创新分析［J］．现代商业，2007（24）．

过信息跟踪、市场巡查、受理投诉举报等及时纠正和查处人才中介服务机构的违法违规行为，开展定期和不定期的人才市场秩序整顿规范工作，确保人才市场平稳运行，加强法律法规和政策宣传，引导广大求职人员树立权益保护意识，提高维护自身合法权益的自觉性。同时，海外及港澳台人才管理工作还要注重互联网人才中介活动的开展，规范互联网人才中介服务活动。

（五）建立健全我国海外及港澳台人才融入机制

一是针对北上广深等海外及港澳台人才较集中的城市和区域，在城市管理方面提升国际化水平，建立各类公共服务设施和街道标识牌、建筑门牌，配备中英双语。二是引入市场机制、社会力量，为海外及港澳台人才提供社会融入所需的信息、建议和帮助。有针对性地为海外人才提供中文语言、传统文化、中国法律、国情省情等培训、参观、考察、欢迎会、节庆活动、文体活动、交流分享活动等服务，支持用人单位和社会组织提供汉语语言学习的服务。提供线上＋线下海外及港澳台人才交流服务，为海外及港澳台人才提供在医疗、住房、家政、子女入园就学、配偶就业、文化生活等方面的建议和帮助。定期联系高层次海外及港澳台人才，主动了解其需求、意见和建议，并提供相关帮助。三是允许海外人才用英文姓名办理各类证件，包括驾照、行驶证、子女出生证明、社保卡、购房合同等，解决因外国人护照与在华证件姓名信息不一致而造成的麻烦。

（六）加强海外人才社会保障体系建设

建议国家抓紧制定支持在华工作外国人补缴或者延缴养老保险的政策，总结实施《在中国境内就业的外国人参加社会保险暂行办法》过程中的问题，修订并细化该办法。对海外人才赴华工作期间社保的开户服务、缴纳标准、保障内容、离境衔接，以及个人、单位和引才政府部分以何种比例分摊补缴费用等进行明确规定。

建议制定海外人才灵活缴纳和提取社保的政策。《中华人民共和国劳动法》第72条规定："用人单位和劳动者必须依法参加社会保险，缴纳社会保险费。"这没有考虑到海外人才的需求和利益，一些海外人才退休后不计划在国内养老，建议国家允许海外人才自主选择是否缴纳养老保险。如果海外人才在中国交纳了若干年保险，并于退休年龄前回国，应允许其回国时按照相应比例提取全部社保，而不仅是个人缴纳的社保。同时，建议加快与他国签订社保互认机制，设立弹性社保缴费比例。目前中国已经与韩国、德国签订了互免养老保险的协议，需进一步扩大互免协议的国家范围。

（七）加快推进国际人才社区建设

为了优化我国的人才发展环境，吸引更多的海外及港澳台人才来中国大陆（内地）创新创业，建议在我国北上广深等海外及港澳台人才聚集较多的城市地区，加快推进国际人才社区建设，为国际高端人才提供一个宜居宜业的物质家园和文化环境，构建"以人为本"的法制体系，满足他们内在的心理和事业需求，同时还能够促进国际高端人才的沟通交流，激发他们的创新活力①。

---

① 中国人事科学研究院. 宁波建设国际人才社区的路径研究 ［R］. 2018, 11.

附件一 地方海外人才引进、管理有关问题与建议

习近平总书记多次指出，要实行更加积极、更加开放、更加有效的人才引进政策，聚天下英才而用之。为更好地了解掌握当前地方海外人才引进、管理中存在的问题，并提出相关政策建议，近期，中国人事科学研究院成立课题组，专门开展相关课题研究。课题组分别到北京、广东、上海、江苏等地，与相关政府部门、海外人才代表和用人单位等进行了座谈访谈，共召开各类座谈会 30 余场，走访企事业单位 20 余家，听取意见建议 100 余人次，获得了相关第一手信息。现将有关情况报告如下：

一、地方海外人才引进、管理的主要探索

自 2015 年以来，国家先后在北京、上海和广东就外籍人才出入境便利化、长短期居留等开展试点探索。在这一波政策带动下，全国各省区市，特别是东部发达省市，立足当地实际，在外籍人才签证居留、创新创业、资质认可、金融支持、税收补贴、住房医疗、子女教育、社会及生活保障方面出台了一系列"含金量"高、切实管用的政策措施，为外籍优秀人才引得进、留得住、流得动、用得好奠定了基础。当前在北京、上海、广东和苏州地区外籍人才集聚度较高，其地方外籍人才工作实践探索也走在全国前列。

例如，2018 年 2 月，中组部等国家 5 部委与北京市联合出台了"中关村国际人才 20 条"，在外籍人才担任法人、承担科技项目以及提名政府奖项资格等方面实现了突破，同时在人才计划配额制、外籍人才聘任、国际博士后培养等方面开展相关试点探索。

此外，2017 年 6 月，上海市浦东新区成立"海外人才局"。该机构整合海外人才政策拟定与宣传、国外智力引进、外国专家管理、外国人来华工作许可审批等相关职能，牵头制定了顶尖科研团队认定标准和程序，推动外国人 A 类证件申办由 5 日缩短为 3 日，举行"海外华人精英浦东行"活动，吸引了 158 位海外精英直接到浦东创新创业。

同时，2017 年 11 月，苏州出台《苏州市国际职业资格比照认定职称资格办法（试行）》，其中选取了 79 个工程技术类国际职业资格，形成比照认定国内对应职称清单。凡取得国际职业资格证书，且在苏州从事相关工作的人员，在符合学历、资历等申报条件的情况下，不用再参加逐级评审，可直接认定相应的职称。国际职业资格与对应职称的衔接认定，将国内人才评价体系进一步推向国际化。

近年来，广东在推动粤港澳人才合作方面取得了新进展。其中，深圳前海设立前海深圳国际仲裁院，对认定的境外高端和紧缺人才个人所得税超过 15% 部分给予财政补贴，先后引进香港 10 多类专业人士执业从业，对 250 余名境外人才兑现了个税补贴；珠海横琴实施"港人港税、澳人澳税"差额补贴政策，推动珠海—澳门旅游职业资质互认；广州南沙开展 28 个工种的技能人才"一试三证"培养试点，深化实施人才绿卡制度。这些政策探索进一步增强了粤港澳大湾区的人才集聚力和国际竞争力。

二、外籍人才引进、管理方面反映的主要问题

（一）"两证合一" 与用人主体需求略有脱节

一是外国人工作许可证制度尚需优化。有企业反映，"外国人入境就业许可" 和 "外国专家来华工作许可" 两证合一后，申请外国人工作许可证的流程复杂了、效率下降了，总体标准相对提高了。一些企业需要的特殊技能人才，只能被认定为限制引进的 C 类，对一般企业造成引进不便。另有用人单位反映，对一些国内急需紧缺的 B 类人才，在年龄上有 60 岁的限制，对我国利用外籍高素质 "银发" 人才资源是较大限制。

二是来华工作分类标准部分条款不够明确。例如，"持有国际通用职业技能资格证书" 等表述在实际鉴证中还存在模糊认识；积分赋值表中关于 "高级技师或相当" "技师或相当" "高级工或相当" 等表述，在操作中没有清晰对应的国外标准。

（二）外籍人才引进相关工作还待进一步完善

一是地方人才引进评价整体上还是政府主导。地方外籍人才引进评价一般采用简单化的专家评审，科学性、公正性不足。在实际操作中，地方聘请的评价 "专家" 权威性不足，甚至存在滥竽充数的问题。同时，对一个人才项目的现场评审往往只有 15 分钟，而国际上风险投资机构对一个项目的评价至少需要 3 个月。此外，政府主导的人才评价，往往更加重视申报人本身的光环，更愿 "锦上添花"，而不愿 "雪中送炭"。

二是外国人永久居留证申办流程烦琐复杂。办证相关材料冗长复杂，审核耗时长，同时还须提交申办人无犯罪记录证明等，给部

分专家造成困扰。如有专家反映，办证要求提供所有居留超过两年及以上国家官方出具的无犯罪记录证明，因为他到过不止一个国家留学，开具多方证明非常困难，所以一直未能办理永居。

三是国内证件办理只接受中文姓名，给外籍人才带来困扰。目前，国内很多证件办理如驾照、行驶证、出生证明、社保卡、购房合同等，只接受中文姓名登记注册，导致外国人的护照与社保卡等证件信息不一致，为外籍人才在华居住和出行造成困扰。有专家由于其护照英文姓名与其证件中文姓名不一致，需要反复证明"自己是自己"。

（三）社会保障体系未能满足外籍人才相关需要

一是部分引进专家达不到养老保险最低缴纳年限。调研反映，部分 50 岁左右回国的外籍专家，在 60 岁退休年龄时达不到 15 年的社保最低缴纳年限。还有一些华裔专家，他们出国前在国内的工作年限不能累加，使他们面临退休时不能领取退休金的尴尬[①]。调研中，一位"千人计划"专家面临退休后没有任何保障的问题，让他不时冒出回美国的念头。在这方面，深圳、青岛等地区实施了补充政策，其他地方尚未解决此方面的问题。

二是缺乏较为明确的外籍人才医疗保险体系。当前，引进的外籍人才只能看用人单位自身情况解决其医保问题，总体上不能满足人才需求。调研中，部分国际化程度较高的事业单位、外资企业等，为外籍人才购买了全球医疗保险，但更多计划在中国长期工作的外籍专家仍非常忧心看病问题。一些专家抱怨，"千人计划"入选人规定享受的医疗待遇在基层没有得到落实，很多人享受不到中国医保待遇，大病只能在寒暑假期间选择回母国去看。

---

① 按照现有规定，由于外籍人员在国内没有户籍所在地，因此无法补缴或者延缴养老保险达到 15 年。

三是外籍人才在社会保险提前提取方面有所反映。由于外籍人才流动性较大，若没有连续缴纳15年，中间提取时只能提取个人缴纳的社保部分，单位缴纳部分无法提取或退回所在单位，外籍人才及其用人单位都对此有所反映。此外，一些高校院所等事业单位，希望高层次外籍人才能够参照其他职工纳入事业单位养老和公费医疗体系，但由于没有相关政策依据，一直无法实施，导致一些外籍人才落入空挡，没有基本保障。

（四）对外籍人才的社会管理还未与国际接轨

一是外籍专家国内租房手续及信用制度刚化。按照现有规定，外籍专家在国内租住房屋须去当地公安部门备案，同时须要房屋业主亲自陪同前往办理。有受访外籍专家为顺利办好相关手续，只好自己出资为居住在外地的房主购买往返机票，陪同自己办理租住手续。此外，国内银行对外籍人才的信用审查过度严格，在申请信用卡时，可申请的信用额度非常少，外籍人才申请贷款常常难以获批。

二是国内不承认外籍人才同居配偶身份。欧美不少国家承认非婚同居证明，只要出具双方共同生活的生活收支、纳税等凭证，就可认定为等同为夫妻关系。但我国在办理家属随行等手续时，只承认结婚证，不承认同居证，为部分外籍配偶随行造成困难。如某外资企业首席代表反映，其法国同事与配偶未婚，但已同居10年，具有同居证，同居证在法国具有法律效力，但我国不承认，其配偶就不能以随行家属身份进入广东。

三是邀请外国同行来华交流和出国手续过于烦琐。外籍专家反映，按照现有事业单位管理规定，邀请国外同行专家来华访问交流，需要用人单位提供邀请函。基层研究院所，如广东工业研究院要提供邀请函，就须经过院内、区里、市里等层层审批才能出具，耗费大量时间、精力。同样，引进的外籍人才出国交流，也要经过类似复杂的审批手续，制度成本太高。

（五）体制内单位未形成针对外籍人才的有效薪酬待遇体系

一是体制内没有形成外籍聘用人员薪酬正常增长机制。由于体制内用人单位要面对财政审计，无法将外籍人才工资标准参照体制内人员建立合理增长机制，导致一些外籍人才薪酬水平长期停滞不前。调研表明。近年来，一些城市物价飞涨、房价高企，而一些高校院所聘用的外籍专家薪酬待遇多年未变，家庭生活压力显著增加，甚至有"外专千人"专家感觉无力支撑夫妻、孩子生活开支，正在考虑准备回国。

二是外籍人才反映个税缴纳相较国外比例过高。例如，广东省大部分的外籍人才每月都要缴纳至少25%（9 000～35 000元之间）的个人所得税。单位发给人才个人的一次性住房补贴需缴纳高达45%（80 000元以上）的个人所得税。同时，部分外籍高层次人才税收减免政策没有有效落地；一些国家之间签署的避税协议政策，如中国、新加坡对所得税避免双重征税的协议，在很多用人单位也没有得到落实。

三是外籍人才股权激励存在障碍。根据现有相关政策法规，外籍人士不能成为民营企业股东，无法获得相关股权；中外合资企业外籍人士可以成为股东，但受制于外汇管理制度，外籍人才股权难以变现为外币。此外，有些领域会对涉外机构设置门槛，一旦企业性质变更，投资、经营活动均会受到限制。

此外，在国际旅费的资助和报销方面，一些外籍专家申请到的项目虽然名义上可以列支国际差旅费，但囿于事业单位管理制度的一些规定，最后只能核销外籍人才极少部分的国际旅费。

（六）外籍人才的一些工作、生活问题还较为突出

一是外籍人才参与公平竞争的空间受限。外籍人才反映，当前还不能申报国内（包括国家和省）科研项目、不能申报评定职称，限制了外籍人才参与公平竞争和发展的空间和积极性。另外，一些开始走上教学岗位的外籍教授和教师反映，他们无法考取中国的教师资格证，都属于无奈的"无证上岗"。

二是国外科研设备引进的便利性不够。一些外籍人才和科研机构反映，现在引进国外通用的科研设备存在困难，买入设备税负高（约26%），引入国（境）外机构捐赠科研设备需要交纳高昂的保证金（一台设备约20万元），且6个月需要出境一次，掣肘了外籍专家顺利开展科研活动。

三是外籍人才就医服务国际化程度欠缺。目前，各地能够为外籍人士提供特需门诊服务的医疗机构数量有限，引进、开办外资医院还存在诸多障碍。同时，纳入国际医疗"直付系统"的医疗机构更是少之又少，外籍人士利用国际医疗保险就医十分不便。

四是外籍人才子女就学保障不足。在外籍人才子女就学方面，国内高水平国际教育资源紧缺、国际学校数量偏少，一般学校开设国际部的不多，一些知名国际学校的外籍学生学位尤其紧张。调查发现，大多数外国人才因国际学校学费高昂以及师资不稳定等，倾向于让小孩就近入读公立学校，但公立学校入读条件苛刻，外籍人才子女申请难度很大。

五是外国人才网络使用环境受限。一些引进专家反映，国内上网不方便，无法使用 Skype、Facebook、Twitter、Google 等常用软件，很多海外网站无法访问，无法下载相关资料，也给他们与国外亲朋好友、科研同事的日常交流带来不便。

三、对我国外籍人才引进、管理的政策建议

（一）健全外籍人才引进标准

一是试点授权各自贸区根据自身定位和产业需求制定外籍人才评价标准，引进适应地方发展实际需要的国际人才。二是对高新技术企业、高成长性企业推荐的急需紧缺外籍技能人才，可适当降低工资收入和纳税额标准进行引进。三是建议国家出台国际通用职业资格指导目录，以及与国家职业资格证书对应的标准目录，提高技术技能人才引进评价有效性。

（二）加大外籍人才激励力度

一是允许外籍专业技术人才参评职称，在保障国家安全情况下，允许其申请国家和地方重大科技项目。二是完善高校、科研院所等针对引进外籍人才的收入分配和激励政策，建立合理增长机制。三是支持外籍人才按照知识、技术、管理、技能等创新要素按贡献参与分配，实行期权、股权激励。四是探索粤港澳个人所得税跨境征收互认政策，探索对高层次外籍人才实施个税补贴政策。

（三）细化外籍人才管理工作

一是对在华有稳定住所或固定工作单位的外籍人才探索通过网络等方式进行登记管理，简化其住房租住手续，推动外国人管理信息化。二是解决外籍人才用英文姓名办理各类证件，包括驾照、行驶证、子女出生证明、社保卡、购房合同等的问题。三是简化获得"绿卡"及获得长期居留资格的外籍人才，邀请国际同行来华交流

的相关程序手续。

(四) 完善外籍人才社保体系

一是制定在华工作外国人补缴或者延缴养老保险的具体操作办法。二是加快落实我国与相关国家社保互认机制，进一步扩大签署社保互认互免协议的国家范围。三是鼓励有条件的保险企业开发适应外籍人才医疗需求的商业医疗保险产品。四是支持市场主体建立第三方国际医疗保险结算平台。在外籍人才集聚地区，推动地方高水平医院与商业保险公司合作提供外籍医保直接赔付服务。

(五) 加强外籍人才服务保障

一是扩大实施企业机构减免进口税收政策。对国内科研单位接受我国港澳台地区、国外捐赠或从我国港澳台地区、国外购入的教学科研设备、仪器、用具等，给予免税或保税。二是建议对于直系亲属不在国（境）内的外籍人才，其经常项目合法收入可直接在银行办理购汇汇出。三是在外国人才集中的城市和区域，支持三甲医院设立国际中心或国际医疗部，提升相关医护人员外语能力。四是在北上广三地试点的家属随同申请永久居留政策尽快推广至全国其他地区。五是鼓励外商投资设立外籍人员子女学校。支持外籍高层次人才子女在监护人所在工作或居住地的公办学校就近入读。

附件二 北上广闽琼海外及港澳台人才相关政策原文比较分析

序号	分类	内容	群体	北京	上海	广东	福建	海南
1	永久居留	直接申请	外籍高层次人才（外籍配偶和未成年子女）	A：设立中关村外籍高层次人才申请办理永久居留"直通车"。对符合认定标准的外籍高层次人才及其配偶、经中关村委会推荐，可直接申请在华永久居留（其外籍配偶和未成年子女可随"直通车"永久居留），就是要着重解决制约吸引和聚集外籍人才的政策瓶颈，并在中关村国家自主创新示范区先行先试，为进一步优化政策提供借鉴	A：对符合认定标准的外籍高层次人才，经上海张江国家自主创新示范区（上海）自由贸易试验区（以下简称"双自"区）管委会推荐，可直接申请在华永久居留（其外籍配偶和未成年子女可随同申请），同时缩短审批时限，授权上海市公安局有关部门制定相关人才认定标准，报公安部批准后实施	A：对符合认定标准的外籍高层次人才及其配偶、未成年子女，经广东省自贸办推荐，可直接申请在华永久居留资格。授权广东省公安厅会同有关部门制定认定标准，报公安部批准后实施。对申请永久居留的自贸区外籍高层次人才，加快审批进程。广东省公安机关自受理之日起50个工作日内完成审核工作，公安部自收到审核材料后40个工作日内完成审批	B：对符合认定标准的外籍高层次人才及其配偶、未成年子女，经区管委会推荐，可直接申请在华永久居留	A：引进的外籍人才及其随迁外籍配偶和未成年子女，符合《外国人在中国永久居留审批管理办法》规定的，由公安机关协助其申办《外国人永久居留证》（简称"绿卡"）；对于未获得"绿卡"的引进人才及其外籍配偶和未成年子女，可由公安机关办理5年以内有效期的多次往返签证

续表

序号	分类	内容	群体	北京	上海	广东	福建	海南
2	永久居留	直接申请	中国籍高层次人才的外籍配偶和子女	B：突破点：将申请永久居留直通车待遇的范围从高层次外籍人才扩展到中国籍高层次人才的外籍配偶及未成年子女。中关村示范区内中国籍高层次人才的外籍配偶及未成年子女，享受外籍高层次人才配偶及未成年子女待遇，可以通过申请"直通车"的永久居留程序，申请永久居留				A：引进的中国籍人才，可不受出国前户籍所在地的限制，选择在我省属任一城市落户，其家属和未成年子女可一并随迁
3			外籍人才的外籍配偶和未成年子女		A：对于市场化认定的以及从就业居留向永久居留资格转换的外籍人才，允许其外籍配偶和未成年子女随同申请永久居留			

续表

序号	分类	内容	群体	北京	上海	广东	福建	海南
4	永久居留	直接申请	外籍华人	A：具有博士研究生以上学历且持工作类居留许可在中关村企业、持工作类工作居留许可在中关村企业，持工作类的外籍华人，每年连续工作满4年，每年在中国境内实际居住累计不少于6个月的外籍华人，提交本人曾经拥有的中华人民共和国护照、户籍、身份证等可以证实曾经具有中华人民共和国国籍的材料（或提交北京市侨务办公室出具的外籍华人证明函件），可以直接申请在华永久居留	A：外籍华人具有博士研究生以上学历的，或在"双创"区内或"双自"示范基地内单位连续工作4年、每年在中国境内实际居住不少于6个月的，可以申请在华永久居留（其外籍配偶和未成年子女可随同申请）	A：外籍华人具有博士研究生以上学历或在广东自贸区企业连续工作满4年、每年在中国境内实际居住不少于6个月，可直接申请在华永久居留	B：外籍华人具有博士研究生以上学历在自贸区工作，或在自贸区连续工作满4年、每年在我国境内实际居住累计不少于6个月，可直接申请在华永久居留	B：在海南工作具有博士研究生学历的外籍华人，或在海南连续工作满4年，每年实际居住累计不少于6个月的外籍华人，可申请永久居留和上述人员的外籍配偶可随同申请未成年子女可申请永久居留

续表

序号	分类	内容	群体	北京	上海	广东	福建	海南
5	永久居留	畅通就业居留向永久居留转换机制	外籍高层次人才永久居留资格转换机制	A：对经北京人才主管部门认定的外籍高层次人才或者经北京市科委认可企业聘雇并担保的行业高级专业人才（不受60周岁年龄限制），可以申请签发5年有效期的工作类居留许可（加注"人才"）。连续工作满3年的外国人，经单位推荐可申请在华永久居留，审批期限由180日缩短为90日	A：对重点领域、行业引进的外籍人才和科技创新团队成员，完善从就业居留向永久居留的转换并缩短审批时限。在保障现有永久居留资格申请途径基础上，对经上海主管部门认定的外籍高层次人才、上海科技创新主管部门定的创新创业专业人才（不受60周岁年龄限制），签发5年有效期的工作类居留许可，工作满3年后，经单位推荐可以申请在华永久居留，并进一步缩短审批时限	A：对广东省人才主管部门认定的外籍高层次人才、广东省自贸办认可和广东省高等院校、科研院所聘雇的外籍高层次人才，不受60周岁年龄限制，可以签发有效期5年以内的工作类居留许可（加注"人才"），工作满3年后，经单位推荐可以申请在华永久居留，并进一步缩短审批时限	A：对经福建人才主管部门认定的福建自贸区内境外高层次人才（不受60周岁年龄限制），签发5年有效期的工作类居留许可，工作满3年，经单位推荐可以在华永久居留，并进一步缩短审批时限	B：在海南连续工作满4年、符合海南工资性年收入和年缴纳个人所得税标准条件的外国人，可申请永久居留

附件二　北上广闽琼海外及港澳台人才相关政策原文比较分析

序号	分类	内容	群体	北京	上海	广东	福建	海南
6	永久居留	直接投资	外籍人才		A：外籍人员或以自然人身份或以自然人以股份作为控股股东的公司企业，在上海市直接投资、连续3年投资情况稳定，投资数额合计达到100万美元（国家颁布的《外商投资产业指导目录》鼓励类产业投资合计达到50万美元）以上且纳税记录良好的，可直接申请在华永久居留（其外籍配偶和未成年子女可随同申请）	A：外国人以自然人身份或通过作为控股股东的自然人以股份作为控股股东的公司企业，在广东自贸区境内直接投资、连续3年投资情况稳定、投资数额合计100万美元（国家颁布的《外商投资产业指导目录》鼓励类产业投资合计50万美元）以上且纳税记录良好的，可以申请在华永久居留		B：在海南投资创新型企业、连续3年投资稳定且纳税记录良好的外国人，经海南省人民政府推荐可申请永久居留

续表

序号	分类	内容	群体	北京	上海	广东	福建	海南
7	永久居留	市场化认定	外籍人才	A：建立由市场主导、透明简洁的就业外国人申请永久居留渠道。取消简化外国人申请永久居留渠道。根据实际需求，取消对单位就业外国人类别和职务级别的限制。放宽永久居留时限要求。对在北京已连续工作满4年、且4年内每年在中国境内实际居住不少于6个月；连续4年工资性年收入（税前）50万元人民币以上；每年缴纳个人所得税10万元人民币以上的外国人，经工作单位推荐，可以现工作单位申请办理外国人永久居留	A：建立市场认定人才机制，畅通人才申请永久居留的市场化渠道。取消和职务级别限制，放宽工资住时限要求，建立由市场主导、门槛透明简洁的人才市场化渠道。外籍人员在沪已连续工作满4年、每年在中国境内实际居住累计不少于6个月，有稳定生活保障和住所，工资性年收入和年缴纳个人所得税达到规定标准，经工作单位推荐，可以申请在沪永久居留（C：连续4年工资性年收入（税前）达到60万元人民币以上、且年缴纳12万元以上即可认定为外籍人才）	A：外籍人员在粤已连续工作满4年、每年在中国境内实际居住不少于6个月，有稳定生活保障和住所，工资性年收入和年缴纳个人所得税达到规定标准，可以申请在华永久居留。广东省公安厅会同有关部门按照上一年度广东省人均水平若干倍数规定工资性年收入标准，报公安部批准推行实施（连续4年工资性年收入（税前）达到40万元人民币以上、且年缴纳个人所得税达到7万元以上即可认定为外籍人才）	A：外籍人员在福建自贸区注册企业已连续工作满4年、每年在中国境内实际居住累计不少于6个月，有稳定生活保障和住所，工资性年收入和年缴纳个人所得税达到规定标准，经工作单位推荐，可以申请在华永久居留	

续表

序号	分类	内容	群体	北京	上海	广东	福建	海南
8	永久居留	积分评估	外籍人才	A：建立与国际接轨的市场化人才引进评价机制。为有利于整体建制吸引外籍战略性新兴产业领域外籍技术人才，从而带动和促进科研创新和产业发展，在全国率先实施外籍人才申请永久居留积分评估制度。中关村创业团队和中关村企业选聘的外籍技术人才，根据中关村外籍人才积分评估标准进行评分，达到一定分值以上的，可凭中关村管委会出具的推荐函和积分评估函等材料，申请在华永久居留		A：对在广东自贸区创新创业团队的外籍成员和自贸区企业选聘的外籍技术人才，根据自贸区人才积分评估标准进行评分达到一定分值的，可以申请在华永久居留。授权广东省公安厅会同有关部门制定积分评估体系，报公安部批准后实施		

续表

序号	分类	内容	群体	北京	上海	广东	福建	海南
9	简化证明材料，缩短审批时间	永久居留，外籍人才	外籍高层次人才、外籍人才	A：针对中关村外籍高层次人才申请永久居留的迫切需求，公安部在中关村设立专门服务窗口，负责受理、提供咨询服务。同时，对申请永久居留的中关村外籍高层次人才，审批期限由180日缩短为50个工作日	A：对于外籍人员在申请永久居留过程中提交的国外无犯罪证明、录取证明、出生证明、婚姻关系证明、亲属关系证明、收养证明等相关材料，可以由有关国家主管部门出具并经中国驻该国使（领）馆认证，也可以提交所属国驻华使（领）馆出具的证明			
10	出入境和居留停留便利	外籍高层次人才		A：对经北京人才主管部门认定的外籍高层次人才或者经北京市科委认可企业聘雇并担保的行业高级专业人才（不受60周岁年龄限制），可以持未持签证来华的，可以向抵达口岸签证机关申请按规定办理居留许可、入境后可以申请变更为人才签证或者按规定办理居留许可	A：扩大高层次人才在口岸和境内申请办理人才签证的范围，提供入境和停居留便利。进一步扩大人才签证的申请范围。对上海市人才主管部门认定的外籍高层次人才、上海科技创新职业聘雇的外籍人才、上海高级专业人才或者其他属单位出具证明高层次人才的	A：对广东省人才主管部门认定的外籍高层次人才、广东省自贸主管部门和广东自贸办认可和企业聘雇并担保的行业高级专业外籍人才、广东省高等院校、科研院所属的外籍高层次人才以及其他属的外籍高层次人才，未持签证来华的，可以向抵达口岸签证机关申请签证来华的，可以向抵达口岸签证（人才）签字，入境		B：海南的高级技术和管理人员、急需紧缺专门人员和新科技创新团队成员等，可凭相关材料在口岸申请入境后可按规定入境；入境后可按规定5年以内的长期签证或居留许可

续表

序号	分类	内容	群体	北京	上海	广东	福建	海南
10	出入境和停居留	入境和居留便利	外籍高层次人才		外国人，未持签证来华的，可以向抵达口岸签证机关申请人才签证、人境后按规定办理居留证件的；持其他签证来华的，人境后可以申请变更或者签证人才签证或者按规定办理居留许可	后可以按规定办理有效期5年以内的工作类居留许可。持其他签证来华的，人境为R字（人才）签证或者按规定办理有效期5年以内的工作类居留许可		
11			创业团队外籍成员、外籍技术人员	A：给符合中关村创业团队外籍成员和中关村技术人才企业选聘的外籍人员限定标准的外籍人员限（不受60周岁年龄限制），凭工作许可和聘请函件，可在首都机场担保口岸签证办理或申请人境；人境后申请有效期不超过5年的工作居留许可的，凭中关村分园管委会或出具的证明函件，以及聘雇单位的邀请或				B：国内重点发展领域、行业引进的外籍人才和创新创业团队外籍人员，可凭工作许可和单位出函件等材料，向公安机关办理有效期5年以内的居留许可。创新创业团队外籍成员，也可凭团队负责人担保期5年以内的居留许可

续表

序号	分类	内容	群体	北京	上海	广东	福建	海南
11			创业团队外籍成员、外籍技术人员	担保函件，可在首都机场口岸签证机关申请后可以申请入境；入境可以申请有效期不超过5年的私人事务类居留许可（加注"创业"）				
12	出入境和停留居留便利	入境和停留居留便利	外籍华人	A：在中关村创新创业的外籍华人（不受60周岁年龄限制），提交本人曾经拥有的中华人民共和国护照、户籍、身份证等可证实曾经具有中华人民共和国国籍的材料（或提交北京市侨务办公室出具的中华人民共和国国籍的华人证明函件），可凭工作许可和聘雇单位的担保函件，申请有效期不超过5年的工作类居留许可；未办理工作类居留许可的，也可凭中关村管委会或中关村分园管委会出具证明函件，本人的创业计划或创业证明，申请有效期不超过5年的私人事务类居留许可（加注"创业"）		A：在广东自贸区创业的外籍华人（不受60周岁年龄限制）可凭工作担保雇主担保函件的工作许可，可直接申请留居许可，也可凭创业计划直接申请5年有效期居留类居留许可，也可凭创业计划直接申请5年有效期的私人事务类居留许可（加注"创业"）		

续表

序号	分类	内容	群体	北京	上海	广东	福建	海南
13	出入境和停留居留便利	入境和居留便利	就业外国人	A：已办理并持有人社、外专部门签发的工作许可证明来京工作，未办理就业手续的外国人，可以直接凭工作许可证明以及雇佣单位出具的证明函件，入境后申请有效期1年以内的工作类居留许可；也可以向首都机场口岸机关申请按规定办理工作类居留许可		A：对持有人社、外专部门签发的工作许可证明来广东省工作的外国人，入境后可以直接凭工作许可证明申请有效期1年以内的工作类居留许可；如未持居留类签证来华的，可以向抵达口岸签证机关签证，入境后按规定办理工作类居留许可		
14			外籍人才		A：允许具有硕士以上学历（含硕士）的外籍人才，或由"双自"区内企业、国务院批准建设的"大众创业，万众创新"示范基地（以下简称"双创"示范基地）企业，上海市高等院校、科研院所聘雇或邀请的外籍人才，未			B：围绕海南旅游、热带特色高效农业、医疗健康、高新技术、教育文化体育等重点产业发展需要，对在海南就业的高端星级酒店厨师、博鳌乐城国际医疗旅游先行区医疗医护人员、外籍技术技能人员，可申请与工作合同期限一致的居留许可

续表

序号	分类	内容	群体	北京	上海	广东	福建	海南
14		入境和居留便利	外籍人才		持签证来华的，可持相关证明向上海口岸签证机关申请定办证，入境后理居留许可；持其他签证来华的，入境后可申请变更为人才签证或申请办理居留许可			
15	出入境和停留	扩大外籍知名专家学者、出入境多次、外籍员工、外籍申请渠道		B：中关村示范区内高等院校、科研院所邀请的外籍知名专家学者，以及来京商务访问的中关村企业境外分支机构的外籍员工，凭邀请函、所在单位的证明函件等有效材料，可以申请换发入境有效、停留期不超过180天的多次入境有效F字签证				B：对国内重点高等院校、科研院所，知名企业邀请来华从事技术合作、经贸活动以及在华工作的外籍高层次人才，及其工作团队和辅助人员，签发2～5年有效的签证或居留许可

续表

序号	分类	内容	群体	北京	上海	广东	福建	海南
16	出入境和停居留	扩大多次出入境申请渠道	外籍华人	B:对来京探望亲属，开展商务、洽谈商务、卫生交流活动及处理私人事务的外籍华人，可签发5年以内多次出入境有效签证；对在京工作、学习、探亲以及从事私人事务需长期居留的外籍华人，可按规定签发有效期5年以内的居留许可	A:外籍华人凭探望亲属，洽谈商务、科教文卫交流活动及处理私人事务的相应证明或担保，可申请5年有效以内多次入出境有效签证；在上海工作、学习、探亲以及从事私人事务需长期居留的，可按规定签申请有效期5年以内的居留许可	A:对在广东出生或原户籍为广东的外籍华人，凭探望亲属，洽谈商务、科教文卫交流活动及处理私人事务的相应证明或担保，可以签发5年以内多次入出境有效签证；对在广东工作、学习、探亲以及从事私人事务需长期居留的，可以按规定签发有效期5年以内的居留许可	B:对来当地探望亲属，洽谈商务、开展科教文卫交流活动及处理私人事务的外籍华人，可以签发5年以内多次入出境有效签证；对在当地工作、学习、探亲以及从事私人事务需长期居留的，可以按规定签发有效期5年以内的居留许可	
17		简化入境和居留手续	创新创业外国人		A:进一步简化来上海创新创业外国人的入境和居留手续，从入境外国人才资源。简化吸引外国现有签证，提供更多外籍程和手续便利，吸引更多外籍人员来沪创业就业。一是对持有人社、外			

续表

序号	分类	内容	群体	北京	上海	广东	福建	海南
17	出入境和停居留	简化人境居留手续	创新创业外国人		专部门签发的工作许可证明来上海工作的外国人，允许其在入境后直接凭工作许可证明的工作有效期1年以内的工作类居留许可；也可以向抵达口岸签证机关申请工作签证、人境后按规定办理相应期限的工作类居留许可。二是对计划来上海投资或者创新创业的外国人，来不及办理工作许可证明的，可凭投资证明或者创业计划、生活来源证明等，向抵达口岸签证机关申请私人事务签证、人境后申请私人事务类居留许可			

续表

序号	分类	内容	群体	北京	上海	广东	福建	海南
18	出入境和停居留	简化入境居留手续	外籍技术人才、高级管理人才				B：自贸区有关企业选聘的外籍技术人才和高级管理人才，可在入境口岸申请工作签证，办理工作许可证明的，未取及办理入境；未取工作许可证明的，可凭企业出具的邀请函伴申请人才签证入境	
19		放宽办理居留许可时限	就业外国人	A：在京工作的外国人，如已连续两次申请办理工作类居留许可，且无违法违规问题的，第三次申请工作类居留许可，可以申请有效期不超过5年的工作类居留许可	A：扩大长期居留许可签发范围，使在上海工作的外国人享受在上海工作的居留预期更为稳定的居留预期。对于在上海工作的外国人，如其已连续两次申请办理工作类居留许可，且无违法违规问题的，第三次申请工作类居留许可，可以按规定签发有效期5年以内的工作类居留许可，使其居留享受更为稳定预期	A：对在广东省工作的外国人，如其已连续两次申请办理工作类居留许可，且无违法违规问题的，第三次居留许可，签发有效期5年以内的工作类居留许可	A：在福建自贸区内注册企业工作的外国人，如其已连续两次办理工作类居留许可，且无违法违规问题的，第三次申请工作类居留许可，可以按规定签发有效期5年以内的工作类居留许可	B：中国境内企事业单位聘雇的外国人，已办安出境工作许可、来不及办理工作许可的，可凭工作许可直接申办工作类居留许可；对已连续工作1年以上工作无违法行为的，第三次申办，可以按规定申请有效期5年的工作类居留许可

续表

序号	分类	内容	群体	北京	上海	广东	福建	海南
20	出入境和停居留	私人事务和类居留许可	外籍高层次人才的外籍家政服务/私人事务人员	A: 充分考虑实际需求，对于已获得在华永久居留资格或持有工作居留许可的外籍高层次人才、创新创业人才的外籍家政人员办理保险证明、雇佣合同和经济担保，提供个人经济担保，为其聘雇的外籍家政服务人员申请相应期限的私人事务类居留许可，加注"家政服务"	A: 允许获得在华永久居留资格或持有工作居留许可的外籍高层次人才和港澳台人才聘雇外籍家政服务人员，此类人员可向上海口岸签证机关申请私人事务（S2字）签证入境 A: 对外籍高层次人才随行的外籍私人服务人员提供个人便利，满足个人工作生活需求。对于获得在华永久居留资格或持有工作居留许可的外籍高层次人才和创新创业人才，提供个人担保和雇佣合同，可以为其聘雇的外籍家政服务人员申请相应期限的私人事务类居留许可，加注"家政服务"	A: 广东省内已获得在华永久居留资格或持有工作居留许可的外籍高层次人才及港澳台人才。提供个人担保和雇佣合同，可以为其聘雇的外籍家政服务人员申请相应期限的私人事务类居留许可（加注"家政服务"）	A: 福建自贸区内已获得在华永久居留资格或持有工作居留许可的外籍高层次人才、港澳台高层次人才，可以为其个人担保和雇佣合同，聘雇的外籍家政服务人员申请相应期限的私人事务类居留许可（加注"家政服务"），满足高层次人才实际生活需求	B: 允许海南人才引进的境外雇佣家政高层次人才政务服务人员、提供担保和雇佣合同等材料可申请居留许可

续表

序号	分类	内容	群体	北京	上海	广东	福建	海南
21		学习类居留许可	外籍随迁子女外国中小学生	B：为来京外籍人才随迁外籍子女来华就读提供出入境便利，允许其凭学校录取通知书等证明函件向北京口岸签证机关申请学习（X1字）签证，入境后可按规定办理学习类居留许可	A：对上海市中小学校招收的外国学生，因急需就读的，可凭学校录取通知书等证明函件向上海口岸签证机关申请学习（X1字）签证，入境后可按规定办理其他类居留许可；持其他类居留证件的，可凭学校录取通知书等证明函件发学习类居留许可	A：对中小学校招收的外国学生，因紧急就读的，可以凭广东省中小学校录取通知书及证明函件向广东省口岸签证机关申请X1字签证，入境后可以按规定办理学习类居留许可；对持其他类居留人境的，可以凭学校录取通知书及证明函件发学习类居留许可		
22	出入境和停留	定居和落户	港澳居民特殊人才	A：首次实现港澳居民特殊人才及家属可来京定居并落户。经北京市人才主管部门认定的港澳居民特殊人才，可凭港澳居民特殊人才及其他材料，到北京市公安局出入境接待大厅（东城区安定门外大街2号）办理手续。此外，港澳居民特殊人才配偶及未成年子女亦可随同办理，旨在解决港澳居民特殊人才的后顾之忧	A：授权上海市公安机关制定港澳居民定居政策并实施审批。授权上海市公安局出入境管理局制定港澳居民特殊人才及家属来上海定居政策，并授权上海市公安局进行审批，以提高审批效率，更好地吸引港澳人才	B：广东省人才优粤卡网上申办平台已经正式上线，提供人才优粤卡申领、自助办理落户、子女入学、社会保险等多项人才公共服务，实现"一网通办"		

续表

序号	分类	内容	群体	北京	上海	广东	福建	海南
23	出入境和停居留	其他出入境和停居留政策	游轮入境免签		A：探索研究外国旅游团乘坐邮轮经上海入境免签政策，全力支持发展邮轮经济。参考有关国家邮轮经济发展经验和我国在广东、海南、桂林等地实施外国旅游团免签入境的实践做法，积极支持上海市向国务院申请对乘坐邮轮抵达上海的外国旅游团实施免签入境政策		A：积极支持福建省政府向国务院申请试点实施外国旅游团乘坐邮轮经厦门入境免签政策。乘坐邮轮抵达厦门的外国旅游团整团（2人以上，含2人）入境免办签证，在中国境内停留不超过15天，并随邮轮团整团出境	B：支持实施外国旅游团乘坐邮轮入境免签政策，促进海南培育旅游消费新热点，积极研究实施外国旅游团乘坐邮轮从海南入境15天免签政策。简化邮轮游艇出入境手续，推进海南旅游消费领域进一步对外开放，港澳游艇入境后在岛内指定口岸之间航行免办出入港边检通行手续；推进邮轮母港边检通关便利设施建设，简化邮轮旅客员工登轮、上船核验手续，提升邮轮入出境通关效率

续表

序号	分类	内容	群体	北京	上海	广东	福建	海南
24	出入境和停居留	其他出入境和居留政策	居住证出入境		A：结合上海居住证政策，扩大非上海户籍居民在上海申请出入境证件的范围。在现有政策基础上，允许持上海市居住证的人员，凭居民身份证即可在沪申请办理各类出入境证件（赴港澳台居证除外），进一步便利人才在沪居住生活			
25			人才居住证		C：完善上海市海外人才居住证（B证）制度。根据不同条件适度延长B证有效期限，最高期限可到10年。对科技创新人才，进一步降低申请条件，进一步发挥B证的引才、留才作用			

续表

序号	分类	内容	群体	北京	上海	广东	福建	海南
26	出入境和停居留	其他出入境和停居留政策	赴台出入境				A：允许福建省泉州、漳州、龙岩市为本市户籍的非本市户籍的配偶及未满16周岁的子女、以及符合条件的非本市户籍人员及其配偶和未满16周岁的子女办理赴台出入境证件 A：非福建户籍居民经平潭赴台本岛经团队旅游可经有资质团队旅行社向平潭公安机关申请办理来台湾通行证及团队旅游签注 A：授权福建省公安机关出入境管理部门为临时到闽的非户籍居民赴台团队旅游办理"一次有效往来台通行证" A：授权福建省公	D：海口市户籍人员的配偶、未满16周岁的子女；在海口市就学和就业的非海南户籍人员及其配偶、未满16周岁的子女；60周岁以上（含60周岁）且在我省居住6个月以上（含6个月）的内地居民可申请在我省居住6个月以上（含6个月）的内地居民可申请赴台湾护照、大陆居民地居民可申请换发居民或补发护照，大陆居民地居民可申请赴台往来证以及申请赴台湾通行证以及签注。上述人员不包括登记备案的国家工作人员

续表

序号	分类	内容	群体	北京	上海	广东	福建	海南
26	出入境和停留居留政策	其他出入境和居留政策	赴台出入境				安机关出入境管理部门为经福建建乘坐邮轮赴台团队旅游的非户籍居民办理往来台湾通行证及团队旅游签注	
27			紧急入境				A：积极支持福建省政府向国务院申请在平潭澳前码头、泉州晋江机场口岸实施外国人口岸签证政策。出于人道原因高需邀请同应邀入境从事紧急商务、工程抢修或者其他有紧急入境需要并持有关主管部门同意在口岸申办签证证明函件的外国人，照国家规定以向平潭澳前码头、泉州晋江机场口岸申请办理口岸签证	

续表

序号	分类	内容	群体	北京	上海	广东	福建	海南
28	出入境和停留居留	其他出入境居留政策	过境免签144小时	C：2017年12月28日起，北京、天津、河北三省将联动实施部分国家外国人过境144小时免办签证政策。将来自全球53个国家、持有效国际旅行证件和前往第三国（地区）联程客票的外国人，可选择从天津滨海国际机场口岸、天津国际邮轮母港港口岸，北京首都国际机场口岸、北京西站铁路客运西站口岸，河北石家庄国际机场口岸、河北秦皇岛海港口岸中的一口岸入境或者出境，并可免办签证在京津冀行政区域内停留144小时	A：推动完善上海口岸和长三角地区外国人过境免签政策，构建更为便捷宽松的商务旅游环境。积极支持上海市向国务院申请实施部分国家人员过境免签政策停留期限从72小时延长至144小时，从空港口岸扩大至海陆空口岸，并实现长三角相关口岸联动	A：积极支持广东省向国务院申请过境免签优化完善政策。将广东省现行的51国人员在广州白云国际机场72小时过境免签范围进一步扩大。入境口岸从大白云机场空港至安机场、揭阳潮汕机场空港口岸扩大至全省大至全省所有空港、陆海、空对外开放口岸，实现全省、陆空口岸联动，免签期间活动范围限于广东省行政区域，停留时限从72小时延长至144小时	B：2019年1月1日，厦门市正式实施"空海港免签"144小时过境免签政策，即在厦门空海港口岸对部分有效国家持有效国际旅行证件和144小时内确定日期、座位前往第三国（地区）联程机票（船票）的人员实行过境免办签证政策	
29	创新创业	就业	外国留学生、外籍毕业生、博士后	全国：外籍高校毕业生：在中国境内高校取得硕士及以上学位且毕业一年以内的外国留学生；在境外知名高校取得硕士及以上学位且毕业一年以内的外籍毕业生	B：可直接来沪工作的外籍高校毕业生分为四大类：一是在上海地区高校取得本科及以上学历或取得硕士及以上学位的外国留学生；二是海外知名高校取得硕士及以上学位的外籍毕业生	全国：外籍高校毕业生：在中国境内高校取得硕士及以上学位且毕业一年以内的外国留学生；在境外知名高校取得硕士及以上学位且毕业一年以内的外籍毕业生		

续表

序号	分类	内容	群体	北京	上海	广东	福建	海南
29	创新创业	就业			境内高校（非上海地区）取得硕士及以上学历拟在上海就业的优秀外国留学生；三是在国（境）外高水平大学取得本科及以上学位，拟应聘在国"双自"地区的跨国公司地区总部、投资性公司和外资研发中心的优秀外籍毕业生；四是在国（境）外高水平大学取得硕士及以上学位拟在上海就业的优秀外籍毕业生。此外，40岁以下在国（境）外高水平大学或中国境内高校从事博士后研究的外籍青年人才可直接以外国高端人才（A类）申请办理外国人来华工作许可。C：深入实施企业博士后工作站独立招收博士后科研人员。放			

续表

序号	分类	内容	群体	北京	上海	广东	福建	海南
29	就业				励支持研发能力强、产学研用结合成效显著的企业独立招收优秀博士后。吸引国外优秀青年人才来沪从事博士后研究，扩大外籍博士后招生规模 D：探索将来沪外国人外籍博士后纳入外国人来华工作许可申办范围，为境外高校在读外籍研究生实习提供出入境便利			
30	创新创业	创新创业	外国留学生、留学回国人员	A：具有在北京创新创业意愿，并在我国高等院校毕业的外国留学生，凭高等院校毕业证书，政府有关主管部门出具的申请人创新创业相关证明等材料，可以申请有效期不超过5年的私人事务类居留许可（加注"创业"）。在京创新创业期间，被有关单位聘雇的私人事务类居留许可期间，应当按规定	A：支持外国高等院校应届毕业生在我国创新创业。吸引在华外籍优秀高校毕业生的智力资源。具有创新创业意愿的外国留学生，可以凭高等院校毕业证书申请有效期2年以内的私人事务类居留许可（加注"创业"），进行毕业实习	A：支持外国留学生在我国高等院校（含港澳地区的高等院校）毕业后直接在广东省创新创业。具有创新创业意愿的外国留学生，可以凭在广东省创新创业证书申请有效期2年以内的私人事务类居留许可（加注"创业"），进行毕业实习及创新创业活动。期间，被有关单位聘雇的	B：对具有创新创业意愿的外国留学生，可以凭毕业证书申请2至5年有效的私人事务类居留许可（加注"创业"）。进行毕业实习及创新创业活动。期间，被有关单位聘雇的，可以按规定办理工作类居留许可	B：对在中国高等院校及以上获得硕士研究生及以上学历的外国创新创业，在海南创新创业，经所属高校推荐可申请2年以内的居留许可

续表

序号	分类	内容	群体	北京	上海	广东	福建	海南
30	创新创业	创新创业	外国留学生、留学回国人员	办理工作类居留许可 D：推动在海创园开通留学人员进京落户集中申报通道。对近3年回国的留学人员中技术骨干的、需要海创园集中组织开展海创企业落户需求征集，帮助相关条件符合人员回国人员办理进京落户	及创新创业活动。期间，被有关单位聘雇的，可以按规定办理工作类居留许可 C：探索外国留学生毕业后直接在上海地区高校取得硕士及以上学校及以上学历的外国自贸试验区、张江国家自主创新示范区就业的外国留学生，经上海自贸试验区、市张江高新技术产业开发区管委会出具证明，可直接申请办理外国人就业手续和工作类居留许可。在国内外高校毕业的具有本科及以上学历的外国留学生，可申请上海创业，可申请有效期2年以内的私人事务类居留许可（加注"创业"），其间被有关单位聘雇的，可按照规定办理外国人工作类居留许可。逐步探索非上海地区高校毕业的外国留学生在上海就业	单位聘雇的，按规定办理工作类居留许可	C：支持符合条件的外国留学生在我国高等院校（含港澳地区的高等院校）毕业后直接在厦门市创新创业	

续表

序号	分类	内容	群体	北京	上海	广东	福建	海南
31	创新创业	兼职创业	境内高校外国学生	A：在北京高校就读的外国学生有在中关村兼职创业需求的，提交中关村管委会或分园管委会出具的创业意向函，会出具同意校留学生推荐信函，并出具在学证明后，可以申请在学习类居留许可上加注"创业"，在中关村实施兼职创业活动	A：在上海高校就读的外国学生，经所在高校出具推荐函，所在高校同意并可申请在学习类居留许可证上加注"双创"自"区内或"双创"示范基地内单位从事兼职实施创业活动			
32	创新创业	实习	境外国学生	A：境外高校外国学生凭中关村企业邀请函件、中关村管委会或分园管委会出具的证明函件，以及在境外高校在读证明，可在首都机场口岸签证机关申请短期私人事务签证（加注"实习"）入境；持其他种类签证入境的，也可凭上述材料，在北京市公安局出入境管理局接待外国人服务大厅申请中关村变更为短期私人事务签证（加注"实习"），进行实习活动	A：在境外高校就读的外国学生，受上海企业邀请前来实习的，可以向上海口岸签证机关申请短期私人事务签证（加注"实习"）入境进行实习活动；持其他种类签证入境的，也可在境内申请短期私人事务签证变更为（加注"实习"）进行实习活动	A：对经广东省公安机关出入境管理机构备案的企业邀请前来实习的境外高校外国学生，可在口岸申请短期私人事务签证（加注"实习"）入境进行实习活动；持其他种类签证入境的，也可在境内申请短期私人事务签证变更为（加注"实习"）进行实习活动	B：对经省级公安机关出入境备案机构前来实习的境外高校外国学生，可在口岸申请短期私人事务签证（加注"实习"）进行实习活动；持其他种类签证入境的，也可在境内短期私人事务签证（加注"实习"）进行实习活动	B：允许在境外高等院校学习的外国学生到海南的相关单位定期实习，凭相关高校在读邀请函件、星级酒店、医院、国际学校等单位的外国高校可申请相关签证材料，进行实习

续表

序号	分类	内容	群体	北京	上海	广东	福建	海南
33	其他	评价	开辟高级职称评审绿色通道		C：对回国工作、符合条件的海外高层次留学人才，其国外专业工作经历、学术或专业技术贡献可作为专业评高级专业技术职称的依据，不受本人国内任职年限限制。对在科技创新工作中业绩成果显著突出、成果成就突出的优秀中青年工程技术人员，可打破学历、任职资历要求，申报高一级专业技术职称。加大企业技术人才评价选拔力度，适度提高科技创新型企业高级工程师（教授级）的比例。高校、科研院所可设置部分科技成果转化岗位，优秀科技团队可增加高级专业技术岗位职数			A：事业单位因工作需要引进海外高层次人才，可不受海外高层次人员岗位结构比例限制，编制已满的，可经编制部门同意后，先接收再消化；专业技术岗位已达到特设比例的，可通过特设岗位解决岗位跨用问题。引进的海外高层次人才可根据自身的专业技术水平直接申报相应级别的专业技术职称；已在国内其他省市取得专业技术职称的，可直接予以确认 E：支持海南制定引进外籍技能人员就业创业的审批条件，放宽外国专家参与海南科研项目的科研经费管理限制

序号	分类	内容	群体	北京	上海	广东	福建	海南
34	其他	引进、使用	开放国际人才引进使用	B：对取得永久居留资格的外籍人才，在中关村示范区内开展担任新型科研机构法定代表人的新型科研机构事业单位法定代表人、法外机构负责人的试点。将新型科研机构事业单位法定代表人、法外机构负责人的选聘范围扩大至获得永久居留资格的外籍人才				C：完善国际人才评价机制，以薪酬水平为主要指标评估人力资源类别，建立市场导向的人才机制。对外籍人员赴海南自由贸易港的工作许可实行负面清单管理，放宽外籍专业技术技能人员停居留政策
35				B：允许取得永久居留资格的外籍科学家领衔承担国家科技计划项目，允许符合一定条件的外籍专家作为候选人被提名政府科学技术奖				C：允许符合条件的境外人员担任海南自由贸易港内法定机构、事业单位、国有企业的法定代表人
36				B：支持在京从事科研工作，并将知识产权在京落地的外籍高层次人才领衔承担北京市科技计划项目，并可提名市级科学技术奖项				

续表

序号	分类	内容	群体	北京	上海	广东	福建	海南
37	其他	引进、使用	开放国际人才引进使用	B：制定北京市"海聚工程"人才引进重点支持单位目录，开始试点工作，允许纳入定期推荐的用人单位的急需紧缺高层次数量的人才，直接纳入"海聚工程"支持范围 D：在海创园举办"猎专进中关村""猎聘微专场"等引才活动。推荐海创园纳入人才引进、工作居住证计划单列，推荐在事项计划服务海外人才创业工作表现突出的海创园纳入市级人才计划自主认定目录制单位				E：支持海南开展国际人才管理改革试点，探索建立吸引国外高科技人才的管理制度 C：对在海南自由贸易港工作的高端人才和紧缺人才，其个人所得税实际税负超过15%的部分，予以免征。对享受上述优惠政策的高端人才和紧缺人才范围，由海南省省商财政管理，由海南省财政部、税务总局制定具体管理办法
38				B：建立与国际接轨的公共部门外籍雇员管理方式和体系，建立外籍雇员的遴选、登记和考评机制。在此基础上，探索在中关村示范区内以及专业性较强的管理				F：探索建立人才招聘制度和吸引外国高技术人才的管理制度。开辟外国人才绿色通道，深入实施外国人来华工作许可制度

续表

序号	分类	内容	群体	北京	上海	广东	福建	海南
38	其他	引进、使用	开放国际人才引进使用	部门设置海外专业技术人才特聘高端职位，开展境外高层次人才高级管理岗位聘任制试点。D：支持海创园聚焦主导产业方向，完善海外人才联系网络，依托高校海外校友会、企业跨国总部或海外分支机构，海外友好城市等各类海外资源，充分发挥海创园国际资源丰富的优势，与海外人才建立常态化联系				
39				B：在中关村示范区内重点企业博士后工作站开展博士后招收博士科研人员试点，扩大外籍博士后招收规模。支持博士后工作站积极与国际科研机构开展合作，创新管理运作模式，联合培养博士后人才				

续表

序号	分类	内容	群体	北京	上海	广东	福建	海南
40	其他	兴业发展	支持国际人才兴业发展	B: 在中关村示范区内建立国际人才合作组织，举办国际人才大会及高峰论坛，推荐优秀人才到海外国际组织任职。D: 以在中关村创业的海外人才为主体，会同欧美同学会举办形式多样的联谊活动，在海创园建立"海创之家"，做到引增友谊、沟通信息。支持海创企业参与"一带一路"相关项目建设，集聚国际高端创新资源开展国际交流合作				
41				B: 优化人力资源服务机构设立行政许可办理流程，创新人力资源服务业监管措施				A: 各级引进海外高层次人才绿色通道，为办理引才手续提供一站式服务。省专项建立引进人才专门档案和引进人才信息库，为人才引进提供支持。建立人才跟踪服务机制，及时掌握海外高层次人才的相关信息

续表

序号	分类	内容	群体	北京	上海	广东	福建	海南
41								息。建立引进海外高层次人才绩效考核机制，由省专项办负责引进人才的考核工作
42	其他	兴业发展	支持国际人才兴业发展	B: 进一步降低外商投资设立人才中介服务机构的准入门槛，在中关村示范区内取消"中外投资者应当是成立 3 年以上的人才中介服务机构"的要求，允许外资人才直接入股既有内资中介服务机构				E: 支持海南自由贸易试验区人力资源市场外资准入试点，允许外商独资设立人才中介机构，允许外资直接入股中资人才中介机构
43				B: 鼓励更多国际机构知名人才中介服务机构在京发展，对招聘国际高端人才业绩突出的，给予一定的资金奖励 D: 支持有条件的海创园建设专业服务平台，为海外人才到示范区开展科技成果转化提供便利条件。支持海创园等服务机构，律师事务所等对海外人才创业提供风险排查服务				

续表

序号	分类	内容	群体	北京	上海	广东	福建	海南
44				B：简化外籍人才办理住宿登记的手续，对在京有稳定住所或固定工作单位的外籍人才探索通过网络等方式登记住宿地派出所属				G："海南警民通" 便民服务平台的实名认证用户可帮助散居海南省的境外人员在线办理住宿登记申报、核销，无须再到派出所实地办理住宿
45	其他	服务保障	加强国际人才服务保障	B：建立外籍人才一站式服务平台，为外籍人才高层次人才提供居留申请以及创新创业优秀毕业生来京创新创业，为其提供签证等便利化服务。推动国际人才社会融入、加大国际人才本土化、本土人才国际化适应性培训力度　D：支持海创园组织开展国际海创园赛事、海创项目路演、海外人才论坛等一站式海创公共服务，不断完善创业创新项目服务，建立海创的市场化服务吸引培育的市场化服务				C：实现工作许可、签证与居留信息共享和联审联勘，推进人才服务联络。建立出入境服务中心，提供工作就业、教育生活服务，保障其合法权益　B：在海南外国人工作、生活较集中的区域建立外国人服务中心，为移民事务服务出入境证件办理、法律援助、语言培训、文化交流等服务

· 329 ·

续表

序号	分类	内容	群体	北京	上海	广东	福建	海南
45	其他	服务保障	加强国际人才服务保障	机制。支持海外创园设立海外人才创业服务代办站，建立全流程服务体系，以专化服务机构相结合市场化方式，为海外人才工作生活中的具体需求提供代办陪办服务。完善海创企业常态化联系机制，对近3年从海外人才到示范区创业的海外人才配备"服务管家"、赠送人才"服务包"，及时解决海创项目落地发展的实际困难				
46				B：进一步落实北京出入境检验检疫局外籍人员健康体检证明办理便利服务措施，在北京市区内增加外籍人员服务站点，方便外籍人才就近办理	D：优化海外人才就医环境。进一步提升医护人员外语能力，在本市部分三甲医院实施国际医疗保险结算服务。支持市场主体建立第三方国际医疗保险结算平台			H：加大对外籍高层次人才的保障力度，将符合条件的国际医院在琼机构纳入医保协议管理，推进三级甲等医院开通国际医疗和特需服务门诊，与国际医疗保险公司合作建立医疗费用直接结算平台

续表

序号	分类	内容	群体	北京	上海	广东	福建	海南
47	其他	服务保障	加强国际人才服务保障	B：支持相关保险机构开发针对在京外籍高层次人才的保险产品	C：鼓励本市应适应海外人才医疗需求的商业医疗保险产品，探索搭建面向海外高层次人才的本市保险企业国际商业医疗保险信息统一发布平台			A：引进人才参加国内各项社会保险，与本省居民享受同等待遇
48				B：扩大中关村示范区内中小学招收外国学生资质校规模，支持北京市中小学为外籍人员子女随班就读创造更好条件	C：扩大国际化教育资源供给。积极地满足外籍人员子女的就读需求。在外籍人才集中的区域，增设外籍人员子女学校。研究试点社会力量举办外籍人员子女学校。对引进的海外高层次人才，为其子女入读外籍人员子女学校提供便利。鼓励支持本市中小学为外籍人员子女随班就读创造更好条件			A：引进的海外高层次人才随迁子女入托、入中小学，可以优先就近入学，由当地教育部门协调办理入学手续。其子女参加中考和普通高等学校招生入学考试的，享受本省户籍考生子女同等待遇；其引进的海外高层次人才子女申请国内高等院校招收外国留学生的，按照招收外国留学生的有关规定录取

续表

序号	分类	内容	群体	北京	上海	广东	福建	海南
49	其他	政府运作	部市协作机制	A:相关委办局制定细化标准和办理流程。市公安局、中关村管委会、市侨办、市人社局等相关单位,按照"条件简、材料少、程序简、效率高"的要求,逐条制定了每一项政策措施的办理须知。其中,中关村管委会制定了《中关村外籍高层次人才认定标准》《中关村创业团队外籍成员和中关村企业选聘的外籍技术人才认定标准》,具体办理部门为中关村管委会或中关村创业分园管委会。市侨办制定了《中关村创业工作规范》,具体办理部门为外籍华人服务中心,具体办理部门为市政务服务中心(北京市人民政府侨务办公室窗口)。市科委制定了《北京市外籍高层次人才认定标准	A:公安部和上海市政府建立部市协作机制,持续推动和支持上海科创中心建设。公安部和上海市政府建立上海科创中心,就促进上海科创工作进行建设上海科创中心,及时了解行定期协商,加强日常工作联系,及时了解相关和评估各项政策效能发挥情况,并根据实际需要进行调整完善。公安部出入国家自主管理局与张江区建立定点创新示范区建立联系合作机制,合作开展出入境管理服务企业发展和科技创新相关课题研究,为公安部决策提供支持			

续表

序号	分类	内容	群体	北京	上海	广东	福建	海南
49	其他	政府部门协作运作机制	部市协作机制	和北京科技创新主管部门认可企业标准》，北京市外籍高层次人才可到市人社局服务窗口提出申请，北京科技创新主管部门到市科委和市人社局可认可企业名单可到市科委和市人社局网站进行浏览和查询。申请人可根据对外发布的办理须知，到相应部门办理业务 D: 发挥协会服务职能。支持中关村留学人员创业园协会组织开展走访调研，培训交流、外出考察等活动，建立海创园、海创企业的信息沟通机制，深入调研海创企业发展面临的共性需求、会同市区相关部门协调解决，不断提升海外创园服务海外人才和海创企业的工作水平				

政策来源说明：
北京 A: 北京出入境政策 20 条（2016 年 3 月 1 日实施）
北京 B: 中关村国际人才 20 条出入境政策（2018 年 2 月 27 日公布）

北京 C：国家发改委、民航局等印发《推进京津冀民航协同发展实施意见》（2017 年 12 月 28 日实施）

北京 D：中关村管委会印发《关于进一步加强中关村海外人才创业园建设的意见》（2021 年 1 月 6 日公布）

上海 A：上海 12＋10 项出入境政策（2015 年 7 月 1 日、2016 年 12 月 9 日发布）

上海 B：《关于外籍高校毕业生来沪工作办理工作许可有关事项的通知》（2017 年 6 月发布）

上海 C：上海人才 20 条（2015 年发布实施）

上海 D：上海人才 30 条（2016 年发布实施）

上海 E：《公安部 上海市人民政府建立健全移民与出入境管理服务机制 推进实现上海高水平开放合作备忘录》（2019 年签署）

广东 A：广东省 16 条出入境政策（2016 年 8 月 1 日实施）

广东 B：《广东省人才优粤卡实施办法（试行）》（2018 年 12 月 1 日实施）

福建 A：福建自贸区 10 项出入境政策（2016 年 4 月 1 日实施）

福建 B：福建自贸区 5 条出入境政策（2017 年 12 月 15 日实施）

福建 C：厦门市人才新政 45 条（2017 年 7 月 17 日公布）

海南 A：《海南省引进海外高层次人才实施办法》（2015 年 7 月 1 日实施）

海南 B：公安部、国家移民管理局出台支持海南全面深化改革开放移民与出入境意见 12 条政策措施（2019 年 7 月 5 日公布）

海南 C：《海南自由贸易港建设总体方案》（2020 年 6 月 1 日发布）

海南 D：《海南省行政审批制度改革第一批便民服务措施》（2014 年 1 月 13 日发布）

海南 E：《关于支持海南开展人才发展体制机制创新的实施方案》（2019 年 8 月 5 日公布）

海南 F：《中国（海南）自由贸易试验区总体方案》（2018 年 9 月 24 日发布）

海南 G：海南省推出 20 项便民保障实施企措（2018 年 11 月 22 日发布）

海南 H：《海南省人才医疗保障实施办法》（2019 年 10 月 10 日发布实施）

国家：《关于允许优秀外籍高校毕业生在华就业有关事项的通知》（2017 年 1 月发布）

附件三　北京与其他城市相关政策对比分析

近年来，面对更加开放的新形势新要求新变化，在"聚天下英才而用之"精神指导下，北京、上海、广东、福建、海南在海外及港澳台人才的永久居留、入出境和停居留及创新创业等方面先行先试，研究出台了一批更加开放的引进海外高端人才、专业人士工作、科研、交流的停居留政策，更具吸引力的外国人旅游、休闲、学习的出入境便利措施，更具竞争力的鼓励外国人创新、创业、投资的移民管理制度，更具获得感的外国人融入发展的移民服务措施。在梳理整合北上广闽琼五地出台的海外及港澳台人才相关政策基础上进行原文分类对比，凸显出各地政策的创新点、突破点和覆盖面。通过政策比较可以发现，北京可以在以下方面借鉴上海、广东、福建、海南等地的创新做法。

一、畅通海外及港澳台人才申请永久居留渠道

一是北京市高新技术企业、创新型企业、重点高校、科研机构和金融领域引进、推荐的外籍高层次人才可申请永久居留，获得永久居留资格高端人才可推荐外籍专业人才申请永久居留。

二是外籍人员以自然人身份或通过本人以自然人身份作为控股股东的公司企业，在北京市直接投资、连续3年投资情况稳定、投资数额合计达到100万美元（国家颁布的《外商投资产业指导目

录》鼓励类产业投资合计达到 50 万美元）以上且纳税记录良好的，可直接申请在华永久居留（其外籍配偶和未成年子女可随同申请）。

三是对于市场化认定的以及从就业居留向永久居留资格转换的外籍人才，允许其外籍配偶和未成年子女随同申请永久居留。

二、便利海外及港澳台人才入境和停居留

一是允许具有硕士以上学历（含硕士）的外籍人才，或由"双自"区内企业、国务院批准设立的"大众创业、万众创新"示范基地（以下简称"双创"示范基地）企业、北京市高等院校、科研院所聘雇或邀请的外籍人才，未持签证来华的，可持相关证明向北京口岸签证机关申请人才签证，入境后按规定办理居留许可；持其他签证来华的，入境后可申请变更为人才签证或按规定办理居留许可。

二是中关村有关企业选聘的外籍技术人才和高级管理人才，办妥工作许可证明的，可在入境口岸申请工作签证入境；来不及办理工作许可证明的，可凭企业出具的邀请函件申请人才签证入境。

三是进一步简化来北京创新创业外国人的入境和居留手续，从境外吸引外国人才资源。简化现有审批流程和手续，提供签证便利，吸引更多外籍人员来京创业就业。对持有人社、外专部门签发的工作许可证明来北京工作的外国人，允许其在入境后直接凭工作许可证明申请有效期 1 年以内的工作类居留许可；也可以向抵达口岸签证机关申请工作签证，入境后按规定办理相应期限的工作类居留许可。对计划来北京投资或者创新创业的外国人，来不及办理工作许可证明的，可凭投资证明或者创业计划、生活来源证明等，向抵达口岸签证机关申请私人事务签证，入境后可以申请私人事务类居留许可。

三、鼓励海外及港澳台人才创新创业

一是探索外籍高校毕业生毕业后直接来北京创新创业，为境外高校在读外籍研究生受邀来京实习提供出入境便利。可直接来京工作的外籍高校毕业生分为四大类：一是在北京地区高校取得本科及以上学历拟在"双自"地区就业的外国留学生；二是在中国境内高校（非北京地区）取得硕士及以上学历拟在北京就业的优秀外国留学生；三是在国（境）外高水平大学取得本科及以上学位，拟应聘在"双自"地区的跨国公司地区总部、投资性公司和外资研发中心的优秀外籍毕业生；四是在国（境）外高水平大学取得硕士及以上学位拟在北京就业的优秀外籍毕业生。在国内高校毕业的具有本科及以上学历的外国留学生在北京创业，可申请有效期2年以内的私人事务类居留许可（加注"创业"），其间被有关单位聘雇的，可按照规定办理工作类居留许可。

二是探索将来京外籍博士后纳入外国人来华工作许可申办范围，40岁以下在国（境）外高水平大学或中国境内高校从事博士后研究的外籍青年人才可直接以外国高端人才（A类）申请办理外国人来华工作许可。

三是深入实施企业博士后工作站独立招收博士后科研人员。鼓励支持研发能力强、产学研用结合成效显著的企业独立招收博士后。吸引国外优秀青年人才来京从事博士后研究，扩大外籍博士后招生规模。

四是推动在中关村海外人才创业园（海创园）开通留学人员进京落户集中申报通道。对近3年回国的留学人员创业团队或核心技术骨干，需要办理进京落户的，支持海创园集中组织开展需求征集，帮助海创企业按照相关条件办理留学回国人员进京落户。

五是设立海外人才创业服务代办站，建立全流程服务体系，以专职服务团队与市场化服务机构相结合的方式，为海外人才工作生活中的具体需求提供代办陪办服务。

四、开通高级职称评审绿色通道

对回国工作、符合条件的海外高层次留学人才，其国外专业工作经历、学术或专业技术贡献可作为参评高级专业技术职称的依据，不受本人国内任职年限限制。对在科技创新工作中业绩成就突出、成果显著的优秀中青年工程技术人员，可打破学历、任职资历要求，申报高一级专业技术职称。加大企业人才评价选拔力度，适度提高科技创新型企业高级工程师（教授级）的比例。高校、科研院所可设置部分科技成果转化岗位，优秀团队可增加高级专业技术岗位职数。

五、优化海外及港澳台人才生活保障服务

一是优化海外及港澳台人才就医环境。进一步提升医护人员外语能力，在本市部分三甲医院实施国际医疗保险结算服务，支持市场主体建立第三方国际医疗保险结算平台。

二是鼓励本市保险企业开发适应海外及港澳台人才医疗需求的商业医疗保险产品，探索搭建面向海外高层次人才的本市保险企业国际商业医疗保险信息统一发布平台。

三是扩大国际化教育资源供给。在海外及港澳台人才集中的区域增设外籍人员子女学校，支持北京市中小学为外籍人员子女随班就读创造更好条件。

参 考 文 献

［1］安亚伦，段世飞．美国高校接收国际学生政策的历史演进及其内在逻辑［J］．江苏高教，2020（1）：111－119．

［2］安亚伦，谢佳．特朗普政府留学生接收政策对美国留学教育的影响［J］．国际经济合作，2019（6）：142－152．

［3］澳大利亚 189 独立技术移民——全面讲解［EB/OL］．https：//www. douban. com/note/731078727/．

［4］澳洲 188 商业创新和投资移民签证简介［EB/OL］．http：//www. austargroup. com/news/info_17889. html．

［5］拜登留学新政：美国读博直接拿绿卡，增加 H1B 签证限额！留学生：终于等到你！［EB/OL］．http：//www. yidianzixun. com/article/0Srl8SCm？s＝&appid＝．

［6］北京市人力资源研究中心课题组．集聚爱国奉献优秀人才：高质量队伍引领首都高质量发展［C］//北京人才发展报告（2018），社会科学文献出版社，2018．

［7］北京市人力资源研究中心课题组．聚天下英才而用之：打造世界高端人才聚集之都［C］//北京人才发展报告（2017），社会科学文献出版社，2017．

［8］蔡长春．出入境新政有力服务国家发展大局：去年 1576 名外国人获准在中国永久居留［EB/OL］．http：//www. legaldaily. com. cn/index_article/content/2017－02/05/content_7000878. htm？node＝

5955.

[9] 曹永红. 美国吸引国外科技人才的政策及对我国的启示 [J]. 现代营销（学苑版），2012（3）：98-100.

[10] 超全整理｜福建自贸区人才政策一览表 [EB/OL]. http：// blog. sina. com. cn/s/blog_13200eeab0102x5p1. html.

[11] 陈蓓. 北京市人才体制机制改革研究 [C]//北京人才发展报告（2017），社会科学文献出版社，2017.

[12] 陈迪. 德国移民法有关条款设计 [J]. 国际人才交流，2011（11）：43-44，64.

[13] 陈佳，孔令瑶. 德国高技术战略的制定实施过程及启示 [J]. 全球科技经济瞭望，2019（3）：40-45，53.

[14] 陈力. 人力论坛之二：国际人才争夺战中的策略与作法 [EB/OL]. [2003-12-29]. http//www. chinacomcn/chinese/2003/ dec/470439. html.

[15] 陈正. 德国拟启动实施专业人才战略 [J]. 世界教育信息，2018，31（24）：75.

[16] 程俊华. "逆淘汰"定律对政府引才工作的启示 [J]. 今日科技，2014（9）：51-53.

[17] 程贤文. "国家猎头"在行动 [J]. 人力资源，2011.

[18] 程贤文，张婷婷. 日本的猎头产业 [J]. 国际人才交流，2008（3）：53-55.

[19] 戴乐，董克勤. 欧盟第八、九研发框架计划比较分析及影响和启示 [J]. 全球科技经济瞭望，2018，33（9）：47-53.

[20] 德国实施"高技术战略"全球揽人才 [EB/OL]. http：// www. gcjsrczx. com/h-nd-108. html.

[21] 董庆前. 开放的中国，需要更多全球人才的参与——评《中华人民共和国外国人永久居留管理条例（征求意见稿）》中国与

全球化 [EB/OL]. [2020 - 03 - 07]. https：//mp. weixin. qq. com/ s/ qOSMgIBfODXfms7xxLFw1A.

[22] 都说德国新《技术移民法》是重大突破，到底新在哪里？[EB/OL]. https：//www. deutschland. de/zh - hans/zaideguopeix-unyugongzuo.

[23] 杜红亮，任昱仰. 新中国成立以来中国海外科技人才政策演变历史探析 [J]. 中国科技论坛，2012 (3)：18 - 23.

[24] 法国出台人才通行证多年度居留证新规 [EB/OL]. http：//www. ccpit. org/Contents/Channel _ 3875/2017/0303/769453/ content_769453. htm.

[25] 房强. 德国设立新的马普 - 洪堡研究奖 吸引国外科研人员 [J]. 世界教育信息，2017，30 (20)：79.

[26] 封晓. 负面清单管理的难点与对策 [J]. 现代商业，2014 (27).

[27] 冯凌. 国外引才政策研究 [M]. 北京：党建读物出版社，2015.

[28] 冯凌. 加拿大首席研究员计划的启示：全球引才更要公平竞争 [N]. 光明日报，2015 - 12 - 08 (16).

[29] 冯凌. 我国海外人才引进工作发展状况 [C]//中国人力资源发展报告 2017. 北京：社会科学文献出版社，2017：131.

[30] 福建出台系列人才政策_快资讯 [EB/OL]. https：// www. 360kuai. com/pc/90b82a15887fbe080？cota = 4&kuai_so = 1&tj_ url = so_rec&sign = 360_57c3bbd1&refer_scene = so_1.

[31] 福建高端人才新政频出"重金揽才"布局未来发展——福建频道——人民网 [EB/OL]. http：//fj. people. com. cn/n2/2018/ 0411/c181466 - 31449699. html.

[32] 福建申办出入境证件"只跑一次"制度"满月"惠民35万

人次_大闽网［EB/OL］. https：//fj. qq. com/a/20180601/014339. htm.

［33］福建省出台高层次人才认定和支持办法［EB/OL］. http：//www. gov. cn/xinwen/2020 – 06/29/content_5522494. htm.

［34］福建省公安机关出入境管理部门实行申办出入境证件"只跑一次"制_中国网海峡频道［EB/OL］. http：//www. 360kuai. com/pc/9f56a2970e80ae179？cota = 4&tj_url = so_rec&sign = 360_57c3bbd1&refer_scene = so_1.

［35］福建省公安厅举行公安部支持福建自贸区创新发展5项出入境政策措施新闻发布会_福建公安公众服务网［EB/OL］. http：//gat. fujian. gov. cn/ztzl/wqzl/gabzcfjzmqcxfzwxzc/dtxw/201801/t20180125_3568187. htm.

［36］福建自贸区挂牌近一年公安部10项出入境新政策予支持_中新网［EB/OL］. http：//www. chinanews. com/gn/2016/03 – 25/7812165. shtml.

［37］傅义强. 西欧主要国家移民政策的发展与演变——以德、法、英三国为例［J］. 上海商学院学报，2009，10（3）：1 – 5.

［38］各国人才战略一览：培养人才 + 留住人才 + 争夺人才［EB/OL］. http：//www. chinanews. com/n/2003 – 12 – 19/26/382938. html.

［39］公安部出台10项出入境政策措施支持福建自贸试验区建设［EB/OL］. http：//fjnews. fjsen. com/2016 – 03/25/content_17552 886_all. htm.

［40］公安部公告：2017新版外国人永久居留身份证启用［EB/OL］. http：//www. cngold. com. cn/20170617d1970n156679783. html.

［41］顾建平，陈鹏，李建强. 韩国大德科技园区的发展及其推动技术转移的启示［J］. 中国高校科技，2014（6）：58 – 61.

［42］广东省国外专家局. 广东省加强新形势下引进外国人才工作研究报告［R］. 2017.

［43］广东省人民政府门户网站. 广东省推进粤港澳大湾区职称评价和职业资格认可先行先试［EB/OL］. https：//mp. weixin. qq. com/s？src ＝ 11&timestamp ＝ 1585830102&ver ＝ 2254&signature ＝ 4AmppL01 a － ncZW17dBl ∗∗m ∗S6zJ2jmGzFh － cGMG4fzPWI4IH7NgoBTF4fygp2E CLL- rmTUWQqE13sVyibk6eKZuzAhsVGO ∗ 6OnV1paL562APzfiir2fq8 ∗ Wja UifJ3bLb&new ＝ 1.

［44］郭鑫鑫. 发达国家移民政策中的人才筛选及启示［J］. 北京劳动保障职业学院学报，2014，8（4）：23－26.

［45］郭哲，王晓阳. 美国的人才吸引战略及其启示［J］. 科技管理研究，2019，39（23）：60－66.

［46］国家外国专家局. 扎实推进外国人来华工作许可制度［EB/OL］. http：//www. safea. gov. cn/content. shtml？ id＝12749708.

［47］海南多渠道多措施引进外籍人才显成效_中国新闻网［EB/OL］. https：//sanya. focus. cn/zixun/29ac4ce071e95950. html.

［48］海南优化引才政策 冀望吸引更多海外人才_中国新闻网［EB/OL］. http：//www. hi. chinanews. com/hnnew/2019－12－13/509209. html.

［49］韩芳，张生太. 欧盟人才引进政策［J］. 人力资源管理，2013（1）：34.

［50］韩永强，樊燕. 发达国家高技能人才引进的经验及其启示［J］. 河北大学成人教育学院报，2016，18（3）：71－76.

［51］胡芸. 成立国家移民局时机已成熟［N］. 北京青年报，2016－03－12.

［52］华峰. 国际化社区的出现与应对［J］. 学海，2013（1）.

［53］寰球人才. 从国际高端人才导入谈永居［EB/OL］.［2020－03－30］. https：//mp. weixin. qq. com/s/rGdHXnNc9MdxPsA1u55yTw.

［54］黄红，杨宁，潘地震. 加大海外高层次人才引进力度［J］. 党政论坛，2019（4）：32－35.

[55] 姬芳芳，吴坚，马早明．反全球化背景下美国留学生教育政策的新变化 [J]．比较教育研究，2020，42（5）：35－43．

[56] 加里·皮萨诺，威利·史．制造繁荣：美国为什么需要制造业复兴 [M]．北京：机械工业出版社，2014：183．

[57] 建大湾区人才港 筑创新战略高地 [EB/OL]．http：//www. gz. gov. cn/zt/qltjygadwqjsxsdzgzlfzdf/gzzxd/bmxy/content/post_2866 497. html.

[58] 姜桂兴．英国面向 2030 年的科技创新政策研究 [J]．全球科技经济瞭望，2018，33（1）：1－6．

[59] 蒋苏南．德国绿卡政策实施情况综述 [J]．中国科技论坛，2000（5）．

[60] 柯尊韬，龚成．新加坡的人才立国战略及其启示 [J]．长江论坛，2019（5）：23－28．

[61] 孔娜．韩国、新加坡引进高层次人才战略现状分析及对我国的启示 [J]．科技信息，2012（14）：83－84．

[62] @来沪创业工作的海归们，"2020 浦江人才计划"拍了拍你 [EB/OL]．https：//www. thepaper. cn/newsDetail_forward_8051410.

[63] 兰浈．澳大利亚国际教育与技术移民举措对我国的启示 [J]．教育评论，2020（2）：164－168．

[64] 李恩平，杨丽．发达国家引进高科技人才政策的比较及启示 [J]．经济论坛，2010（6）：50－52．

[65] 李建钟．国外吸引人才的主要策略 [N]．中国人事报，2009－01－21．

[66] 李克强．通过改革允许科技人员持有股权期权 [EB/OL]．[2014－07－02]．http：//www. gov. cn/xinwen/2014－07/02//content_2711202. htm.

[67] 李磊．海南密集出台各项人才政策 人才引进步伐提速

［N］．海南日报，2020 - 07 - 07.

［68］李其荣，倪志荣．当今世界人才争夺战的最大赢家——美国人才引进战略及对我国的启示［J］．人民论坛·学术前沿，2012（8）：46 - 53.

［69］李秀珍，孙钰．韩国海外人才引进政策的特征与启示［J］．教育学术月刊，2017（6）：81 - 87.

［70］李政毅，何晓斌．新加坡面向创新驱动型经济的人才政策经验与启示［J］．社会政策研究，2019（2）：130 - 138.

［71］联邦劳动及社会部．保障专业人才：联邦政府的目标及措施［R］．2011 - 6.

［72］刘渤．人才引进看德国［J］．科学新闻，2016（6）：62 - 64.

［73］刘宏，王辉耀．新加坡人才战略与实践［M］．北京：党建读物出版社，2015.

［74］刘进，于宜田．促进跨国学术流动：2000 年以来的欧洲研究区建设研究［J］．外国教育研究，2016，43（3）：29 - 42.

［75］刘敏华．人才支撑发展 优先发展 引领发展——改革开放40 年来人才发展理念变革［R］．2018 - 11.

［76］刘润生．欧盟第九期研发框架计划：演进与改革［J］．全球科技经济瞭望，2019，34（3）：1 - 8.

［77］刘洋，蓝志勇．英国科技人才政策的战略走向［J］．天津行政学院学报，2014，16（5）：89 - 95.

［78］柳学智．构建中国特色外国人才引进制度体系［J］．中国人事科学，2018，1，2（Z1）：57 - 61.

［79］柳学智．海外引才应按需下单［N］．光明日报，2015 - 09 - 15.

［80］柳学智，熊缨．技术移民制度比较［M］．北京：党建读

物出版社，2017.

[81] 柳学智. 引进外国人才：如何来得了、待得住、用得好、流得动 [N]. 光明日报，2018 - 04 - 08.

[82] 陆晶. "蓝卡"助欧盟拉拢人才 [J]. 人民公安，2011 (6)：56 - 57.

[83] 陆军. 当代德国人口困境与调控政策的修治导向 [J]. 欧洲研究，2009 (12).

[84] 吕红艳，郭定平. 全面构建外来移民治理体系——新时代中国国家治理的新课题 [J]. 国家治理，2018，197 (29)：29 - 40.

[85] 吕红艳，郭定平. 中国外来移民治理的四重隐忧，意味着什么？[J]. 文化纵横，2020 (2).

[86] 罗剑钊. 国外人才政策对我国优化科技人才战略的启示 [J]. 科技创新发展战略研究，2017，1 (2)：43 - 48.

[87] 罗杨. 美国技术移民政策综述 [J]. 华侨华人历史研究，2014 (3)：34 - 41.

[88] 茅茂春. 上海国际化社区文化构建思维透视 [J]. 城市开发，2009 (21).

[89] 密素敏. 21 世纪以来德国的技术移民政策与中国移民 [J]. 华侨华人历史研究，2015 (1)：45 - 55.

[90] 苗思雨. 20 世纪 70 年代以来法国移民政策研究 [D]. 武汉：华中师范大学，2018.

[91] 娜琳，边文璐. 新加坡靠什么吸引海外人才 [J]. 中国人才，2019 (7).

[92] 欧盟"地平线欧洲"计划提出 2021 - 2027 年研究与创新蓝图 [EB/OL]. https：//www. sciping. com/23963. html.

[93] 欧盟蓝卡 20 个你需要知道的问题 [EB/OL]. https：// zhuanlan. zhihu. com/p/97752059？from_voters_page = true.

[94] 潘俊武. 论英国移民法改革对中国移民法建设的启示 [J]. 河北法学, 2010, 28 (1): 179-183.

[95] 潘素昆. 新加坡总部经济发展经验及启示 [J]. 亚太经济, 2010 (4).

[96] 潘兴明. 欧盟"蓝卡"计划评析——兼论中国人才战略对策 [J]. 国际展望, 2010 (3): 68-78, 8.

[97] 彭顺昌. 新加坡科技创新经验借鉴 [J]. 杭州科技, 2019 (4): 60-64.

[98] 彭羽, 沈玉良. 上海、香港、新加坡吸引跨国公司地区总部的综合环境比较——兼论上海营造总部经济环境的对策 [J]. 国际商务研究, 2012, 33 (4): 5-12.

[99] 平潭时报. 平潭向 70 名台胞发放了 88 张采信证明, 且这些台胞有望拿到国家职业资格证书 [EB/OL]. https://mp.weixin.qq.com/s/xQD7iDkm3Fqiv0adRFvlwg.

[100] 浦东发布人才新政 35 条顶尖团队核心成员可申请永居_新浪网 [EB/OL]. [2020-03-29]. http://sh.sina.com.cn/news/m/2018-04-04/detail-ifysuuya3004704.shtml.

[101] 齐小鹍. 日本高等教育国际化政策: 演进与趋势 [J]. 上海教育评估研究, 2018, 7 (3): 43-48.

[102] 乔娜. 新加坡创新创业教育体系的建设与启示 [J]. 世界教育信息, 2019, 32 (1): 39-45, 53.

[103] 秦健. 发达国家科技创新人才开发的经验借鉴 [J]. 劳动保障世界, 2018 (35): 45.

[104] 清华北大发布毕业生就业质量报告, 超六成预留学生选择美国深造 [EB/OL]. https://www.sohu.com/a/367109427_816431.

[105] 全国首创 浦东新区海外人才局今日成立-上海浦东 [EB/OL]. http://www.pudong.gov.cn/shpd/public/20170616/007004_

2b964d4d – 6586 – 4687 – 89eb – 46be66240b49. htm.

[106] 全省首例自贸区人才口岸工作签证今日发放！_厦门网 [EB/OL]. http：//www. sohu. com/a/211220948_411863.

[107] 人才深圳. 解读！大湾区境外高端人才和紧缺人才个税优惠 [EB/OL]. https：//mp. weixin. qq. com/s/OJdOh2oteDh8PI87H – vRLg.

[108] 任雯. 印度科技创新人才的吸引政策研究 [J]. 商情, 2019 (15)：48.

[109] 任泽平. 为何降低外国人永居门槛也不放开生育？_新浪财经_新浪网 [EB/OL]. [2020 – 03 – 07]. https：//finance. sina. com. cn/stock/stocktalk/2020 – 03 – 04/doc – iimxxstf6269993. shtml.

[110] 日本正式出台《外国人才引进法案》基本方针, 14 个行业总计 34 万人 [EB/OL]. https：//www. sohu. com/a/284560690_157309.

[111] 荣智慧. 中国"引才计划"的本土化难题 [J]. 南风窗, 2019 (12).

[112] 上海发布"4 + 1"海外人才新政 [EB/OL]. http：//edu. people. com. cn/n1/2020/0902/c1053 – 31846116. html.

[113] 上海自贸区新片区发布 48 条支持人才发展措施——中国金融信息网 [EB/OL]. http：//news. xinhua08. com/a/20191120/1898726. shtml.

[114] 尚在海外也能申请资金支持！中关村 17 项举措吸引海外人才 [EB/OL]. https：//view. inews. qq. com/a/20210111A048VP00.

[115] 少缴一半！2020 年新加坡最新税务政策解读！[EB/OL]. https：//m. sohu. com/a/389753676_120492865.

[116] 深圳出台 18 条举措便利港澳居民在深发展 [EB/OL]. http：//sz. people. com. cn/n2/2020/1202/c202846 – 34450347. html.

[117] 深圳科协. 首家国家海外人才（华润）离岸创新创业企

业基地挂牌成立［EB/OL］.（2018 – 06 – 14）［2018 – 12 – 5］. gd. qq. com/a/20180614/018883. htm.

［118］盛晖. 政府人才引进制度的创新分析［J］. 现代商业，2007（24）.

［119］史豪度. 突破高技术产业人才培养瓶颈［N］. 中国组织人事报，2013 – 05 – 13.

［120］市人才局局长桂生：中关村第五轮人才管理改革已启动［EB/OL］. https：//baijiahao. baidu. com/s？id = 1678074688206689065&wfr = spider&for = pc.

［121］双创周持续引领 北京中关村打造一流创新创业生态［EB/OL］. https：//www. sohu. com/a/424041089_355034.

［122］四川人社. 外国人来华工作需要注意哪些？政策解读告诉你［EB/OL］. http：//dy. 163. com/v2/article/detail/D539FJEK0514CMD2. html.

［123］宋全成. 简论德国移民的历史进程［J］. 文史哲，2005（3）.

［124］宋全成. 论欧洲国家的技术移民政策［J］. 山东大学学报（哲学社会科学版），2012（3）：110 – 117.

［125］苏佳卓. 19 世纪初到 20 世纪 90 年代澳大利亚移民政策回顾［J］. 滁州学院学报，2016，18（3）：23 – 26.

［126］孙浩林. 德国《高技术战略 2025》实施进展［J］. 科技中国，2020（1）：102 – 104.

［127］孙锐. 构建聚天下英才而用之的人才治理新体系［N］. 学习时报，2016 – 12 – 05.

［128］孙锐. 构建"聚天下英才而用之"的支撑体系——党的十八大以来我国海外人才引进工作取得重要进展［J］. 人民论坛，2018（6 上）：118 – 122.

［129］孙锐．如何切实提升我国高层次人才集聚水平［J］．人民论坛，CSSCI检索，2020（5上）：99－101.

［130］孙锐．我国人才规划纲要实施以外的主要进展评述——聚焦人才体制机制创新和人才政策实施［C］//中国人力资源发展报告2017，北京：社会科学文献出版社，2017：101.

［131］孙锐．以更加开放的视野集聚海外人才［N］．学习时报，2017－08－14.

［132］孙业亮．新加坡如何引进高端人才？［J］．中国人才，2016（3）：58－59.

［133］唐艋．德国移民融入政策：理念、结构与领域［J］．德国研究，2019（1）：37－52，187.

［134］唐艋，李婧．德国关于专业技术型移民的法律制度及其特点分析［J］．德国研究，2017，32（2）：56－68，126.

［135］特朗普再提移民改革，或将技术移民的比例从12%提升到57%！［EB/OL］．http：//dy.163.com/v2/article/detail/EF-FORRM20514B0D2.html.

［136］汪怿．上海集聚海外人才的现状与展望［J］．《神州学人》新中国成立70周年特刊，2019－09－26.

［137］汪怿．引进海外高科技人才比较研究——以新加坡和我国香港、台湾、上海为例［M］．上海：上海社会科学院出版社，2012：160－162.

［138］王辉耀．海归潮中高精尖人才仍偏少，中国"人才逆差"何时变为"人才顺差"［J］．半月谈，2018－10－15.

［139］王辉耀，苗绿．国家移民局：构建具有国际竞争力的移民管理与服务体系［M］．北京：中国社会科学出版社，2018.

［140］王辉耀．区域人才蓝皮书：中国区域国际人才竞争力报告（2017）［M］．北京：社会科学文献出版社，2017.

[141] 王辉耀. 人才竞争, 大国各显神通 [N]. 人民日报, 2015 - 01 - 22.

[142] 王辉耀. 人才战争 [M]. 北京: 中信出版社, 2009.

[143] 王辉耀. 新兴发达国家和地区的国际人才竞争战略 [J]. 国际人才交流, 2012 (4): 52 - 53.

[144] 王金波. 中关村健步在全面改革创新大路上 [N]. 北京日报, 2016 - 03 - 05.

[145] 王俊. 外国人拿中国 "绿卡" 更容易了吗? 五问外国人永居条例 [N]. 新京报, 2020 - 03 - 04.

[146] 王名, 杨丽. 国际化社区治理研究——以北京市朝阳区为例 [J]. 北京社会科学, 2011 (4).

[147] 王瑞雪, 沙炜娟, 阎光才. 日韩印吸引国外留学人员回国发展的经验和借鉴 [J]. 中国高校科技, 2013 (10): 56 - 58.

[148] 王挺. 日本吸引海外人才的政策与措施 [J]. 全球科技经济瞭望, 2009, 24 (5): 28 - 36.

[149] 望俊成, 邢晓昭, 鲁文婷. 英国吸引和培养国际优秀科技人才的举措和特点 [J]. 科技管理研究, 2013, 33 (19): 28 - 32.

[150] 魏华颖. 美国国家猎头制度对中国人才政策的借鉴意义 [J]. 人民论坛, 2012 (20): 138 - 139.

[151] 乌云其其格. 美国、日本、欧盟、澳大利亚科技人力资源建设动态与趋势 [J]. 中国科技坛, 2010 (6): 143 - 149.

[152] 吴帅. 我国引进海外人才政策创新研究 [M]. 北京: 党建读物出版社, 2015.

[153] 吴文峰, 李琦.《英国未来技术移民白皮书》的理念、特点及对中国的启示 [J]. 武警学院学报, 2019, 35 (7): 15 - 20.

[154] 习近平. 不拒众流方为江海中国水做学习大国_新华网

［EB/OL］. http：//news. xinhuanet. com/2014 – 05/23/c1110837550. htm.

［155］先行先试移民管理政策措施 支持上海高水平开放发展_上海公安出入境管理［EB/OL］. https：//mp. weixin. qq. com/s/PVuDyBqdRcswK2rbhRkhow.

［156］香港人才争夺战_21 世纪经济报道_南方网［EB/OL］. http：//news. southcn. com/21sjjjbd/content/2018 – 09/18/content_183364126. htm.

［157］香港优才计划［EB/OL］. https：//www. globevisa. cn/zt/zt_64. html#bphx – xgymycty –01344 – pc？bd_vid =123921006091653800449.

［158］香港优才计划额度使用不足特区政府推11类人才清单_东方财富网［EB/OL］. https：//baijiahao. baidu. com/s？id = 1611906963184976403.

［159］肖鹏燕. 一些国家和地区引进国际人才的做法［J］. 中国人力资源开发，2012（5）：93 –97.

［160］谢勇才. 欧盟海外劳工社会保障权益国际协调的实践及其启示［J］. 探索，2018（5）：138 –146.

［161］心得体会：新加坡人才战略及其启示［EB/OL］. https：//wenku. baidu. com/view/e348705c951ea76e58fafab069dc5022abea4604. html.

［162］新加坡 GIP 投资移民高不可攀？13X/13R 家族办公室移民方案了解一下！［EB/OL］. https：//m. sohu. com/a/394674413_100171785.

［163］新加坡：个税税率最低国家之一［EB/OL］.［2006 –08 –24］. http：//news. Xinhuanrt. com/fortune/2005 –08/24/content_3395450. htm.

［164］新加坡寄宿服务中心. 新加坡移民福利［EB/OL］. http：//www. xjpjy. com/news. aspx？ID =40.

［165］新加坡投资移民政策三次变迁［EB/OL］. http：//skylinebm. com/info. asp？id＝288.

［166］新加坡政府民间"三开"促进国民融合［EB/OL］. http：//m. welltrend. com. cn/article/hzzx – luo –20091010 –43716. html.

［167］新形势下如何用好青年国际优秀人才_首都人才［EB/OL］. https：//mp. weixin. qq. com/s/WuyWJKDCPZfLA4Nbxbwhjg.

［168］熊汉宗. 英国、新加坡人才资源开发与管理政策及对我国的启示［D］. 山西师范大学，2013.

［169］徐则荣，郑炫圻，陈江滢. 特朗普科技创新政策对美国的影响及对中国的启示［J］. 福建论坛（人文社会科学版），2019（2）：18 –26.

［170］续建宜. 二十世纪英国移民政策的演变［J］. 西欧研究，1992（6）：21 –26.

［171］鄢圣文. 国外人才引进政策的主要做法与经验借鉴［J］. 中国证券期货，2012（9）：246 –247.

［172］阎光才，王瑞雪，沙炜娟. 日韩印吸引国外留学人员回国创业的经验和借鉴［Z］. 教育部科学技术委员会《专家建议》，2013（12）.

［173］杨国豪. 发挥福建优势，打造台湾人才登陆第一家园［N］. 光明日报. 2019 –07 –04.

［174］杨嘉奇. 建设高水平人才管理改革试验区［J］. 深圳特区报，2018 –07 –30.

［175］杨建荣，冯伟. 中国（上海）自由贸易试验区海外人才离岸创新创业政策指引［M］. 上海：上海科学普及出版社，2016.

［176］仪周杰. 澳大利亚引进海外人才经验对我国的启示［J］. 决策探索（下），2018（12）：92 –93.

［177］移民澳大利亚必知的福利制度［EB/OL］. https：//www.

sohu. com/a/248905405_295978.

[178] 移民新政 4 月 6 日即将登场英国：向投资移民伸出橄榄枝［EB/OL］. http：//news. sina. com. cn/o/2011 – 03 – 29/0800221 99181. shtml.

［179］移民与出入境便利政策出台 鼓励外籍人才来华"双创"_海外网［EB/OL］. http：//www. 360kuai. com/pc/93b513f3cc8e2da08？cota = 3&kuai_so = 1&sign = 360_57c3bbd1&refer_scene = so_1.

［180］佚名. 北京市外籍人才出入境改革"新十条"启动［EB/OL］. http：//finance. qianlong. com/2017/0502/1651393. shtml.

［181］佚名. 美国推"科技就业法案"，科技人才留美机会增加［EB/OL］.［2012 – 12 – 11］. http：//www. jx. xinhuanet. com/edu/2012 – 12/11/c_113985036. htm.

［182］佚名. 上海常住境外人员达 17.5 万人 人数居全国之首［N/OL］.（2014 – 12 – 30）［2018 – 11 – 28］. http：//sh. people. com. cn/n/2014/1230/c346709 – 23385901. html.

［183］佚名. 深圳前海出台 20 条人才新政［N］. 青岛日报，2019 – 12 – 09.

［184］佚名. 提供绿色通道 吸引国际人才［EB/OL］. https：//www. sohu. com/a/226287497_120000.

［185］佚名. 完善顶层设计 营造"类海外"环境［N］. 北京日报，2020 – 06 – 11.

［186］佚名. 新版中国"绿卡"含金量大增［EB/OL］. http：//www. 1000plan. org/qrjh/article/67590.

［187］佚名. 学者谈引进人才国际经验：适时调整移民政策等［EB/OL］.［2011 – 11 – 07］. http：//www. chinanews. com/sh/2011/11 – 07/3442190. shtml.

［188］易丽丽. 发达国家人才吸引政策新趋势及启示［J］. 国

家行政学院学报，2016（3）：45－49.

［189］尹蔚民．广开进贤之路广纳天下英才——认真学习贯彻习近平总书记关于引进国外人才和智力重要讲话精神［N］．人民日报，2014－07－10.

［190］引进国际人才 助推海南对外开放——海南引进国外（境外）人才工作述评_南海网［EB/OL］．http：//www. hinews. cn/news/system/2019/06/29/032123505. shtml.

［191］英国积分制移民政策重磅发布，来英工作门槛降低［EB/OL］．https：//mbd. baidu. com/newspage/data/landingsuper? context = %7B%22nid% 22% 3A% 22news_9704094656765667881% 22% 7D&n_type = 1&p_from = 4.

［192］英国教育动态［EB/OL］．http：//england. lxgz. org. cn/publish/portal132/tab6768/info143126. htm.

［193］英国启动全球抢人！首相亲自督战，搞了个唐宁街人才办［EB/OL］．https：//www. sohu. com/na/405259605_627135.

［194］英国投资移民全攻略［J］．世界高尔夫，2010（8）：166－167.

［195］英国投资移民新政策的核心变化，你需要知道［EB/OL］．https：//www. sohu. com/a/318703828_100119932.

［196］英国投资移民政策解读［EB/OL］．https：//wenku. baidu. com/view/abd5624e4128915f804d2b160b4e767f5bcf802d. html? fr = search.

［197］英国移民大革命！推出打分制、欢迎海外技术移民，大量欧盟公民将被拒之门外！［EB/OL］．https：//mbd. baidu. com/newspage/data/landingsuper? context = % 7B% 22nid% 22% 3A% 22news_9629322003360576076% 22% 7D&n_type = 1&p_from = 4.

［198］于明波．当代澳大利亚技术移民政策调整与中国新移民［J］．八桂侨刊，2016（4）：19－26，47.

［199］粤港澳大湾区个税优惠深圳落实政策出台［EB/OL］. https：//mp. weixin. qq. com/s/HuNB8F P8QqQD7yBlvHBXJQ.

［200］曾航. 美国反思后911人才战略：限制技术移民吞苦果［N］. 21世纪经济报道，2009－08－26.

［201］张伯旭. 首都开发利用国际高端人才资源研究［C］//北京人才发展报告（2017），社会科学文献出版社，2017.

［202］张洪费. 发达国家人才战略的比较［J］. 科技潮，2009（8）：22－23.

［203］张建国. 引进用好外国人才［N］. 学习时报，2018－02－02.

［204］张梦琦，刘宝存. 法国提升高等教育国际吸引力的政策措施及逻辑要义［J］. 教育科学，2020，36（1）：58－65.

［205］张玮. 深圳前海国际人才服务中心正式亮相［N］. 南方日报，2018－04－15.

［206］张严冰，黄莺，司文. 印度吸引海外印裔人才回流的措施和成效［J］. 国际研究参考，2014（11）：1－8.

［207］张莹莹. 新加坡人口变动及其成因分析［J］. 人口与经济，2013（3）：35－42.

［208］赵兵. 服务归国人才"赤子计划"成名片［N］. 人民日报，2018－04－17.

［209］赵昌. 从官方统计资料看国际移民政策对澳大利亚人口问题的调控作用——兼论中国国际移民政策体系的建构［J］. 人口与发展，2016，22（5）：61－68，50.

［210］赵玲玲. 深圳国际化人才引进政策的现状、问题及对策［J］. 特区实践与理论，2019（2）：92－96.

［211］赵梅. 美国特朗普政府移民政策改革及影响［J］. 当代世界，2018（9）：28－31.

[212] 郑晓波.引入市场化薪酬制度探索高管员工持股 [N].证券时报，2012 - 03 - 23.

[213] 郑永彪，高洁玉，许晔宁.世界主要发达国家吸引海外人才的政策及启示 [J].科学学研究，2013（2）：223 - 231.

[214] 中共北京市委组织部.打造中关村人才"硅谷" [N].光明日报，2016 - 05 - 07.

[215] 中共广州市委组织部.《广州市贯彻落实国家、省中长期人才发展规划（2010 - 2020 年）》中期评估自查报告 [R].2017.

[216] 中关村科技园区管理委员会，中国人事科学研究院课题组.中关村 2018 年发展报告 [R].2018.

[217] 中国人事科学研究院.宁波建设国际人才社区的路径研究 [R].2018.

[218] 中国日报网.特朗普签署"美国人工智能倡议" [EB/OL].https：//m. baidu. com/sf_baijiahao/s？id = 1625398114439601116&wfr = spider&for = pc.

[219] 钟蓉，徐离永，董克勤，夏欢欢编译整理.欧盟"地平线2020"计划（Horizon2020）[EB/OL].https：//wenku. baidu. com/view/f1e74e8f6e1aff00bed5b9f3f90f76c660374c18. html.

[220] 重磅！英国恢复 PSW 工作签证，且数量不设上限！[EB/OL].https：//www. sohu. com/a/340321781_187247.

[221] 重磅！英国正式脱欧，开启全球"抢人"模式！留学生们注意啦！[EB/OL].https：//baijiahao. baidu. com/s？id = 1657502590133980261&wfr = spider&for = pc.

[222] 周跃军.试论美国建国以来移民政策的演变 [J].西南民族大学学报（人文社科版），2003（9）：176 - 178.

[223] 朱凌江.全球关注德国最大移民潮背后：劳动力告急

［N］. 第一财经日报，2014 - 02 - 27.

［224］专家解读上海自贸区新片区人才政策：要让人才流得动、用得好［EB/OL］. https：//finance. sina. com. cn/roll/2019 - 08 - 07/doc - ihytcerm9213746. shtml.

［225］邹晓东，吴伟. 创新驱动与海外高层次人才区域政策［C］//科教发展论丛（第三辑），浙江大学出版社，2015：35.

［226］最新！澳洲偏远地区新 491 签证详解，内附新 491 与 489 签证对比［EB/OL］. http：//www. austargroup. com/news/info_20664. html.

［227］［190 签证］州担保技术移民流程详解［EB/OL］. http：//www. andyyimin. com/application/190. html.

［228］2019 新加坡 EP、SP、WP 等工作准证申请费用和申请标准大幅度上调！［EB/OL］. https：//m. sohu. com/a/291226979_99965316.

［229］2019 年澳洲为吸引优秀技术移民出台新政［EB/OL］. http：//www. austargroup. com/baike/info_3876. html.

［230］2019 年澳洲移民新政策的变化：南澳 SISA—408 临时签证［EB/OL］. https：//www. sohu. com/a/291485853_99904584.

［231］2020 年澳洲技术移民 EOI 打分表［EB/OL］. https：//zhuanlan. zhihu. com/p/101620462.

［232］2021 年英国将取消高技术移民的限制［EB/OL］. https：//www. sohu. com/a/284119023_100183978.

［233］Citizenship and Immigration Canada. Designated Organizations［EB/OL］.［2014 - 09 - 21］. http：//www. cic. gc. ca/english/immigrate/business/start - up/eligibility/entities. asp.

［234］Community Integration Fund［EB/OL］. http：//app. Naionalintegrationcouncil. org. sg/ComunityIntegrationFund/ExamplesofCIFProjects. aspx.

［235］ Community Integration Fund［EB/OL］. https：//www. nationalintegrationcouncil. gov. sg/funding/community－integration－fund.

［236］ Contact Singapore ［EB/OL］. http：//www. contactsingapore. sg/cn/contact/our_ offices/.

［237］ Deutscher Bundestag Drucksache 17/4784：Anwort der Bundesregierung auf dei Kleine Anfrage der Abgeordneten Sabine Zimmerman，Juta rlman，Servim Dag delene，Weiterer Abgeordneter und der Frakion DIE LINKE，2011－02－15.

［238］ Elizabeth Collett. The Proposed European Blue Card System：Arming for the Global War for Talent?［EB/OL］.［2008－01－07］. European Policy Centre，source@ migrationpolicy. org.

［239］ European 'Blue Card' to Solve Problem of Aging Population?［EB/OL］.［2007－09－26］. http：//www. europeanunionbluecard. com/.

［240］ European Commission. Factsheet：Horizon 2020 budget［EB/OL］.［2018－03－10］. http：//ec. europa. eu/research/horizon2020/pdf/press/fact_sheet_on_horizon2020_budget. pdf.

［241］ Hanewinkel，Veral/Engler，Marcus. Die aktuelle Entwicklung der Zuwanderung nach Deutschland［EB/OL］.［2013－02－19］. http：/www. bpb. de/gesellschaft/migration/kurzdossiers/155584/deutschland? P = all.

［242］ International Researches Chub［EB/OL］. http：//www inc. org. sg. /site/corporate_ profile.

［243］ International Researches Chub［EB/OL］. http：//www inc. org. sg. /site/irc_ president_message.

［244］ Kolb，Holger. Die Green Gard：Inszenierung eines Politikwechsels ［EB/OL］. ［2005 – 06 – 30］. www. bpb. de.

［245］ National Day Rally Address by Prime Minister Goh Chok Tong, Speech in English on 24 August 1997 at the Kallang Theatre ［EB/OL］. http：//www. nas. gov. sg/archivesonline/speeches/record – de-tails/770d964 e – 115d – 11e3 – 83d5 – 0050568939ad.

［246］ National Integration Council ［EB/OL］. http：//app. Na-tionalintegrationcouncil. org. sg/.

［247］ Singapore Citizenship Journey ［EB/OL］. http：//app sg-journey. gov. sg/Default. asp? PagelD = 4.

［248］ The EU. Treaty on the Functioning of the European Union ［EB/OL］. http：//eur – lex. europa. eu/LexUriserv/LexUriServ. do? uri = OJ：C：2010：083：0047：0200.

［249］ Treaty of Lisbon, Article 179. 2007. 12. 1. 3.

［250］ UK Boarder Agency ［EB/OL］. ［2013 – 02 – 09］. http：//www. ukba. homeoffice. gov. uk/visas-immigration/working/tier1/exception-al-talent/.

［251］ Vogel, Dita. Deutschland：Hochqualifizierte Migranten – Offene Regleungen, Geschlossene Gesellschaft? ［EB/OL］. ［2013 – 02 – 25］. http：//www. bpb. de/gesllschaft/migration/newsletter/155 575/hochqualifizierte – migranten.

后　　记

　　本书致力于追踪我国海外及港澳台人才引进政策的发展脉络及主要工作进展，探讨国内不同地区海外及港澳台人才引进政策的发展变化，以及国外典型国家和地区引才相关政策的动向趋势，总结分析当前我国海外及港澳台人才引进工作中还存在的问题及成因，并尝试提出具有针对性的相关政策建议。

　　需要指出的是，从本书研究内容看，很多分析还处在初步阶段，相关研究还有待进一步地深化总结，它呈现的基本内容可以为组织、人社、科技、外专等相关部门提供一个较为初步的工作参考。

　　本书是在人才理论与技术研究室主任、研究员孙锐开展的海外人才引进政策新动向相关研究基础上整理、深化和丰富形成的研究成果，是所有课题组成员共同努力的结晶。

　　本书主要作者孙锐提出了全书的撰写大纲及各章节的基本框架，并承担了主要章节的写作。人才理论与技术研究室范青青负责了全书总体统筹，并承担执笔了部分典型案例，以及经验、建议和课题附件相关内容。本书的主要内容：北京、上海、广东、福建、海南、香港案例部分，范青青、冯凌、邵彤参与了执笔；美国、德国、新加坡、欧盟、英国、澳大利亚案例部分，范青青、曹毅、张馨元、邱莎参与了执笔；人才引进经验、问题、成因部分冯凌参与了执笔，附件部分由孙锐、范青青执笔；孙锐、范青青担任了本书统稿、修改和完善工作。

　　在本书的研究过程中，相关地方组织和人社部门对课题研究调研工作提供了大量帮助和支持。同时，本书在撰写过程中参阅了大量中外文参考资料，由于相关文献过多，仅将本书引用过的主要参考文献列出。在此，向国内外相关研究学者表示诚挚的谢意。本书有很多内容处于初期探索阶段，由于水平有限，书中难免有不妥之处，敬请各位专家、读者给予赐教和指正。

著　者

2023 年 11 月

中国人事科学研究院学术文库
已出版书目

《人才工作支撑创新驱动发展评价、激励、能力建设与国际化》

《劳动力市场发展及测量》

《当代中国的行政改革》

《外国公职人员行为及道德准则》

《国家人才安全问题研究》

《可持续治理能力建设探索——国际行政科学学会暨国际行政院校联合会 2016 年联合大会论文集》

《澜湄国家人力资源开发合作研究》

《职称制度的历史与发展》

《强化公益属性的事业单位工资制度改革研究》

《人事制度改革与人才队伍建设（1978 –2018）》

《人才创新创业生态系统案例研究》

《科研事业单位人事制度改革研究》

《哲学与公共行政》

《人力资源市场信息监测——逻辑、技术与策略》

《事业单位工资制度建构与实践探索》

《文献计量视角下的全球基础研究人才发展报告（2019）》

《职业社会学》

《职业管理制度研究》

《干部选拔任用制度发展历程与改革研究》

《人力资源开发法制建设研究》

《当代中国的退休制度》

《当代中国人事制度》

《中国人才政策环境比较分析（省域篇）》

《社会力量动员探索》

《中国人才政策环境比较分析（市域篇）》

《人才发展治理体系研究》

《英国文官制度文献选译》

《企业用工灵活化研究》

《外国公务员分类制度》

《中国福利制度发展解析》

《国有企业人事制度改革与发展》

《大学生实习中的权益保护》

《数字化转型与工作变革》

《乡村人力资源开发》

《高校毕业生就业制度的变迁》

《中国事业单位工资福利制度》

《中外职业分类概述》

《人力资源管理实践与创新：基于双元理论视角》

《海外及港澳台人才引进政策新动向分析》